性眞居士 沈載烈 講義

解說
初發心自警文

普成文化社

推薦辭

高麗 普照國師의「誡初心學人文」과 新羅 元曉大師의「發心修行章」과 麗末 野雲覺牛禪師의「自警文」의 三篇을 合本한「初發心自警文」은 道에 들어가는 要門이요 法을 배우는 指南이다.「初心」에서는 처음 佛法을 배우는 이의 마음 가짐과 日常生活規範을 詳하고 정녕하게 가르쳐 보이었고,「發心修行章」은 眞正한 道心을 내어 高尙한 道行을 닦아 들어가는 간곡한 말씀과 긴요한 法文을 마치 사랑스러운 어머니가 어린 子女를 타이르듯이 仔로한 것이며,「自警文」은 道心을 내어 道行을 닦아 올라 가는데 玉을 다듬듯 金을 단련하듯 自己를 채찍질하고 自性을 返照하여 一毫도 방심하여서는 아니될 警策을 마치 엄한 아버지가 子息을 훈계하듯 글자마다가 金訓이오 말구마다 玉箴이다.

普照國師는 高麗佛敎를 대표하는 大聖者이시고 元曉大師는 新羅佛敎를 대표하는 大聖者이시며 野雲和尙은 麗末의 曹溪懶翁和尙의 禪風을 宣揚한 大禪師로서 실로 韓國佛敎의 主人公들이다. 이 세분의 金訓玉音을 한데 묶어 엮은 이「初發心 自警文」은 朝鮮五百年以來, 緇門의 指針書로서 받들어 지니고 몸으로 읇겨 왔든 것이다.

그러나 그 寶典에 대하여 자세한 解說書가 없다는 것은 遺憾이 아닐수 없었다. 近年에 이 계통의 解說書와 註釋書가 出現한 것은 敎界를 위하여 慶賀할 바이다.

그런데 이에 性眞 沈載烈居士가 이 글을 根本的으로 해부하여 그「제목풀이」로부터「글자풀이」・「文句

풀이〕. 그리고 가장 具體的이고 廣義的인 講義를 베풀어 總 三千六百八十一字(初心九〇八字·發心七〇六字·自警一九八七字)의 原文에 一千二百餘枚原稿(二百字原稿)의 解說을 하였다는 것은 특별한 試圖이다. 普照·元曉·野雲 三先師의 金訓·玉典이 從來에는 다만 一部 佛敎專修人에게만 學習되었는데 이 講義本을 통하여 특수한 術語와 文句가 우리말로 풀이 되고 또 佛敎의 常識과 知識을 다 갖추어 말하였으므로 佛敎를 처음 알려는 분도 다 이글을 통하여 들어갈 수 있게 되었다. 그런 점에서 이 講義本이 社會大衆의 敎養書로서 공헌 될 바가 크다 하겠으며、이런 뜻에서 이 책을 널리 추천하는 바이다.

一九七六年 五月 日

東大敎授 法雲居士 李 鍾 益 合掌

차례

原文^{원문} .... 一

誡初心學人文講義 ^{계초심학인문강의}

제명해설(解題) .... 二三

① 줄거리(內容) .... 二三
② 내용분류(分類) .... 二六
③ 유통(流通) .... 二七

著者 ^{저자} 보조국사 普昭國師 .... 二九

① 국사(國師)의 탄생(誕生)과 출가(出家) ...... 二九
② 국사(國師)의 수행(修行)과 성도(成道) ...... 四〇
③ 입적(入寂)과 저서(著書) .... 四二

제一절 사미를 경계하는 글(沙彌誡文) .... 四四

제二절 대중을 경계하는 글(大衆僧誡文) .... 一〇八

제三절 선승을 경계하는 글(禪僧誡文) .... 一一五

— 3 —

發心修行章講義 _{발심수행장강의}

제명해설(解題) …………………………… 一四四

저자 원효대사
著者 元曉大師 …………………………… 一五二

① 대사(大師)의 탄생(誕生)과 출가(出家) … 一五二
② 대사(大師)의 수행(修行)과 성도(成道) … 一五三
③ 무애도의 실천과 입적(行道·入寂) ……… 一五四
④ 저서(著書) ……………………………… 一五五
⑤ 성적(聖跡) ……………………………… 一五六

제一절 애욕끊고 고행하라 ………………… 一五八
제二절 참된 수행자가 되라 ………………… 一八〇
제三절 늙은 몸은 못닦는다 ………………… 二〇五

白警文講義 _{자경문강의}

제명해설(解題) ……………………………… 二一三

― 4 ―

① 줄거리(內容)……二一三
② 내용분류(分類)……二一四
③ 유통(流通)……二一五

저자야운
著者野雲……二一五

① 신라야운(新羅野雲)……二一五
② 고려야운(高麗野雲)……二一二
③ 스승 나옹화상(懶翁)……二一六
④ 함허(函虛) 스님과의 서신(書信)……二一八

제一절 머리말……二二〇
제二절 좋은옷 좋은 음식을 멀리 하라……二四一
제三절 재물을 탐하지 말라……二四八
제四절 말을 삼가하라……二五五
제五절 벗을 바로 사귀자……二六〇
제六절 잠을 적게 자라……二六六
제七절 오만 부리지 말라……二七二
제八절 재색을 두려워 하라……二七七

제九절 세속을 친하지 말라 …………………… 二八二

제一〇절 남의 허물 말하지 말라 ……………… 二八八

제一一절 평등한 마음 지키라 …………………… 二九三

제一二절 끝맺는 당부 ……………………………… 二九九

附錄_{부록}

자음색인(字音索引) ………………………………… 三一五

낱말 찾아보기 ……………………………………… 三三一

誡初心學人文

海東沙門 牧牛子 述

夫初心之人은 須遠離惡友하고 親近賢善하며 受五戒十戒等하야 善知特犯開遮하라 但依金口聖言이언정 莫順庸流妄說이어다 旣已出家하야 參陪清眾인댄 常念柔和善順이언정 不得我慢貢高니라 大者는 爲兄하고 小者는 爲弟니 儻有諍者어던 兩說을 和合하야 以慈心相向정이언정 不得惡語傷人하야 若也欺凌同伴하야 論說是非ㄴ댄 如此出家는 全無利益이라니 財色之禍는 甚於毒蛇하니 省己知非하야 常須遠離어다 無緣事則不得入他房院하며 當屛處하야 不得強知他事하며 非六日이어든 不得洗浣內衣하며 臨與漱하야

不得高聲涕唾하며 行益次에 不得搪揬越序하며 經行次에 不得開襟掉臂하며 言談次에 不得高聲戲笑하며 非要事어든 不得出於門外하며 有病人이어든 須慈心守護하며 見賓客이어든 須欣然迎接하며 逢尊長이어든 須肅恭廻避하며 辦道具하되 須儉約知足하며 齋食時에 飮啜을 不得作聲하며 執放에 要須安詳하야 不得擧顏顧視하며 不得欣厭精麤하고 須默無言說하며 須防護雜念하며 須知受食이 但療形枯하야 爲成道業하며 須念般若心經하되 觀三輪淸淨하야 不違道用이어 赴焚修하되 須早暮勤行하야 自責懈怠하며 知衆行次에 不得雜亂하며 讚唄祝願하되 須誦文觀義언정 不得但隨音聲하며 不得韻曲不調하며 瞻敬尊顏하되 不得攀緣異境다이어 須知自身罪障이 猶如山海하야 須知理懺

事懺으로 可以消除하며 深觀能禮所禮ㅣ 皆從眞性緣起하며 深信感應이 不虛하야 影響相從이라이니

居衆寮하되 須相讓不爭하며 須互相扶護하며 愼諍論勝負하며 愼聚頭閒話하며 愼誤着他鞋하며 愼坐臥越次하며 對客言談에

不得揚於家醜하고 但讚院門佛事언정 不得詣庫房하야 見聞雜

事하고 自生疑惑다이어 非要事어던 不得遊州獵縣하야 與俗交通하야

令他憎嫉하고 失自道情다이어 儻有要事出行든이어 告住持人과 及

管衆者하야 令知去處하며 若入俗家어던 切須堅持正念하되 愼

勿見色聞聲하고 流蕩邪心이온 又況披襟戲笑하야 亂說雜事

하며 非時酒食으로 妄作無碍之行하야 深乖佛戒녀야따 又處賢善

人의 嫌疑之間이면 豈爲有智慧人也리요

住社堂하되 愼沙彌同行하며 愼貪求文字하며 愼睡眠過度하며 愼人事徃還하며 愼見他好惡하며 陞座說法이어든 切不得於法에 作懸崖想하야 生退屈心하며 或作慣聞想하야 生容易心하고 當須虛懷聞之하면 必有機發之時하며 不得隨學語者하야 但取口辦이어 所謂蛇飲水하고 成毒하고 牛飲水하면 成乳ㄴ달하야 智學은 成菩提하고 愚學은 成生死이라함 是也니라 又不得於主法人에 生輕薄想하라 因之於道에 有障하면 不能進修하리니 切須愼之어다 論에 云하되 如人이 夜行에 罪人이 執炬當路어던 若以人惡故로 不受光明하면 墮坑落塹去矣시라니 聞法之次에 如履薄氷하야 必須側耳目而聽玄音하며 肅情塵而賞幽致라가 下堂後에 默坐觀之하되 如有所疑어던 博問先覺하며

夕惕朝詢하야 不濫絲髮다이어 如是라야 及可能生正信하야 以道
爲懷者歟뎌ㄴ저 無始習熟한 愛欲恚癡ㅣ 纏綿意地하야 暫伏還
起하야 如隔日瘧하나니 一切時中에 直須用加行方便智慧之力
하야 痛自遮護언정 豈可閒謾으로 遊談無根하야 虛喪天日하고 欲
冀心宗而求出路哉리요 但堅志節하야 責躬匪懈하며 知非遷
善하야 改悔調柔어다 勤修而觀力이 轉深하고 鍊磨而行門이 益
淨하리라 長起難遭之想하면 道業이 恒新하고 常懷慶幸之心하면
終不退轉하리니 如是久久하면 自然定慧圓明하야 見自心性하며
用如幻悲智하야 還度衆生하야 作人天大福田하리니 切須勉之어다
初心終

發心修行章

海東沙門 元曉 述

夫諸佛諸佛이 莊嚴寂滅宮은 於多劫海에 捨欲苦行이요 衆生衆生이 輪廻火宅門은 於無量世에 貪慾不捨니라 無防天堂에 少往至者는 三毒煩惱로 爲自家財요 無誘惡道에 多往入者는 四蛇五欲으로 爲妄心寶니라 人誰不欲歸山修道리요마는 而爲不進은 愛欲所纏이라니 然而不歸山藪修心이나 隨自身力하야 不捨善行다이어 自樂을 能捨하면 信敬如聖이요 難行을 能行하면 尊重如佛이니 慳貪於物은 是魔眷屬이요 慈悲布施는 是法王子니라 高嶽峨嚴은 智人所居요 碧松深谷은 行者所捿니라 飢飱木果하야 慰其

飢腸하고 渴飮流水하야 息其渴情라이니 喫甘愛養도하야 此身은 定壞
着柔守護도하야 命必有終이라이니 助響巖穴로 爲念佛堂하고 哀鳴
鴨鳥로 爲歡心友니라 拜膝이 如氷도이라 無戀火心하며 餓腸이 如
切이도라 無求食念이라이니 忽至百年늘이어 云何不學하며 一生이 幾何관대
不修放逸고
離心中愛를 是名沙門이요 不戀世俗을 是名出家니라 行者羅
網은 狗被象皮요 道人戀懷는 蝟入鼠宮이라이니 雖有才智니 居邑
家者는 諸佛이 是人에 生悲憂心하시고 設無道行이나 住山室者는
衆聖이 是人에 生歡喜心이니라 雖有才學이나 無戒行者는 如寶所
導而不起行이요 雖有勤行이나 無智慧者는 欲徃東方而向西
行이라이니 有智人의 所行은 蒸米作飯이요 無智人의 所行은 蒸沙作

飯이라이니 共知喫食而慰飢腸하되 不知學法而改癡心이니라 行智具
備는 如車二輪이요 自利利他는 如鳥兩翼이니라 得粥祝願하되 不
解其意하면 亦不檀越에 應羞恥乎며 得食唱唄하되 不達其趣하면
亦不賢聖에 應慚愧乎아 人惡尾蟲이 不辨淨穢하야 聖憎沙門
이 不辨淨穢니라 棄世間喧하고 乘空天上은 戒爲善梯니 是故로
破戒하고 爲他福田은 如折翼鳥ㅣ 負龜翔空이라 自罪를 未脫하면
他罪를 不贖이니라 然하니 豈無戒行하고 受他供給이리요 無行空身은
養無利益이요 無常浮命은 愛惜不保니라 望龍象德하야 能忍長
苦하고 期獅子座하야 永背欲樂이니 行者心淨하면 諸天이 共讚하고
道人이 戀色하면 善神이 捨離니라 四大ㅣ 忽散이라 不保久往이니 今
日夕矣라 頗行朝哉저ㅡ 世樂이 後苦어늘 何貪着哉며 一忍이 長

樂는이어 何不修哉리요 道人貪은 是行者羞恥요 出家富는 是君子
所笑니라
遮言이. 不盡늘이어 貪着不已하며 第二無盡늘이어 不斷愛着하며 此事
無限늘이어 世事不捨하며 彼謀無際어늘 絕心不起로다 今日不盡
늘이어 造惡日多하며 明日無盡이어 作善日少하며 今年不盡이어 無限
煩惱하며 來年無盡이어 不進菩提로다 時時移移하야 速經日夜하
며 日日移移하야 月月移移하야 忽來年至하며 年年
移移하야 暫到死門이나 破車不行이요 老人不修라 臥生懈怠
坐起亂識이라니 幾生不修어늘 虛過日夜하며 幾活空身늘이어 一生
不修오 身必有終니하리 後身은 何乎아 莫速急乎며 速莫急乎ㄴ저
發心終

自警文

野雲比丘 述

主人公아 聽我言하라 幾人이 得道空門裏어늘 汝何長輪苦趣中고 汝自無始已來로 至于今生히 背覺合塵고 墮落愚癡하야 恒造衆惡而入三途之苦輪하며 不修諸善而沈四生之業海로다 身隨六賊故로 或墮惡趣則極辛極苦하고 心背一乘故로 或生人道則佛前佛後로다 今亦幸得人身이나 正是佛後末世니 嗚呼痛哉라 是誰過歟아 雖然이나 汝能反省하야 割愛出家하며 受持應器하고 着大法服하야 履出塵之逕路하고 學無漏之妙法하면 如龍得水요 似虎靠山이라 其殊妙之理는 不可勝言이라니 人有古

今에 言法無遐邇하며 人有愚智언정 道無盛衰니 雖在佛時나 不順佛敎則何益이며 縱値末世나 奉行佛敎則何傷이리오 故로 世尊이 又 云하사대 我如良醫니 知病設藥하노니 服與不服은 非醫咎也며 又 如善導하야 導人善道하되 聞而不行은 非導過也라 自利利人이 法皆具足하니 若我久住라도 更無所益이라 自今而後로 我諸弟子-展轉行之則如來法身이 常住而不滅也니라 若知如是理인댄 但恨自不修道언정 何患乎末世也리요 伏望하노니 汝須興決烈之志하며 開特達之懷하고 盡捨諸緣하며 除去顚倒하며 眞實爲生死大事하야 於祖師公案上에 宜善叅究하야 以大悟로 爲則하고 切莫自輕而退屈다이어 惟斯末運에 去聖時遙하야 魔强法弱하고 人多邪侈하야 成人者少하고 敗人者多하며 智慧者寡하고 愚癡

者衆하야 自不修道하고 亦惱他人하나니 凡有障道之緣은 言之不盡이라 恐汝錯路故로 我以管見으로 撰成十門하야 令汝警策이니하노
汝須信持하야 無一可違를 至禱至禱하노라 頌曰
愚心不學增憍慢이요
空腹高心如餓虎요
邪言魔語肯受聽하고 聖教賢章故不聞다이로
善道無因誰汝度리요 長淪惡趣苦纏身라이니
其一은 軟衣美食을 切莫受用다이어
自從耕種으로 至于口身히 非徒人牛의 功力多重이라 亦乃傍生의 損害無窮늘이어 勞彼功而利我라도 伺不然也은 況殺他命而活己를 奚可忍乎아 農夫도 每有飢寒之苦하고 織女도 連無
癡意無修長我人다이로
無知放逸似顛猿다이로

遮身之衣은 況我長遊手어니 飢寒을 何厭心이리 軟衣美食은 當
恩重而損道오 破衲蔬食은 必施輕而積陰이라 今生에 未明心
하면
滴水도 也難消니라 頌曰

榮根木果慰飢腸하고 松落草衣遮色身다이어

野鶴靑雲爲伴侶하고 高岑幽谷度殘年다이어

其二는 自財를 不悋하고 他物을 莫求어다

三途苦上에 貪業이 在初요 六度門中에 行檀이 居首니라 慳貪은

能防善道요 慈施는 必禦惡徑다이니 如有貧人이 來求乞든 雖

在窮乏도이라 無悋惜하라 來無一物來오 去亦空手去라 自財도 無

戀志어든 他物에 有何心요이리 萬般將不去요 唯有業隨身이라 三

日修心은 千載寶요 百年貪物은 一朝塵라이니 頌曰

三途苦本因何起오 只是多生貪愛情다이로

我佛衣盂生理足커늘 如何蓄積長無明고

其三은 口無多言하고 身不輕動다이어

身不輕動則息亂成定이요 口無多言則轉愚成慧니라

離言이요 眞理는 非動이라 口是禍門이니 必加嚴守하고 身乃災本

이니 不應輕動이라 數飛之鳥는 忽有羅網之殃이요 輕步之獸는 非

無傷箭之禍니라 故로 世尊이 住雪山하시 六年을 坐不動하시고 達

磨一居少林하사 九歲를 默無言하시니 後來叅禪者는 何不依古蹤

요이리 頌曰

寂寂寥寥無一事하고 但看心佛自歸依어다

身心把定元無動하고 默坐茅庵絕徃來어다

其四는 但親善友하고 莫結邪朋하라
鳥之將息에 必擇其林이요 人之求學에 乃選師友니 擇林木則
其止也安하고 選師友則其學也高니라 故로 承事善友를 如父
母하고 遠離惡友를 似冤家니라 鶴無烏朋之計어니 鵬豈鷦友之
謀리오 松裏之葛은 直聳千尋이요 茅中之木은 未免三尺이니 無
良小輩는 頻頻脫하고 得意高流는 數數親다이어 頌曰
　住止經行須善友하야 身心決擇去荊塵다이어
　荊塵掃盡通前路하면 寸步不離透祖關라하리
其五는 除三更外에 不許睡眠다이어
曠劫障道는 睡魔莫大니 二六時中에 惺惺起疑而不昧하며 四
威儀內에 密密廻光而自看하라 一生을 空過하면 萬劫에 追恨니이

無常은 刹那라 乃日日而驚怖요 人命은 須臾라 實時時而不保니라 若未透祖關인댄 如何安睡眠이리요 頌曰

睡蛇雲籠心月暗하니 行人到此盡迷程이로다

箇中拈起吹毛利하면 雲自無形月自明하리라

其六은 切莫妄自尊大하고 輕慢他人이어다

修仁得仁은 謙讓이 爲本이요 親友和友는 敬信이 爲宗이라니 四相山이 漸高하면 三途海ㅣ益深하나 外現威儀는 如尊貴나 內無所得은 似朽舟니라 官益大者는 心益小하고 道益高者는 意益卑라니

人我山崩處에 無爲道自成이니라 凡有下心者는 萬福이 自歸依라니 頌曰

憍慢塵中藏般若요 我人山上長無明을

輕他不學躘踵老하면 病臥辛吟限不窮이니라

其七은 見財色든이어 必須正念對之어다

害身之機는 無過女色이요 喪道之本은 莫及貨財니라 是故로 佛
垂戒律하사 嚴禁財色이요 眼觀女色든이어 如見虎蛇하고 身臨金玉
든이어 等視木石하라 雖居暗室이나 如對大賓하고 隱現同時하며 內
外莫異어다 心淨則善神이 必護하고 戀色則諸天이 不容하나니 神
必護則雖難處而無難이요 天不容則乃安方而不安이라이니 頌曰

鎖拘入獄苦千種이요 淨行陀佛接連臺니라
利慾閻王引獄鎖요 船上生蓮樂萬般이라어니

其八은 莫交世俗하야 令他憎嫉다이어

離心中愛曰沙門이요 不戀世俗曰出家니라 旣能割愛揮人世

復何白衣로 結黨遊리요 愛戀世俗은 爲饕餮이니 饕餮은 由來
非道心이라이니 人情이 濃厚하면 道心疎니 冷却人情永不顧니라
若欲不負出家志ㄴ댄 須向名山窮妙旨하되 一衣一鉢로 絶人
情하면 飢飽에 無心道自高니라 頌曰
爲他爲己雖微善이나 皆是輪廻生死因이라니
願入松風蘿月下하야 長觀無漏祖師禪다이어

其九는 勿說他人過失하라

雖聞善惡이나 心無動念이니 無德而被讚은 實吾慚愧요 有咎而
蒙毀는 誠我欣然이라이니 欣然則知過必改요 慚愧則進道無怠라
勿說他人過하라 終歸必損身이라이니 若聞害人言든어 如毀父母聲
하라 今朝에 雖說他人過나 異日에 回頭論我咎니 雖然이나 凡所

有相이 皆是虛妄이니 譏毀讚譽에 何憂何喜리요 頌曰

終朝亂說人長短타가 竟夜昏沈樂睡眠이로다
如此出家徒受施라 必於三界出頭難하리라

其十은 居衆中하야 心常平等다이어
割愛辭親은 法界平等이니 若有親疎면 心不平等이라
何德之有리요 心中에 若無彼此하고 大圓鏡上에 絕親疎니라
樂之盛衰리요 平等性中에 無憎愛之取捨하면 身上에 那有苦
三途出沒은 憎愛所纏이요 六道昇降은 親疎業縛이니 契心平
等하면 本無取捨니 若無取捨면 生死何有리요 頌曰

欲成無上菩提道ㄴ댄 也要常懷平等心다이어
若有親疎憎愛計하면 道加遠兮業加深하리라

主人公아 汝值八道가 當如盲龜遇木이어 一生이 幾何관대 不修
懈怠오 人生難得이요 佛法難逢이라 此生에 失却하면 萬劫에 難遇
니 須持十門之戒法하야 日新勤修而不退하고 速成正覺하야 還
度衆生하라 我之本願은 非謂汝獨出生死大海라 亦乃普爲衆
生也니 何以故오 汝自無始以來로 至于今生히 恒值四生하야
數數往還을 皆依父母而出沒也일새 曠劫父母ㅣ 無量無
邊니하 由是觀之컨대 六道衆生이 無非是汝의 多生父母라 如是
等類ㅣ 咸沒惡趣하야 日夜에 受大苦惱하나니 若不拯濟면 何時出
離리요 嗚呼哀哉라 痛纏心腑로다 千萬望汝하노 早早發明大智
하야 具足神通之力하며 自在方便之權하야 速爲洪濤之智楫하야
廣度欲岸之迷倫이어다 君不見가 從上諸佛諸祖ㅣ 盡是昔日

同我凡夫니러 彼旣丈夫라 汝亦爾니 但不爲也언정 非不能也라니
古曰 道不遠人이라 人自遠矣라하며 又云 我欲仁이면 斯仁이 至矣라하시니
誠哉라 是言也여 若能信心不退則 誰不見性成佛이리요 我
今에 證明三寶하옵고 ——戒汝니하노 知非故犯則生陷地獄하리니 可
不愼歟며 可不愼歟아 頌曰

玉兎昇沈催老像이요　金烏出沒促年光이로다
求名求利如朝露요　或苦或榮似夕烟이로다
勸汝慇懃修善道하노니　速成佛果濟迷倫다이어
今生若不從斯語하면　後世當然恨萬端하리라

自警 終

誡初心學人文

계초심학인문

海東沙門 牧牛子 述
해동사문 목우자 술

一、제명 해설(解題)

① 줄거리(大義)

이 글은 고려(高麗) 불일 보조국사(佛日普照國師)께서 지은 글로서 당시 승려들의 수행청규(修行淸規)를 규정한 일종의 계율이다. 전문(全文)이 九백八자로 되어 있는 이 계문(誡文)을 지은 때는 보조국사께서 공산 거조사(公山居祖寺)로부터 순천(順天) 길상사(吉祥寺) 자리에 수선사(修禪社)를 완성한 고려 二十一대 임금 희종(熙宗) 元年(西紀 一二○五年)이었다.

국사께서 이 초심문(初心文)을 지은 내력은 이러하다. 당시의 퇴폐한 교계를 혁신하고 정법재건(正法再建)을 이룩하기 위하여 명리(名利)의 길을 버리고 전심수도(專心修道)하던중, 三十三세 적에 운집(雲集)하므로 다시 넓은 수도도량(道場)을 마련하기 위해 강남(江南) 길상사(吉祥寺=지금의 松廣寺)를 모아 공산(公山) 거조사(居祖寺)에서 정혜결사(定慧結社)하고 一○년간 수도하는 동안 도반이

확장 중창(重刱)하고 국사의 나이 四十二세 때에 이곳에 옮기시었다. 산 이름을 조계(曹溪)라 하고 절 이름을 수선사(修禪社)라 하신 뒤 새로운 수도선풍(禪風)을 진작키 위하여 초학인(初學人)과 수선사 법규로서 이 「계초심학인문」(誡初心學人文)을 지어 공포(公布)하셨던 것이다.

본 계문은 일반적으로 불문(佛門)의 수행의범(修行儀範) 내지는 수학덕목(修學德目)으로서 율문(律文)에 규정되어 있는 내용들 가운데 줄거리되는 부분만을 추려내어 짜여졌다고 하겠다. 율문으로서는 처음에 불문(佛門)에 들어와서 아직 승려(僧侶)가 되기 전 예비적인 수행을 하는 기간의 어린 사미승(沙彌僧)의 행위를 규정한 사미율의(沙彌律儀)와 사미의 행자(行者) 과정을 거쳐서 비구(比丘)·비구니(比丘尼)가 되면 남자는 二五○계·여자는 三四八계가 있으며, 대승계(大乘戒)에 三귀계(三歸戒)·취정계(聚淨戒)·十중금계(重禁戒)·四八경계(輕戒) 등의 율문이 있다.

이와 같은 계율(戒律)이 실린 것을 율장(律藏)이라 하는데 이 율장은 불법을 배우고 익히는데 빠져서는 안될 세가지 중대과제중(重大課題中)의 하나다. 계는 또 범어(梵語=인도 고어) sila의 음만을 옮겨서 시라(尸羅)라 하는데, 금제(禁制)·악을 그치고 나쁜 것을 막는다는 뜻으로 방비(防非)·지악(止惡)으로 번역한다. 계는 정(定)·혜(慧)와 더불어 三학(學)의 하나로 든다. 이 三학 역시 불법을 수학(修學)하는데 세가지 요체(要諦)가 된다. 곧 정은 번뇌와 망상을 가라 앉히고 마음의 본래 바탕 자리에 들어가는 참선(參禪) 공부를 말하고, 혜는 부처님과 보살님·조사님(祖師님)·三장(藏)님네의 말씀을 기록한 경론(經論)을 익히고 지혜를 밝히는 것을 말하며, 계는 앞에서 말한 바와 같다.

보조국사께서 말씀하신 이 계문도 따지고 보면 일종의 율문인바, 그 바탕은 어디까지나 율문에 두고 있다 하겠다. 사미율의(沙彌律儀)、 사분율(分律)・오분율(分律) 같은 율전(律典)들은 익히기에 간단하지 않은 분량일 뿐아니라, 당시 고려불교계의 풍조는 지나친 국가의 보호 속에 안일(安逸)과 사치(奢侈)와 명리(名利)에 흘러 승려의 본분을 망각한 폐단(廢端)이 많았으므로 이를 크게 걱정하신 국사께서 우선 당신이 이끌어가는 조계산(曹溪山)의 대중만이라도 일상적(日常的)인 수도생활에 요긴한 뼈대만을 추리어 쉽게 익히도록 하신 것으로 풀이된다.

그리고 그 이름을 「계초심학인문」(誡初心學人文)이라 했으니, 처음으로 부처님의 법을 배울 마음을 낸 사람들을 경계한다는 뜻이다. 모든 것은 그 처음이 바로 되어야 한다. 뗄 나무도 처음에 불을 잘못 지피어 한번 꺼슬리면 끝내 잘 타지 않고 짐승도 처음에 잘못 길들이면 바로잡기 힘들다. 부처님의 법을 배우는 것도 처음에 계율에 의지하여 생각하고 말하는 것이 다 잘 익혀져야만 나중에 큰 법을 성취하고 마음을 깨닫는 데까지 대성(大成)할 수가 있다는 것이다. 그 처음이 잘못되어 꺼슬린 나무처럼 되면 자신에게도 크게 해로울 뿐 아니라 불법 전체를 위해서도 장애가 된다. 보람있는 노고(勞苦)를 하여 반드시 값있는 대가를 거두도록 하며, 낭떠러지에 떨어지거나 나쁜 길에 들지 않도록 붙들어 주는 것이 지계(持戒)의 공덕이므로 이 글을 지어 경계한 것이다.

② 내용의 분류

본문(本文)의 내용을 분석해 보면 대개 다음의 세 가지 대문으로 구별할 수가 있다.

一、 사미를 경계함…… 夫初心…影響相從——승려준비기에 있는 사미를 경계하는 내용으로서 처음부터 一○四페이지까지 해당한다. 사미(沙彌)의 十계를 받아 지킬 것과 마음가짐·몸가짐·말하는 법·어른 섬기는 법·예불하고 참회하는 법·심지어는 세수하고 밥먹는 법에 이르기까지 사미율의(沙彌律儀)의 요점을 낱낱이 말씀하셨다. 여기에 본 계문 전체의 비중을 제일 많이 둔듯하다.

二、 대중승려를 경계함…… 一○八페이지 居衆寮에서부터 一一一페이지 豈爲智慧之人也에까지지다. 일반 대중승려 가운데 잘못하는 것을 경계한 글로서 사미조에서와 같이 율문의 강요(綱要)를 낱낱이 말씀하지는 못했고 다만 당시에 흔히 저질러지고 있는 잘못들과 서로 화합하여 질서를 유지하는 데 필요한 몇가지를 경계하셨다.

三、 선방(禪房) 수좌를 경계함…… 一一五페이지 住社堂愼沙彌同行에서부터 끝까지이니, 잘 지켜지지 않고 있는 율범(律範) 몇가지와 선객(禪客)으로서 문자(文字)와 법사에 대한 마음 가짐·정진에 대한 간절한 경책이 있다.

③ 유통(流通)

당시 보조국사의 법위(法威)가 크게 떨쳤던 점, 이래 그 종풍(宗風)이 전 교계의 지도이념(指導理念)으로 되었던 점, 등으로 미루어 볼때 이 계문 또한 전국 사원(寺院)의 청규로 널리 보급되었으리라 믿어진다. 그러나 문헌상(文獻上)으로는 이태조(李太祖) 六년에 성내 정동(貞洞)의 흥천사(興天寺)를 창건하고 조계종(曹溪宗) 본산(本山)으로 삼아 종전의 송광사 본산제를 인용(因用)하여 흥천사로 대체하였다. 그때 흥천사(興天寺)의 第一世 住持였던 상총선사(尙聰禪師)가 왕지(王旨)를 받아 전국의 사원 청규로 시행하게 됨으로써 비로소 국법의 배경아래 본 계문은 일단 출가 승려가 되면 누구나 반드시 먼저 배워 익히지 않으면 안되는 필수과목으로 되기에 이르렀다. 이래 오늘에 이르기까지 우리 나라의 경우 사미과(沙彌科)의 첫 교재로 되어 왔으며, 승려는 물론 신도까지도 배워 두어야 하는 것으로 되었다. 본계문의 한문판(木板)은 해인사(海印寺)에, 언해본판(諺解本板)은 송광사(松廣寺)에 각각 보존되어 있다.

해인사본 중간기(重刊記)에 의하면 光緖 九年(高宗 二○年 西紀 一八八三年 癸卯 三月 下辭 海印寺 重刊)이라 했고, 또 萬歷 七年(宣祖 十二年 西紀 一五七九年) 신흥사(新興寺) 각판(刻板)이 있는 것으로 되어 있다.

언해본은 간기가 없으나 모두 六板으로 목각(木刻)되어 있으며, 송광사지(松廣寺誌)에 光海君 四年

(西紀 一六一二年) 壬子春이라 했다. 中國의 명장(明藏)과 日本의 신수대장경(新修大藏經)에도 수록돼 있는 이 초심판(初心板)의 첫 판각은 언제 어디서 누구에 의해 처음 시작됐는지 기록이 없고, 이상의 기록을 표로 보이면 다음과 같다。

板別	刊行年代	刊行處·著者	板數·規模
漢文木板 ①	高宗 二〇年 西紀 一八八三年 癸卯 三月 重刊 初板未詳	海印寺	元曉의 發心修行章 및 野雲의 自警文과 合本
	萬曆 七年 宣祖 十二年 西紀 一五七九年	新興寺	
諺解本	光海君 四年 西紀 一六一二年 壬子春	松廣寺	五板은 前背 四面核 六板은 二面核
한글번역본	一九四五年	李鍾郁 스님	四六版 發心 自警과 合本
	一九六八年	李耘虛 스님	四六版 發心 自警과 合本
	一九六九年	沈載烈	元曉聖典中 編入

二、 저자 보조국사(著者普照國師)

講 義 本	
一九七一年	金吞虛	菊版 一六六 發心自警 과 合本
一九七三年	韓定燮	新 四六版 二〇〇面 發心自警과 合本

① 탄생(誕生)과 출가(出家)

국사의 휘(諱)는 지눌(知訥), 스스로 부른 호(自號)는 목우자(牧牛子)였으며, 국왕이 드린 시호(諡號)는 불일보조국사(佛日普照國師)이다. 속세의 성은 鄭氏이며 京西의 洞州(지금의 黃海道瑞興郡) 태생인데, 아버지는 당시 國學學正(오늘의 국립대학의 교수・박사정도의 직위)의 벼슬을 가진 광우(光遇)라는 분이었으며 어머니는 開興郡夫人 趙氏인바 명문거족(名門巨族)의 학자 집안에 태어났으니, 때는 고려의 개국(開國) 二백四○년이 지난 第十八代 의종(毅宗) 十二年(西紀 一一五八年)이었다.

어려서 병이 많아 여러가지 약을 썼지만 아무 효험이 없었다. 부친은 불전(佛前)에 나아가,

「만일 아들의 병이 나으면 부처님께 출가시켜 수도하도록 하겠나이다.」

하고 발원(發願)했다. 과연 국사의 병은 완쾌되었는데 총명한 아들을 사랑하는 부친은 아들의 출가를 유예했을 즈음 또다시 병이 재발하여 역시 백약이 무효였다. 그리하여 또다시 앞에서와 같이 불전에

발원하고 八세 때(혹 十六세로 전해 오기도 함) 九山禪門(선문) 중 사굴산(闍崛山)의 종휘선사(宗暉) 앞으로 출가하기에 이르렀다.

② 국사(國師)의 수행(修行)과 성도(成道)

국사는 二五세 곧 明宗十二年(西紀 一一八二年)에 있은 담선법회(談禪法會)의 승과시험(僧科試驗)에 합격했다. 승과는 국가에서 관장(管掌)하는 승려의 과거제도로서 당시 승려의 제도는 九계급의 법계(法階)로 분류되는데, 법계의 내용을 보면 교종(敎宗)에 중덕(中德)·대덕(大德)·대사(大師)·중대사(重大師)·삼중대사(三重大師)·수좌(首座)·승통(僧統)·도승통(都僧統)의 九계급이고, 선종(禪宗)에는 삼중대사까지는 다 같이 진급하고 제 六계급에서부터 선사(禪師)·대선사(大禪師)·도대선사(都大禪師)에 승급한다.

국왕은 승통·대선사의 법계를 받은 이중 덕망(德望)이 높은 이를 왕사(王師)·국사(國師)의 최고의 법계를 주어 스승의 예로써 대한다. 그러므로 당시의 승려사회는 승과제도를 통해 국가의 지도계급으로의 길이 항상 열려 있고 국왕의 사례(師禮)를 받는 지위에까지 출세하게 되며, 사원마다 노예와 재산이 풍족하여 부귀영화를 누리게 되는 실정이었으므로 이것은 오히려 승려의 특권계급화내지는 부패의 요인이 되고 있었다.

수행과 중생제도라는 성스러운 본분을 망각한 당시 승려사회의 이같은 폐풍을 크게 걱정한 국사는 승과에 합격한 뒤 동지 十여명과 결의하고 명리를 버리고 정과 혜(定慧)를 닦기 위해 깊은 산에 은둔(隱遁)하기로 했다. 그리고 국사는 진정한 수행의 도를 위해 창평(昌平羅州)·청량사(淸凉寺)에 주석하면서 육조단경(六祖壇經)을 열람하다가,

「진여자성이 생각을 일으키어 육근이 비록 보고 듣고 깨달아 앎이 있지만 경계에 물들지 않고 참된 성품이 자재하다.」(眞如自性 起念六根 雖有見聞覺知 不染萬境 而眞性 常自在)

한 대문에 이르러 홀연히 깨닫고 육조대사(六祖大師)의 심법(心法)에 계합했다. 또 국사는 二十八세때 경북 예천(醴泉)의 普門寺에서 대장경을 열람하다가,

「한 티끌 속에 大千經을 머금어 있는 것처럼 如來지혜가 중생 몸 가운데 다 갖추어 있지만 凡夫가 어리석어 알지 못한다.」

고 한 화엄경 여래출현품(華嚴經如來出現品)과 이통현장자(李通玄長者)의 「몸뚱이는 지혜(마음)의 그림자, 국토 또한 그러하니 지혜가 맑으면 그림자도 맑으며 大小와 인다라망경계가 다 그러하다.」

고 한 대문에서 감격의 눈물을 흘리고 경책(經冊)을 머리에 이고 찬탄하였다고 한다.

국사는 이렇게 하여 선과 교가 둘이 아닌 (禪敎不二·會敎歸禪)의 한국불교를 세우는 종지(宗旨)를 이루게 되었는바, 「원돈성불론」(圓頓成佛論)은 그 이론을 밝힌 것이고 원돈신해문(圓頓信解門)은 그 수행의 길을 보인 대표적인 유명서(有名書)이다.

국사는 三十三세때 승과할 때 결의했던 동지들의 강권으로 대구 公山·거조사(居祖寺)에서 법회를 열

고 전일의 결사를 실천했다. 이때 一만자에 이르는 「정혜결사문」(定慧結社文)을 공포했다. 그 뒤 지리산 상무주암(上無住庵)에서 내관(內觀) 곧 참선을 하다가 대혜어록(大慧語錄)을 보고 조사선(祖師禪)을 통했다. 이상은 국사가 도를 성취하는데 세번의 기연이 되었다 하여 삼처전기(三處轉機)라 한다.

제一전기에서 「정혜결사」를 했고 「정혜쌍수」(定慧雙修＝정과 혜를 쌍으로 닦음)・「성적등지문」(惺寂等持門＝또렷하고 고요함을 함께 지님)을 세웠으며, 제三전기에서 「간화결의론」(看話決疑論)을 짓고 「활구경절문」(活句徑截門)의 수행법을 세웠으며, 제三전기에서 「원돈성불론」을 세우고, 「원돈신해문」의 수행법을 세웠던 것이다.

이상의 지도원리에 의해 국사는 신종(神宗) 三년 四十三세 후에는 송광산 길상사(松廣山 吉祥寺)에 옮기어 조계산 수선사(曹溪山 修禪社)라 이름하고 도제양성(徒弟養成)의 교화에 주력했다. 운수납자(雲水納子)와 왕공(王公) 및 일반인 가운데 명리세속(名利世俗)을 버리고 입사(入社)한 이가 수백이 었고 국사의 법을 따라 수행하는 이가 전례없이 많았다고 한다.

그 도법(道法)은 「금강경」(金剛經)으로 날을 삼고 「육조단경」・통현장자의・「화엄론」・「대혜어록」등으로써 앞에서 말한 「성적등지문」・「원돈신해문」・「경절문」으로써 종취(宗趣)를 삼았다고 한다.

③ 입적(入寂)과 저서(著書)

국사는 五三세 희종 六년(一二一○년)에 그 어머니의 천도(薦度)를 위한 법회에서 대중에게 열반을 예언하시고 부지런히 수행할 것을 당부하신 뒤、 열반 하루전에 목욕하시고 대중을 모이게 하여、 마지막 설법을 하신뒤 법상에서 그대로 입적(入寂)하시었으며、 문도(門徒)들이 향을 사르고 예배하는데 일주일동안 안색이 생시와 같았다고 한다。 사리가 큰 것은 三○알、 작은 것은 무수했으며、 왕은 「불일보조국사」라 시호하고 탑을 감로(甘露)라 했는데、 그때 국사의 나이는 五十三세였다。

국사의 저서로는 대개 다음의 것이 전한다。

定慧結社文 一卷(三三세 때) · 修心訣 一卷(미상) · 眞心直說 一卷(四八세) · 誡初心學人文 一卷(四八세) · 圓頓成佛論 一卷(미상) · 盲話決疑論 一卷(미상) · 華嚴論節要 三卷(五○세) · 法集別行錄節要並入私記 一卷(五二세) · 念佛要門(一名念佛因由經) 一卷(미상)이며、 문인들의 수록으로 上堂錄 一卷 · 法語歌頌 · 臨終記行狀 등이 있으나 전하지 않고 있다。

④ 해동사문(海東沙門)

해동(海東)은 바다의 동쪽이란 말이니 중국에서 볼때 우리나라가 바다 동쪽에 가까우므로 별명(別名)한 이름이다。 그래서 동양에서는 우리나라를 해동(海東)으로 통해 왔다。

사문(沙門)은 세속을 등지고 오로지 수도만을 하는 사람들의 총칭이다。 범어(梵語)로 sramana라 하며 음사(音寫)하여 사문(娑門) · 상문(桑門) · 사문나(沙門那)라고도 하며、 마음을 쉬었다는 뜻으로 식심(息心) · 공들이고 수고한다는 뜻으로 공로(功勞)라 하고 부지런히 쉰다는 뜻으로 근식(勤息)이라

제 一절 사미를 경계하는 글

〔本 文〕

夫初心之人은 須遠離惡友하고 親近賢善하며
부초심지인   수원리악우   친근현선

【字解】 夫 대저부、대저·무릇의 뜻으로 말머리에 쓰이며 또 부부(夫婦)라고 할때는 지아비부 자로 읽고 남편의 뜻으로 쓰인다. 初 처음초라 읽으며、맨 처음·최초의 뜻으로 쓰인다. 心 마음심、마

〔本 文〕

夫初心之人은 須遠離惡友하고 親近賢善하며
대저 처음으로 마음을 내어 배우려는 사람은 모름지기 나쁜 벗을 멀리 하고 어질고 착한 사람만을 가까이 친해야 하며,

牧牛子는 보조국사호니 三九페이지의 저자조 참조 바란다.

오도사문(汚道沙門)이니 청정한 계율을 범하고 악한 법을 행하는 사문을 가르킨다.

사문(命道沙門)이니 아란존자(阿難)처럼 계정혜(戒定慧) 닦는 것을 생명으로 하는 사문이며、네째는 명도

끊고 도를 증득한 뒤 중생들에게 정법(正法)을 설명하여 불도에 들어오게 하는 이이며、세째는 명도

각(獨覺)처럼 스스로 깨달은 이이며、둘째는 시도사문(示道沙門)이니 사리불(舍利弗)처럼 번뇌를 다

을 가르키는 말이 되었다. 사문에 네가지 구별이 있다. 첫째 승도사문(勝道沙門)이니 부처님이나 독

불교나 막론하고 단신으로 출가하여 도만 닦는 사람을 다 일컬었으나 나중에는 불교의 출가인(出家人)만

고 한다。번뇌망상을 부지런히 끊고 나쁜것은 하나도 하지 않는다는 뜻이니、처음에는 외도(外道)나

음·정신·가슴을 뜻하며 중심(中心)·핵심(核心)을 뜻하는 가운데 심자로도 쓰인다. **之** 갈지·어조사 지 간다(동사)……의 (토씨)로 쓰이며, ……하는 뜻으로 쓰일 때도 있다. **人** 사람인·남인, 사람·남 (제삼자)의 뜻으로 쓰인다. **須** 모름지기수, 모름지기·반드시의 뜻이다. **遠** 멀원·멀리할원, 멀다·아득하다의 뜻. **離** 떠날리, 이별한다·끊는다의 뜻. **惡** 악할악·모질악·죄악·악행의 뜻을 가지며 미워한다는 뜻으로도 쓰이는데 이때는 오로 발음한다. **友** 벗우, 친구를 뜻한다. **親** 친할친·어버이친, 친하다·부모·어버이·섬긴다는 뜻으로 쓰인다. **近** 가까울근, 거리나 관계가 가깝다는 뜻. **賢** 어질현 착하다·거룩하다는 뜻으로 쓰인다. **善** 착할선·좋을선, 착하다·거룩하다·잘한다는 뜻으로 쓰인다.

【講義】「부초심지인(夫初心之人)」이라 함은 대저 무릇·도대체(夫)·처음으로 마음을(心)낸 사람(人)이란 뜻이다. 처음으로 어떤 마음을 냈느냐 하면 부처님 법을 결정코 믿고 배울 마음을 냈다는 뜻이니 여기서 初자 다음에 發(필발 일으킬발)자가 생략된 글임을 알아 두면 그 뜻이 더욱 분명하게 들어날 것이다. 「初發心」이란 석자로 된 말을 보조국사(普照國師)께서 初心이라고 줄여서 하신 말씀이기 때문이다.

「수원리악우(須遠離惡友)」라 함은 모름지기·마땅히·꼭(須)·멀리 여의라(遠離), 나쁜 벗을(惡友) 그런 뜻이니 옳지 않은 짓거리를 하는 친구들은 사귀지 말라는 뜻이다. 다음에「친근현선(親近賢善)」이라 함은 가까이 친하라. 잘 받들라(親近)·어질고 착한 이들을(賢善)·곧 어질고 착한 동지들과 가까이 지내라는 뜻이다. 그런데 앞 문장에서 나온 모름지기수(須)자의 뜻은 여기에까지 따라 붙어서 강조되고 있는 글자임을 알아야 한다. 그러므로 「모름지기 좋은 벗들만 사귀어서 본받으라」는 문맥(文脈)으로 새겨야 한다.

이상의 원문(原文)을 풀어서 번역하면,

「대저 처음으로 부처님의 거룩한 법을 믿고 배우고자 마음먹은 사람은 모름지기 먼저 나쁜 벗을 사귀어서는 안 되며 반드시 어질고 착한 이들만 가려서 친해야 한다.」로 될 것이며, 이 교훈이 지니는 심오한 의의를 우리는 여러가지로 마음 깊이 아로 새기지 않으면 안되리라 믿는다.

대체로 사람의 마음속에는 무한히 많은 본능(本能)들이 잠재적으로 도사리고 있다. 그 잠재한 본능 가운데는 착한 성질의 것도 무한히 있고 나쁜 내용의 것도 수 없이 많다. 이렇게 많은 잠재본능들은 환경의 자극이나 교육적인 영향을 따라 연령적인 성장과 관련하면서 그에 해당하는 본능이 자라나서 우리의 습관·성격·인격을 형성하게 마련이다.

예컨대 갓난 아기에게 음악을 많이 들려주면 그애는 성장하여 음악적인 소질 곧 음악적인 정서본능(情緖本能)이 잘 발달하게 되고, 오락도구를 많이 사준다든지 하여 오락적인 자극을 많이 주면 오락본능(娛樂本能)이 특히 성숙한다. 반대로 옛날의 엄격한 사회풍조밑에서 세살만 되면 어머니 품을 떠나 사랑방의 할아버지나 아버지에게 나아가 책상다리하고 어려운 한문이나 읽게 하고 엄숙한 분위기 속에 자란 아이라면 요사이 아이들에 비해 위엄본능이 크게 발달할 것은 물론이다.

유년기(幼年期)나 청소년기(靑少年期)에는 그 영향이 특히 강렬(强烈)하다. 함께 노는 동무나 주위

이에 대해 유명한 맹모삼천지교(孟母三遷之敎)의 교훈이 있다.

맹자(孟子)의 어머니는 홀몸으로 어린 맹자를 기르게 됐다. 처음에는 집안이 가난하여 백정·고기 장사들이 사는 빈촌에 살게 됐는데, 어린 맹자는 매양 소잡고 돼지잡는 놀이만 했고 소돼지의 비명소리만을 겨우 흉내내며 나쁜 버릇, 거치른 성격으로 커가고 있었다. 어머니는 크게 놀라서 이사를 했다. 무리해서 겨우 행상하는 장사치들이 모여 사는 시장근처였다. 맹자는 이제는 싸구려 부르고 흥정하고 사고 파는 놀이만 했다. 어머니는 세번째는 서당근처로 집을 옮겼다. 맹자는 비로소 공부하는 학생을 보고 언어 동작이 바뀌면서 공부하기를 흉내하게 되기 시작했다고 한다.

세간 법에서도 이러하거니 하물며 불법에서야 말할 것이 무엇이겠는가? 그러므로 보조국사께서도 부처님의 법에 처음 마음을 내어 들어온 사람은 먼저 나쁜 친구를 버리고 어질고 훌륭한 사람하고만 어울리라고 한 것이다. 훌륭하다고 하여 얼굴이 잘 생기고 말잘하는 사람을 가리키는 것은 아니며 한 사람, 본심(本心)을 가지고 있는 사람을 뜻한다. 그래서 원문(原文)에서 賢善이라 한 것이다.

부처님께서도 생활주변이 인격에 미치는 영향에 대해 말씀하신 법문이 많지만 그 가운데 법구비유경(法句比喩經)의 이야기 한 가지만 소개해 보기로 한다.

『부처님께서 어느때 제자들을 데리고 길을 가고 계실 적의 일이다. 앞에서 가시던 부처님께서 마침 길가에 떨어진 새끼를 가르키시며 뒤 따라오는 제자에게 그 새끼를 주으라 하셨다. 지적을 받은 제자는 부처님 말씀대로 그 새끼를 주었다. 부처님은 그 제자에게 「그 새끼는 무엇을 하던 새끼인가」하고 물으셨다. 제자는 「비린내가 나는 것으로 생선을 묶었던 새끼임에 틀림없읍니다」하고 대답했다. 부처님께서는 아무 말씀없이 한참 가시다가 길옆에 떨어진 종이를 가르키시면서 먼저 제자에게 또 주으라 하셨다. 그리고 먼저와 같이 무엇을 하던 종이이냐고 물으셨다. 제자는 「이 종이에서 향내가 나는 것으로 미루어 향을 쌌던 종이임에 틀림없읍니다」하고 대답했다. 이어 부처님께서는 말씀하셨다.

「이 새끼와 종이는 본래 비린내도 향내도 없었던 것인데 그 인연한 바를 따라서 비린내도 향내도 나는 것이다. 사람의 마음도 이와 같아서 본래의 바탕은 선도 악도 아니지만 주위의 인연하는 바를 따라서 선하게도 되고 악하게도 물들게 되느니라」는 기록이 있다.

이상의 부처님의 말씀으로 볼때 사람의 마음을 나쁘게 물들이는 인연이 여러가지 있겠지만 그 가운데도 특히 나쁜 친구나 나쁜 선배·스승의 인연이 매우 큰 비중을 차지하는 것임을 알 수 있다.

이런 뜻에서 보조국사께서도 불법에 들어 오면 무엇보다도 먼저 주위환경의 자극에 유의하여 좋은 인연, 곧 수도에 도움이 될 주위 환경에만 마음을 두라고 하신 것이다. 만일 잘못하여 나쁜 친구와 벗이라도 된다면 그래서 그에 자극되어 모처럼 발심한 거룩한 인연을 수포로 돌아가게 한다면 이 이상의 불행은 다시 없을 것이니 그것은 마치 부처를 죽이는 일과 같은 결과를 가져오게 되겠기 때문이다.

[本文]

受五戒十戒等하야 善知持犯開遮하라
수오계십계등   선지지범개차

【字解】 受 받을수、물건을 받는다・가르침을 받는다는 뜻. 五 다섯오. 十 열십. 戒 경계할계・지킬계, 여기서는 계율(戒律)의 계라는 뜻으로 쓰이나 보통은 경계한다. 삼간다의 뜻으로 쓰인다. 等 무리등・가지런할등, 같은 유의 무리 따위의 뜻 같다는 뜻. 犯 범할범・범한다, 어긴다・침범한다의 뜻. 遮 막을차・가릴차, 가로 막음・못가게 함・덮는다・풀개, 문을 연다・개발한다・시작한다・통한다의 뜻. 開 열개・통할개, 보이지 않게 은폐한다의 뜻.

【講義】 「수오계십계등(受五戒十戒等)」이라 함은 받으라(受)、다섯가지 계(五戒)・열가지 계(十戒)와 그리고 또 열심히 하여 그밖에 많은 계(等), 곧 마흔 여덟가지 보살계(菩薩戒)・비구(比丘)의 二백 五십계。여자면 비구니(比丘尼)의 五백계까지라도 받아야 한다는 뜻이다. 五계와 十계에 대해서는 다음에 「선지지범개차」(善知持犯開遮)는 잘 알라(善知)、 가져서 지키고(持) 범하고(犯) 열고(開)

막는것(遮) 곧 계율 가지는 법을 잘 알아서 시행하라는 뜻이다. 여기서 (善知)의 善자는 착하다는 뜻이 아니라 잘한다는 뜻으로 해석해야 한다.

그러므로 이상의 본문을 풀어 번역하면,

「五戒와 十戒와 내지는 비구·비구니의 구족계까지를 다 받아서 어떻게 지켜야 하고 어떤 경우에 계를 범하고 어기게 되는가를 잘 알아야 한다」는 말씀이었다. 요컨대 불문에 처음 들어온 초학자라면 몸을 바르고 마음을 정리하는 첫 과제인 사미계(沙彌戒)를 받아서 五戒 十戒를 생활준칙으로 하여 닦아 나가지 않으면 안된다는 뜻이었다.

부처님의 거룩한 법을 배우고 닦아서 위대한 인격자가 되기 위해서는 어질고 착한 벗을 친근하는 일과 아울러 계를 받아서 나쁜 짓은 하지 말고 옳은 일, 바른 습관을 익히는 공부가 또한 무엇보다도 중요하므로 五戒 十戒를 받아 지니라 하였던 것이다.

계(戒)는 부처님의 법을 배우는 데 없어서는 안 될 세가지 요긴한 문이기 때문이다. 다른 두가지는 선정(禪定)과 지혜(智慧)의 두가지 배움이다. 이 세가지를 三학(學=세가지 배움이란 뜻)이라 하는데 三학에 대한 설명은 생약하고 차차로 미루기로 한다. 계에는 五계·十계·四八계·二백 五十계·三백 四八계 등이 있는데 여기서 五계와 十계만은 사미계의 기본이 되므로 자세히 설명하기로 한다.

五계(戒) 十계(戒)

一, **불살생(不殺生)** = 생명을 죽이지 말라. 사람은 물론 짐승까지도 죽이면 안된다. 경에 있는 말씀 가운데 심한 예를 들면, 미물 곤충까지라도 죽이지 말라고 했다.

겨울에 몸에 이가 생기면 대롱에 집어 넣고 솜으로 덮어서 얼지 않도록 하고 먹을 것을 주라 했으며, 날아 다니고 기어다니는 보잘것 없는 생명까지라도 내 손으로 죽이거나 남을 시켜 죽이거나 하지 말며 남이 죽이는 것을 보고 기뻐하지도 말라 했다.

또 부처님 말씀에 살생을 하면 열가지 죄를 얻는다 하셨다. 곧 「첫째, 마음 가운데 항상 독을 품어서 세세생생 없어지지 않고, 둘째, 중생들이 그를 보면 미워해서 좋은 눈으로 보지 않으며, 세째, 항상 나쁜 마음으로 나쁜 일만 생각하게 되며, 네째, 중생들이 그를 두려워하여 호랑이나 배암보듯 하며, 다섯째, 잠들었을 때도 두려운 마음이고 깨었을 때도 편치 못하며, 여섯째, 항상 나쁜 꿈뿐이고 병이 많으며, 일곱째, 목숨을 마칠때 두렵고 무서워하다 나쁘게 죽으며, 여덟째, 명이 짧은 업보의 씨가 되며, 아홉째, 목숨을 마치고 지옥에 떨어지고, 열째, 사람으로 태어나더라도 항상 단명하다」함이 그것이다.

살생중에 제일 큰 죄는 부처님이나 부모를 살해하는 것이다. 하늘은 세상에서 가장 높고 성인은 세상에서 가장 거룩하고 완전한 이인데, 부처님은 하늘 중에 하늘이시고 성인(聖人) 중에 성인이시기 때문이고, 부모는 나를 낳아서 길러준 생명의 원천적(源泉的)인 은인이시기 때문이다. 부모님의 은혜에 대해서는 은중경(恩重經)에 자세히 기록되어 있는바, 「부처님이 되는 것도 부모에게 효도를 지극히 한 공덕이라」고 하셨거니와 부모에게 작은 불효(不孝)를 범해도 큰 죄인데 하물며 살해(殺害) 할 뜻을 낸다면 그 사람은 이미 자기 생명의 근원을 끊은 것이고 우주와 인생의 모든 것을 죽인 죄보다 더 큰 죄악이라 하지 않을 수 없을 것이다. 따라서 죄악 가운데 제일 큰 죄는 부모를 죽인 죄라 하신 것이다.

또 성인은 어느 성인을 막론하고 온 중생을 자식처럼 보고 언제 어느 때 어느 중생을 위해서나 자기 목숨을 백번 천번 바칠 각오가 돼 있는 분으로서 오직 중생에게 광명의 길·옳은 길·진리의 길을 밝혀주기 위해 사는 거룩한 분들이시다. 그런 가운데 부처님은 억만겁을 두고 중생을 위해 자기를 희생함에 있어서 가장 간절하고 적합한 방법으로 무수한 중생을 제도하신 분이시다.

그러므로 고인(古人) 말씀에 부처님을 가르켜, 「성인 중의 성인」이라 했고 「여래는 수행이 만족하고 그 과보(果報)가 원만하여 모든 업장(業障)이 하나도 없는 분이므로 사람이나 하늘이나 마왕이 해롭힐 수 없는 분인데, 부처를 살해한다는 말은 예전에 제바달다가 바위를 굴려 부처님의 발을 다치게 하고 피를 보인 예를 말한다」고 했던 것이다.

옛날 양무제(梁武帝=중국 普光元年西紀五백年代)는 함두대사(檻頭)를 항상 존경했는데, 어느 날 대사를 보고 싶은 마음이 있어서 칙사를 보내어 대사를 불러 오라고 했다. 그리고 양무제는 바둑을 두고 싶은 생각이 생기어 바둑판을 벌렸는데 바둑에 한참 열중하던 도중 갑자기 노하여 사람을 죽이고 싶은 충동이 일어나서 자기도 모르게 큰 소리로 대사를 죽이라 했다. 왕은 바둑을 파한 뒤 대사를 찾았다. 그러나 칙사가 말하기를 「조금전 폐하께서 신에게 대사를 죽이라 하였다」고 했다. 양무제는 크게 통탄하고 「대사가 죽을 때 한 말이 없느냐?」고 물었다. 칙사는 대사가 죽을때 「빈도가 오래전의 옛날에 사미였을 때 호미로 땅을 파다가 잘못하여 벌러지를 죽였는데 이제 천자가 바로 전생의 그 벌러지였소. 실로 과보의 무서움이 이러하니 비록 백천겁을 지나도 그 죄 없어지지 아니하여 인연이 되면 그 과보를 받는다오. 우주인생이 다 한 마음의 덩어리어서 미(迷)하면 장구벌레 날파리가 되고 깨달으면 곧 부처이니, 그러므로 여래께서는 큰 자비로 일체의 살생을 금하셨다」고 했다.

二、 불투도(不偸盜) = 도적질하지 말라……남이 주지 않는 것을 가지면 도적질이 된다. 부모 · 형제의 것이라도 함부로 가져서는 안된다.

금은 보배로부터 바늘하나 풀한줌까지라도 주지 않는 것을 안내는 것, 차편 배편의 요금 안내는 것까지도 다 훔치는 죄에 해당한다.

지어는 세금을 안내는 것, 차편 배편의 요금 안내는 것까지도 다 훔치는 죄에 해당한다.

무량수경(無量壽經)에 보면, 교범바제(憍梵波提=계율을 잘 이해한 부처님의 제자)는 아득한 과거세에도 비구였었는데 남의 조밭에서 좁쌀 몇 알을 땅에 떨어뜨린 죄로 五백세 동안 소가 되어 그 빚을 다 갚고 사람의 몸을 받았으나 소노릇할 때의 버릇이 남아 있었다. 여래께서 이것을 불쌍히 여기시고 제도해 주신바 되어 출가해서 아라한(阿羅漢)이란 성인이 되었다고 기록되었다.

또 방등경(方等經)에 보면 화취보살(華聚菩薩)의 말씀 가운데, 「오역죄(五逆罪=출가재가를 막론하고 부모를 죽이는 등, 지옥에 떨어지는 다섯가지 제일 큰 죄)와 사중죄(四重罪=절에서 쫓겨나는 네가지 큰 죄)를 범한자는 내가 능히 구하지만 항상 도적질하는 습관이 있는 자는 내가 구할 수 없다」고 했으며, 철산의 경(鐵山瓊) 선사는 「대저 한알의 쌀·한잔의 차·한푼의 돈이라 해도 이것은 다 시주(施主)가 복덕을 구하기 위해 준 것이다. 마땅히 三보에 공양될 것이요 사사로이 쓸 수 없는 것이니 죄와 복의 인과가 손바닥을 보는듯 하다」고 했다.

또 아함경(阿含經)의 부처님 말씀 가운데, 「어떤 사람이 남의 물건을 도적질하면 그것이 집착이 되는 버릇이 되어 결국은 감옥에 가서 매를 맞고 갇혀 있다가 목숨을 마치고 죽으면 뜨거운 불에 타죽는 지옥에 떨어져 한 없는 고통을 받게 되며, 지옥고가 다하면 축생의 보를 받아서 말·소·코끼리 같은 몸을 받고 옛 빚을 갚아야 되며, 그리고는 아귀(餓鬼=주린 귀신)의 보(報)를 받아서 주리고 목타는 고통을 받는다. 이렇게 고통을 다 받고 나서 사람으로 태어나면 두가지 괴로움을 받는데 첫째는 헐벗고 주리는 보를 받고 둘째는 항상 물불의 재난과 국왕이나 나쁜 도적들에 의해 겁탈을 받는 불안하게 되는 보를 받는다」하였다.

三、 불음행(不婬行) = 음행하지 말라. 출가한 승려에게는 일체의 음행을 금하며 우바새(優婆塞)·우바이(優婆夷)는 사음(邪婬)만을 금한다.

화엄경에, 「만일 여색(女色)을 범하면 그 마음이 취하여 어린 아이처럼 되어 자성(自性)을 볼수 없고 흰 옷에 물을 들인 것과 같으며 빠져 들어가 나오지 못하는 똥의 구더기가 똥을 좋아하는 것 같다」고 했다. 또 四十二章經(사십이장경)에 「출가한 사문(沙門)은 욕정과 애정을 끊어버리고 마음의 바탕을 맑힐 것이며 부처의 깊은 진리를 통달하여 함이없는 절대의 법을 깨달을 것이니 그래야만 불자(佛子)라 이름할 수 있다」했다.

또 八歲沙彌開解國王經(팔세사미개해국왕경)에는 다음과 같은 이야기가 있다.

「아육왕(阿育王=부처님열반 一〇〇년경)이 처음 불법을 믿었을 때 일이다. 나라 안에 나쁜 질병이 유행하여 스님네를 청하여 주문을 읽게 하려고 하였는바, 성중(聖衆)은 여덟살 난 묘안사미(妙顔)를 보냈다. 그는 이미 신통을 한 사미로서 몸을 날려 왕궁으로 들어 갔다. 궁녀들이 그를 보고 다 귀여워 하는데 그중 한 중년 궁녀가 손을 벌리고 그를 껴 안으려 하니 사미는 손을 뿌리쳤다. 그 부인이 말하기를 「너는 아직 나이가 어려서 내 아들과 같은데 가까이 하기를 왜 꺼리는가?」하니, 그 사미가 말하기를 「일은 작은데서 일만 이랑의 들을 태우고 한 방울 물이 굳은 돌을 뚫는 것이오니, 적은 것이 많은 것을 이루는 바입니다. 그러므로 지혜 있는 이는 꺼리는 일을 멀리하고 의심스러운 바를 피하는 것입니다」했다.

그때 사미의 음성이 하두 커서 왕이 그 목소리를 듣고 따라왔다. 왕은 그 광경을 보고 역시 「아들 같은데 좀 안아 보면 어떠냐」고 했다. 묘안사미는 말했다.

「옛 성인이 예의를 만드는 것은 다 나쁜 싹을 미리 막는 법이며 또한 시작과 끝을 경계하는 것이니 여자가 일곱살이 되면 아버지 사랑방에 노닐지 말고 남자가 여덟살이면 어머니 품에 들지 말라 했으며, 과일 나무 밑에서 옷깃을 매만지지 말고 오이 밭에서 신들메를 하지 말라 하신 것은 다 꺼리는 바를 멀리하여 처음부터 그 싹을 없애자는 것입니다. 이제 비록 모자와 같다고 하지만 장래에는 마땅히 그렇지 않을 때도 있게 됩니다」했다. 그러자 왕과 궁녀들과 함께 장했던 五백명의 대중들이 모두 다 그 뜻 깊은 진리의 말에 감명을 얻었다」고 기록돼 있다.

그러므로 율문(律文)에서 출가한 이에게는 일체의 음행을 다 끊으라 한 것이니, 사람이거나 사람 아닌 것이나 축생이나 귀신이나 일체 남녀의 대소변하는 곳과 입으로 음행을 하면 뉘우칠 수 없는 죄를 지은 것이며 계를 파한 것이고 불법의 감로법기(甘露法器)를 깬 것이라고 한다. 사미나 사미니가 강제로 음행을 당했더라도 마음에 즐거움을 받지 않으면 뉘우쳐서 풀어질 수 있는 것이니 즐거움을 느끼면 죄를 크게 범한 것이고 마음에 즐거움을 느끼지 않는다 함은 주렸을 때 밥먹는 것처럼 하고 목마를 때 물마시는 것을 말하고 즐거움을 느낀다 함은 끓는 쇳물을 몸에 부은듯 느끼고 칼로 몸을 짜르는듯 느끼는 것이라고 한다.

그러므로 경(經)에 「음욕이 칼은 아니지만 능히 지혜의 목숨을 짜르고 애욕은 맹렬한 불길이어서 공덕의 숲을 스스로 태우는도다.」(婬欲 非刀劍 能斬智慧命 愛欲 是猛火 自焚功德拓)하였으며 또 옛 어른의 말씀에 「출가한 이로서 파계한 자는 신심으로 시주한 한 방울의 물도 살아서 소화시킬수 없고 도량의 한치 땅도 그 발로 밟을 수 없다.」(破戒之人 生不能消信 一滴水 足不履伽藍 尺寸之地)고 하신

四、 불망어(不妄語) = 거짓말하지 말라.

거짓말・이간질・아첨하는 말・악담하는 등의 말을 하지 말라는 것이다.

망어(妄語)에 네 가지가 있다고 한다. 첫째는 옳은 것을 그르다 하고 그른 것을 옳다고 하며 본 것을 안 보았다하고 안 본 것을 보았다고 하는 진실치 않은 말・허망한 말・곧 거짓말을 뜻하고, 둘째는 아첨하는 말이니, 부풀고 간사하게 하는 말・발리는 말・피이는 말로서 듣기 좋게 꾸미는 말을 가르킨다. 또한 애끓는 말・간절하게 정열적으로 호소하는 말・음욕으로 인도하는 말등으로 감정을 충동하여 바른 생각을 혼들리게 하는 말은 수학(修學)하는 이의 부처될 자세를 잃게하는 말이므로 계경(戒經)의 주석에 마음을 방탕하게 한다(蕩人心志)고 했다.

세째는 모진 말(惡口)이니 나쁜 욕을 하거나 독한 말로 남을 욕하고 저주하는 말을 가르킨다. 이렇게 나쁜 말 모진 욕을 할 때는 독한 불길이 입으로 튀어 나와서 칼로 산을 여의듯 사람을 아프게 한다 했다. 그러므로 옛말에 「불법을 깨달아 진리의 환희 속에 있으면서도 원수가 있고 착한 마음씨를 가지고 있는데도 큰 적이 있음은 다 악구로 인한 허물이라」(法樂怨家 善心大賊 惡口腑臟)하였던 것이다.

네째는 이간질하는 말(兩舌)이니, 이 사람에게는 저 사람을 나쁘게 말하고 저 사람에게는 이 사람을 좋지않게 말하여 두 사이를 이간질하고 싸움 붙이며, 심지어는 처음에는 칭찬하다가 나중에는 훼방하는 것, 또는 만나서는 옳다 하고 뒤에서는 그르다 하거나, 거짓 증거로 죄에 빠지게 하거나 남의 단점을 들어내는 것이 다 이 죄에 속한다.

거짓 증거로 남을 죄에 빠지게 한다 함은 남의 있고 없는 죄를 만들어서 남의 허물을 들추는 것을 말하며, 남의 단점을 들추어 낸다 함은 자기는 덮어두고 남의 단점만을 들추어 오직 자기만을 알고 남은 돌보지 않고 거짓과 기교를 백단으로 짜내어 남을 나쁜 구렁텅이에 몰아넣는 것을 말한다.

이상의 거짓 말은 다 세상 사람들이 흔히 하는 거짓 말이고 그 보다 더 큰 거짓말이 있으니, 무위법(無爲法)의 성과(聖果)를 얻지 못했으면서 자신이 견성한 성인이라고 거짓 말하는 죄는 망어중의 망어이다. 그래서 능엄경(楞嚴經)에 「비유컨대 평범한 사서인(士庶人)으로서 거짓말로 자신이 제왕이라 한다면 곧 잡히어 죽게 되는 것과 같다」(譬如平人 妄號帝王 自取誅滅)고 했다.

또 지지론(地持論)에 망어의 죄는 중생들을 능히 삼악도에 떨어지게 하고 설사 사람으로 태어난다 해도 두가지 업보를 받나니 첫째 남의 비방을 많이 받고 둘째는 남에게 항상 속임수를 당한다.」(妄語之罪 能令衆生 墮三惡道 若生人中 得二種報 一者 多被人誹謗 二者 常爲人所誑)고 했다.

五、불음주(不飮酒) 술먹지 말라. 여기서 술이라 함은 사람이 마셔서 취하게 할 수 있는 일체의 술을 뜻하는 것으로 율서(律書)에 기록돼 있다. 술이면 무엇이나 사탕무나 포도나 꽃으로 만든 술이나 곡식으로 만든 술이나 먹지 말아야 한다. 다만 중병에 걸렸을 때 약으로 복용할 경우에 한해서 대중

에게 사실을 알린 다음 먹을 수 있게 되어 있다. 뿐만 아니라 술냄새를 맡지도 말고 술집에 머물지도 말며 남에게 술을 먹이지도 말아야 한다.

경(經)에 말씀하기를, 「차라리 끓는 구리물을 마실지언정 술은 마시지 말라」하였으며, 대살차니건자경(大薩遮尼乾子經)에 불음주(不飮酒)에 대한 게송(偈頌)이 있으니, 술을 마시면 방일하여 금세에는 항상 어리석고 온갖 불일 다 잊어 슬기로운 이의 꾸중 들으며 내세엔 암둔하여 온갖 공덕 없어지리니(來世常暗鈍多失諸功德) 그러기 지혜로운 이 술먹는 허물 여의네(是故智慧人離諸飮酒失)

선악소기경(善惡所起經)에서는 술을 먹음으로 저질르게 되는 허물에 대해 다음의 서른 여섯가지를 들고 있다. 「一、재물을 잃는다. 二、현세에 병이 많다. 三、싸움을 하기 쉽다. 四、살생을 더하게 된다. 五、성을 잘 내게 된다. 六、계획한 일을 제대로 할 수 없다. 七、지혜가 점점 흐려진다. 八、복덕을 쌓기 힘들다. 九、있는 복덕도 줄게 된다. 一○、비밀들을 들어낸다. 十一、사업을 이루지 못한다. 一二、근심과 피로움을 더한다. 一三、감각기관이 둔화된다. 一四、부모를 욕보이게 된다. 十五、사문을 공경하지 않게 된다. 一六、바라문을 공경하지 않는다. 一七、부처님을 공경하지 않게 된다. 八、불법을 공경하지 않게 된다. 一九、나쁜 친구를 가까이하게 된다. 二○、착한 벗을 여의게 된다. 二一、음식을 항상 버리게 된다. 二二、형체가 은밀하지 못하고. 二三、음욕이 치성해지며, 二四、뭇 사람이 기꺼하지 않고. 二五、잔소리와 웃음이 는다. 二六、부모가 좋아하지 않고. 二七、권속이 싫어하며 二八、그릇된 법을 지니게 되며 二九、바른 법을 멀리하게 되고 三○、어질고 착한 이를 공경하지 않게 된다. 三一、과실을 자꾸 범하게 되고 三二、열반을 멀리 여의게 되고 三三、미친듯 설치게 되고 三四、몸과 마음이 산란해지며 三五、나쁜 짓으로 방일하게 되고 三六、목숨을 마치면 큰 지옥에 떨어지게 된다」함이 그것이다.

윤전오도경(輪轉五道經)의 게송 가운데、

「술은 지혜를 끊어 세세생생 취한듯 혼미하니 계없이 내세에 사람되지 못한다」(佛說不持五戒者來生決定失人身 飮酒斷汝智慧種 世世昏迷 似醉人) 부처님 말씀에 五계 없이 내세에 사람되지 못한다」하셨다.

六、불착향화만 불향도신(不着香華鬘不香塗身) 꽃다발을 쓰거나 향바르지 말라. 이것은 꽃다발을 만들어 머리에 쓰고 이뻐 보이게 하려는 인도의 풍습인데、동방에서는 비단이나 명주나 금이나 은등 패물로 관을 만들어 머리에 쓰는 유니、모두다 겉모양으로 뽐내려는 꾸밈이라 하겠다. 또 인도의 귀부인들은 향가루를 만들어 가지고 몸에 바르는데 동방에서는 향을 차기도 하고 향수를 뿌리기도 하는 유머 또 연지·곤지 등의 화장도 이에 해당하는바、출가하여 수도에 전렴하는 자로서 이런 짓을 하여서는 안된다고 율의(律儀)에 밝혀져 있다.

여래는 오랜 세월의 광겁(曠劫)을 두고 고행을 닦고 마음을 밝혀서 지혜와 복덕이 구족하여 그 법력(法力)으로 장엄하고 거룩한 겉 모습을 갖추신 것이니 수도하는 사람은 마음을 닦으므로 자연히 풍기는 법력과 덕풍(德風)으로 제절로 장엄되는 것이지, 수행은 하지 않고 좋은 옷과 화장으로 겉모양만 치장한다면 여간 잘못된 것이 아니기 때문이다.

그래서 옛 어른이 말씀하시기를, 「요새 사람들이 고행은 닦으려 하지 않고 겉으로 꾸밈새만 탐하면서 부처님의 바른 법의 장엄을 닮으려고 한다면, 마치 가난한 사람이 제왕의 복장을 하는 것처럼 그 재화가 곧 다다를 것이다」(今人苦行不修 反貪華飾而欲彷彿如來依正者 譬如貧人服帝王服 其禍速至矣) 하였고, 또 「방종하게 꾸미기만 하는 것은 도적질을 가르치는 것이고 얼굴을 다듬는 것은 음란을 가르치는 것이다」(古云 漫藏誨盜冶容誨姪) 했다.

요컨대 좋은 의복이나 화장 같은 외식(外飾)은 다 사치본능(奢侈本能)을 조장하는 일로서 마음의 바탕을 찾는 참다운 수행을 크게 저해하는 일이므로 금한 것이라 하겠다.

七. 부자가무작창고왕관청(不自歌舞作唱故往觀聽) 자신이 노래하고 춤추고 풍류잡히지 말며 가서 구경하지도 말라. 노래는 입으로 하는 오락이고 춤은 몸으로 하는 오락이며 풍류는 거문고 통소같은 악기로 하는 오락이다. 이같은 오락을 스스로도 하지 말고 일부러 가서 구경해서도 안된다는 뜻이다.

이같은 오락에 도취하면 마음이 객관경계에 끄달려 치달리게 되므로 마음을 일념으로 모아 정진수도 하는데 방해되기 때문이다. 그러므로 출가수행하는 사람은 모름지기 몸을 닦는 것이으로 근본을 삼을 것이니 입을 병처럼 막고 뜻과 감정을 성벽처럼 굳게 하라 했으며, 또 옛어른은 말씀에 「도업을 성취하지 못하면 어찌 즐거울 수 있으랴? 처음 낸 마음을 한번 잃으면 후회해도 돌이킬 수 없다」(道業未成 有何樂處 初心一失 後悔難追)라 했고 또 「초학자는 소리와 모양이나 빛깔을 칼처럼 희롱하고 웃기는 것 보는 것을 우는 것처럼 여길줄 알아야 하며 노래하고 춤추는 것을 미친 짓으로 보아야 할 것이니, 바깥 경계로 탐착하지 않으면 곧 안 마음이 스스로 쉬어 고요해 질 것이다」(初學者 當避聲色 如刀劍 觀戱笑 猶如哭 歌舞如狂 外境不耽 則內心自寂也)라고 하셨다.

요컨대 바깥경계의 소리와 빛깔·모양 등에 마음이 흔들리고 끌려가면 지혜의 근원이 혼미해지기 때문이라 할 것이다.

혹 어떤 이는 법화경(法華經)에 「만일 사람으로 하여금 좋은 음악을 베풀어 부처님께 공양하며 환희심으로 노래와 게송을 읊어 부처님의 덕을 찬송한다면 다 불도를 이룰 것이다」라고 한 경문을 이끌어 내세울지 모르지만 법화경에서는 사문의 경우를 말한 것도 아니고 스스로의 오락을 위해서 하라는 것도 아니며 오직 공양을 올리기 위한 것임을 유의해야 한다고 한 선각자(先覺者)의 말씀을 아울러 유의해 두기 바란다.

八、 부좌와 고광대상(不坐臥高廣大牀) 높고 큰 평상에 앉지 말라. 부처님의 법에 앉아서 공부할 평상을 만들 때엔 반드시 부처님 손가락으로 여덟 (一尺 六寸)을 넘지말라 했고, 이쁘게 하기 위해 꽃무늬 같은 것을 새기거나하지 말라 했으며 명주·비단등으로 만든 고급 휘장·이불 등을 금하였고 오직 검소하고 단정한 수도 생활만을 익히도록 했다.

평상에 두 가지 종류가 있으니 첫째는 두루 다니면서 공부하는 이를 위한 노끈으로 된 평상(繩床)과 한 자리에서 좌선(座禪)하는 이를 위해 만드는 나무 평상(木床)이 그것이다. 계경(戒經)에 「항상 삼매를 구하는 것으로 평상을 삼고 지혜로 자리를 삼아서 오직 한마음에 뜻을 두고 속된 행사에 함께 하지 말고 탐애하여 수용하지 말라」(常求三昧 爲床 智慧爲座 一心志道 不得同俗行事 貪好受用)했으며, 또 「좋은 자리 비단 요만 생각하는 자는 이것이 부처를 잃은 것이니 몸과 마음을 방일하여 허물과 악을 낳을 뿐이다」(艶席被褥者 是日離佛 放逸身心 增長過惡故)라고 했다.

또 율서(律書)에 보면, 「옛사람은 풀 자리에 앉았고 나무 밑에서 잤는데, 요새는 평상이 있으니 이것으로도 만족한데 어찌 거기다 높고 넓은 자리를 탐하여 허망한 몸뚱이만 방자하게 하겠는가?」했다. 아함경(阿含經)에 「어떤 한 사문이 강가의 나무 밑에서 십이년동안이나 도를 닦았는데, 망상을 없애지 못하여 몸뚱이는 고요하지만 뜻은 돌아다니며 노닐고 있어서 편안히 쉴날이 없이 도를 얻지 못했었다. 부처님이 사문의 몸을 나투어 그곳에 가시니 때마침 거북이가 강가에 나와서 나무 밑에 다달았다. 얼마뒤 물개가 또 나와서 주린 배를 끌고 먹이를 찾다가 거북이를 잡아 먹으려 했다. 그러나 거북은 네 다리와 머리가 온통 등속으로 들어가 버리니 물개는 먹을 수가 없었다. 부처님은 이것을 보시고 말씀하셨다.

「내가 생각해 보니 세상 사람들은 이 거북이만 못하구나? 여섯가지 정에 끄달려 방자하게 되면 바깥 마귀가 편하고 모양이 무너지고 마음이 떠나간 뒤 끝 없는 생사의 업보(業報)로 다섯가지 악도에 떨어

九, 불비시식(不非時食)

져서 백천고뇌를 받는도다」고 하셨다.

연지대사(蓮池)의 사미율의(沙彌律儀)에 보면, 「하늘 사람들은 아침에 먹고 부처님은 낮에 잡수시고 짐승은 오후에 먹고 귀신은 밤에 먹는 바, 스님네는 부처님을 배우는 이들이므로 오정이 지나면 먹지 말아야 한다.

아귀(餓鬼)들은 바루(절에서 사용하는 식기) 소리만 들어도 목구멍에 불이 일어나나니 낮에 밥먹을 때에도 조용히 소리 없이 먹어야 하는데 하물며 오후이겠느냐? 옛날에 큰 스님은 오후에 밥짓는 중을 보고 눈물을 흘리며 불법이 쇠퇴하는 것을 슬퍼하셨도다. 요즈음 사람들은 몸이 약하고 병이 많은데 꼭 자주 먹어야 할 사람은 이 계를 지닐 수 없을 것이니, 그러므로 옛 어른이 말씀하시기를 『병을 치료한다는 뜻으로 약과 침이라』했던 것이다.

그러므로 늦게 먹는 밥은 부처님 법에 어기는 것인줄 알고 크게 부끄럽게 생각해야 하며, 아귀들의 고통을 생각하여 항상 자비로 제도할 줄 알아서 많이 먹지 말고 좋은 음식을 먹으려 하지 말아야 한다.

비라삼매경(毘羅三昧經)에 때 아닌 때에 먹지 않으면 다음과 같은 이익을 얻는다고 했다.

「첫째 음욕이 적어져서 모든 탐욕을 여의게 된다. 둘째 잠이 줄어서 수마를 능히 물리칠 수 있고, 세째 몸이 평안해서 정신의 기운이 맑아지고 상쾌해 지며, 네째 병이 없어져서 복과 수를 더하게 되며 다섯째 한 마음으로 되어 도엽을 쉽게 성취하느니라」고. (非時不食 得五種利益 一少姪 離諸貪欲 二少睡 能却睡魔 三身安 神氣淸爽 四無病 增長福壽 五得一心 道業易辦)

10. 불착금은전보(不捉金銀錢寶) 금은등의 보화를 갖지 말라. 금·은·진주·비취 등의 보배는 모두 사람의 탐욕심 곧 축적본능(蓄積本能)을 조장(助長)하여 수도하는데 큰 방해가 되므로 몸에 지니는 것을 금했던 것이다. 그래서 부처님 당시에는 스님네가 모두 떨어진 옷을 입고 밥을 빌어 먹었으며, 밥을 짓지 않았고 옷이나 절 등 의식주(衣食住) 일체를 다 신도가 제공하고 돌보았으며 승려 자신은 절 살림이나 재물에는 관심을 두지 않게 했던 것이다.

사미율의(沙彌律儀)에, 「밭매다 금을 보고 거들떠보지 않는 것은 세상의 선비들도 하는 일인데, 석존의 제자로서 빈도(貧道)라 일컬으면서 재물을 모아 어디에 쓸 것이냐? 요사이는 밥을 빌지 않고 총림이나 암자에 살고 혹은 멀리 돌아다니기도 하므로 돈을 쓰게 되기도 하지만, 이것이 다 부처님 법에 어기는 것인 줄 알아서 부끄럽게 생각하며, 다른 이의 가난한 형편을 생각하여 항상 보시할 것이요, 돈을 벌거나 모아두지 말고 장사하지 말며 귀중한 七보로 옷과 기구를 장식하지 말라」고 했다. (鋤金不顧世儒尙然 釋子稱貧 蓄財奚用 今人 不能俱行乞食 或入叢林 或住庵院 或出遠 亦未免有金銀之費 必也知違佛制 生大慚愧 念他窮乏 常行布施 不營求 不蓄財 不販賣 不以七寶 粧飾衣器等物)

사분율(四分律)에 말하기를, 「일월에는 네 가지 걱정이 있으니 그러면 밝지 않고 깨끗하지 못하며 잘 비추어 줄 수 없게 되고 또한 위신력이 없게 되느니라. 무엇이 네가지인가? 연기·구름·티끌·안개니 이것은 해와 달의 큰 근심이니라. 사문과 바라문에게도 또한 네가지 근심이 있으니 그렇게 되면 밝지 못하고 깨끗하지 못하게 되고 비추어 줄 수 없게 되느니라. 무엇이 네가지인가? 술을 끊지 못하는 일·음욕을 버리지 못하는 일·손에서 금은보배를 버리지 못하는 일·나쁜 업을 하여 사는 이 네가지 큰 근심이니라」고 했다. (日月 有四患 不明·不淨·不能有所照 亦無威神 云何爲四 阿修羅烟雲塵霧 是日月大患 沙門婆羅門 亦有四患 不明不淨 不能有所照 亦無威神 云何爲四 不捨飮酒 不捨婬欲 不捨手持金銀 不捨邪命自活 是爲四大患)

이상에서 설명한 열가지 계 가운데 앞의 네가지 곧 살생·도적질·음행·거짓말을 하지 않는 계는 마음의 본성(本性)을 직접 어기는 죄이므로 성죄(性罪)·또는 실악(實惡)이라 하며, 재가출가를 막론하고 지으면 악도(惡途)에 떨어지는 죄다. 나머지 여섯가지 계는 직접적인 나쁜 죄는 아니지만 방일하여 나쁜 인연의 자극이 되므로 죄를 막는다하여 차죄(遮罪)·방일연(放逸緣)이라 하고 위의(威儀)를 파한다 하여, 파위의(破威儀)라 한다. 이 가운데 다섯번째의 술은 반은 성죄(性罪)에 속하고 반은 차죄(遮罪)의 뜻에 해당한다하여 반성반차(半性半遮)라 하며 화를 부르는 문이라는 뜻으로 화문(禍門)이라고도 한다. 또 아홉째의 비시식(非時食)의 계는 재를 파하는 계이므로 파재(破齋)라 한다. 이것을 도표로 보이면 다음과 같다.

지범개차(持犯開遮)

```
第一殺  ─┐
第二盜  ─┤─── 性罪 ──┐
第三婬  ─┤          ├── 破戒
第四妄  ─┘ 實惡      │
第五酒  ──── 半性半遮 ┘  禍門
第六香鬘塗身 ─┐
第七歌舞作唱 ─┤── 遮罪 ── 破威儀
第八坐高大床 ─┘  放過緣
第九非時食 ──── 破齋
第十受蓄金銀
```

이상의 十계는 계의 기본이 되고 불법수행의 초보적인 관문(關門)이 되므로 많은 지면을 할애하여 비교적 자세한 설명을 해 보려고 했다. 다음에 이 계를 지니고 범하고 열고 막는다(持犯開遮)는 뜻에 대해서 설명하기로 한다.

지닌다(持)함은 계를 받아 가지고 계율대로만 실천하며 그에 어긋나는 짓은 하지 않음을 뜻한다.

예컨대 신라(新羅) 제二十三대 법흥왕(法興王) 때 불교의 부흥을 위해 순교한 이차돈(異次頓)은 당시 신라의 국법상(國法上) 불법의 신교(信敎)를 대죄(大罪)로 다스려야 하는 실정을 고려하여 거짓으로 불법을 하지 않겠노라 한번만 거짓말을 해주면 얼마 뒤에 국법을 고쳐서 불법신교를 허락하도록 하겠으니 그때에 가서 불법을 크게 일으키면 되지 않겠느냐는 법흥왕의 간절한 부탁을 물리치고 목숨을 끊으면서까지 거짓말 하지 말라는 계율을 지켰던 것이다. 그때 이 차돈은 법흥왕에게 「거짓말을 한 파계(破戒)의 혀를 가지고 아무리 오래 살며 불법을 편다한들 얼마나 하겠으며 무슨 값있는 포교를 하겠읍니까? 차라리 계를 지키는 마음으로 목숨을 버려서 불법을 받드는 것이 옳겠읍니다.」라고 했다고 한다.

이것은 계를 받아서 생명처럼 받들어 지니는 좋은 예라 하겠다. 계를 범한다(犯)함은 五계·十계·구족계 등의 계를 받았지만 잘 지키지 못하고 계를 깨뜨리는 파계(破戒)의 경우를 말한다. 파계에 소극적인 파계와 적극적인 파계의 두가지가 있다. 소극적인 파계라 함은 계를 지키는데 있어서 태만하고 소홀하여 선법(善法)을 실천하지 못하므로 범하는 파계를 뜻하고, 적극적인 파계는 맹목적인 충동을 일으켜 스스로 계를 어기는 행위를 하게 되는 것을 뜻한다. 그래서 전자는 착한 짓을 하지 못한 것이므로 지범(止犯)이라 하고 후자는 나쁜 짓을 스스로 범한 것이므로 작범(作犯)이라 한다.

객관사정에 따라서 어느 한 계율을 지키고자 하지만 그렇게 되면 그 결과 선을 실천할 수 없는 것으로 되는 경우, 한 계율을 지키는 것이 다른 중요한 계율을 어기는 결과를 가져 오게 되므로 범해도 좋다고 허락하는 것을 개(開)라 했고, 그렇지않고는 이차돈의 경우처럼 목숨을 끊는 한이 있어도 계율을 지켜야 하는 것이므로 이것을 차(遮)라 했다.

가령 자기 부모가 국법에 위배되는 일이 있어서 그 사실이 알려지면 곧 사형에 집행될 위기에 처한 경우 자식된 사람으로서 거짓말을 하지 말아야 한다는 계율만 앞세워서 부모의 범법사실을 고발해야 할 것인가! 아마도 이런 경우는 공산사회에서는 허다할 것이니 그렇게 되면 자식이 부모를 죽이는데 협조한 것이므로 큰 불효를 범한 것이 아닌가?

율문(律文)에 다음과 같은 이야기가 있다.

「사냥꾼이 토끼를 쫓았다. 토끼는 피해 달아나다가 급해서 부처님의 의자 밑으로 숨게 됐다. 얼마 뒤 사냥꾼이 달려 와서 「토끼 한마리 못보았읍니까?」하고 물으니 부처님께서 「보지 못하였소」하고 거짓말을 하셨다. 그래서 나중에 제자가 묻기를 「부처님 자리 밑에 토끼가 숨어 있었는데 어찌하여 거짓말을 하셨읍니까」하니 부처님 말씀이 「토끼의 생명을 구하기 위해서니라」하셨다고 한다.

이런 경우의 거짓말은 좋은 일을 위한 일이므로 거짓말해도 좋다는 허락을 한 것이란 뜻으로 개(開)라 한 것이다.

〔本 文〕

但依金口聖言이언정 莫順庸流妄說이어다
단의금구성언　　　 막순용유망설

다만 부처님의 거룩한 말씀에만 의지할 것이요 용렬한 무리들의 헛된 말은 듣지 말지어다.

〔字解〕 但 다만단, 다만·단지의 뜻. 依 의지할의, 무엇에 의지한다·기댄다의 뜻. 金 쇠금·금금

70

口 입구. 聖 성인성, 석가세존·공자 같은 성인을 뜻함. 言 말씀언. 莫 말막·없을막,……하지 말라……하면 안된다·없다의 뜻. 庸 떳떳용·어리석을용, 용렬하다·평범하다·중용·고용의 뜻. 順 순할순, 차례순, 순종·차례의 뜻. 流 흐를유, 물이 흐른다는 뜻. 妄 허망할망·거짓망, 분별없다·진실되지 못하다의 뜻. 說 말씀설·달랠세, 말하다·이야기하다·말하여 달래다의 뜻.

【講義】 但依 庸流 金口聖言 莫順 다만(但) 의지하다(依), 부처님(金口)의 거룩한 말씀, (聖言) 따르지(順) 말라(莫), 妄說 용렬한 어리석은(庸)·무리들의(流)·헛된 말·부질없는(妄)·말을(說), 이상의 낱말들의 그 뜻을 풀어 보면

「오로지 부처님의 깨달음에 관한 거룩한 말씀만 듣고 배우기도 바쁜데 어느 겨를에 어리석고 어둡고 비뚤어진 범부중생들의 허망되고 부질없는 무가치한 말에 귀를 기우리겠느냐」는 뜻이라 하겠다.

금구성언(金口聖言) 금구(金口)라 함은 부처님의 입을 말한다. 본래 부처님의 몸은 황금 빛이므로 입도 금빛 입이란 뜻이고, 또 부처님의 말씀은 금강과 같이 견고하고 만세에 변하지 않는 진리의 말씀이므로 금구설(金口說)이라 한 것이다.

그래서 부처님의 말씀을 금구성언(金口聖言)·금구설법(金口說法)·금구직설(金口直說)이라고 한다. 금광명최승왕경(金光明最勝王經) 제七에 「여래금구(如來金口)는 참된 진리를 연설하여 묘한 음성으로 하늘과 사람을 조복(調伏)한다」고 했으며, 마하지관(摩訶止觀) 제一 上 제一五一에 「황금빛 여래 몸의 거룩한 구업(口業)」이라 했다.

성언(聖言)이라 함은 글짜 그대로 성인의 말씀이란 뜻이니, 부처님의 금강같은 거룩한 입으로 말씀하는 진리의 말씀이란 뜻이다.

성인의 정의(定義)에 대해서 우리는 한번 생각해 봐야 할 것 같다. 종교인이면 누구나 어떤 종교의 신앙을 갖는 이건 성인의 길·성인의 가르침을 따르려고 하는 이들이기 때문이다. 그러면서도 성인의 참 뜻이 무엇인지 그 깊이를 알기 어려우므로 종교를 바로 알기 어렵게 되고 바른 종교를 실천하지 못하게 된다. 그러므로 모름지기 종교인이면 어느 교이건 먼저 성인에 대한 바른 이해가 앞서야 하리라 믿는다. 특히 불문에 들어와서 보살만행(菩薩萬行)과 견성성불(見性成佛)의 수행을 하려는 이에게는 더욱 더 그렇다.

이에 대해 유교의 주역(周易)에서는 「성인이란 천지로 더불어 그 덕이 합하고 일월과 더부러 그 밝음이 합하고 귀신으로 더부러 그 길흉이 합한다」고 하였다. 또 예수교 같은데서는 우주의 창조주인 여호아하느님의 독생자로서 예수가 이 세상에 태어나 인류 대신 피를 흘리고 가셨으니 큰 성인이라 했다.

그러나 불교에서 말하는 성인의 뜻은 그 뜻이 더욱 깊다. 부처님은 무한한 과거세에 이미 보살 곧 성인이 되어 무한수의 중생을 제도했고 자신만이 생사와 속박을 해탈했을 뿐아니라 남도 해탈하게 했으므로 그 지혜와 능력과 복덕이 완전무결한 분이신데, 다만 중생들에게 생사를 해탈하는 불법을 보이시기 위한 방편으로 이 세상에 출현하신 분이라 했다.

그러므로 기독교에서는 하느님을 무조건 믿고 따르라 믿지 않는 자는 구제될 수 없다 했으며, 유교에서는 천명(天命) 곧 천지의 성품(性)에 순종하라고 했을 뿐인데 대해, 그러나 불교에서는 구제해 줄 하늘이 있고 구제 받을 사람이 있어서 주객이 대립되어 있는 한 영원히 구제될 수도 없고 해탈될 수도 없다는 것이다. 또 어떤 결정된 내용의 천명이나 성품이 있어서 그것을 순종하는데 그치는 것을 성인이라고 한다면 그것은 마치 국민이 국법(國法)에 불가피하게 구속되는 것과 같으므로 그것을 해탈이라 할 수도 없다는 것이다. 만일 나를 구해줄 절대자가 있다면 그리고 온 인류가 다 사랑하는 그의 아들이라면 어찌하여 믿고 안믿고를 가리어 천당으로 구하고 지옥으로 보내야 하며 왜 하필이스라엘민족만이 선택을 받아야 하는 것인가? 또한 전지하고 전능한 그라면 왜 더 안전하고 행복한 세상, 지극히 착한 마음씨의 사람들만으로 가득하게 할 수 없었는가?

또 예수와 공자와 석존 이 세분의 일생의 성적(聖跡)을 살펴보는 경우에도 물론 다 같이 지극한 선(善)을 실천했다는 점에서는 공통하다. 그러나 예수의 교리는 선악·천당·지옥의 대립관념이 강한 채 주관 객관의 상대세계를 완전히 초월한 절대의 진리를 천명하지는 못했으며, 따라서 그의 실천과 생활은 온통 마귀와의 대립 그것이었고 그의 죽음도 불의의 적에게 희생된 최후 그 것이었다.

공자(孔子)의 경우도 철환천하(轍環天下)의 고행일생을 보냈지만 그의 뜻을 소분(少分)도 펴지 못한 채 七〇노령(老齡)으로 옥사(獄死)의 천명(天命)을 받았으니·그것을 천지의 덕(德)에 합했고 일월의 광명에 합한 가장 이상적인 성자의 실현이라 할 수 있을 것인가!

물론 예수의 부활(復活) 사상이 있고 공자의 천명(天命)을 순(順)한 행(行)이 있는 바 이것을 성자의 행이 아니라고 부인하려는 것은 아니지만, 적어도 전지전능한 성자의 만족한 행적이라고 할 수 없다는 점은 의심의 여지가 없다고 생각된다.

석존의 경우, 인물과 지혜와 체력이 뛰어난 왕자의 신분으로 당대의 절세미인 야수다라비를 위시한 후궁 나인 등 부귀영화가 극에 이르렀지만 이 모든 부귀영화를 버리고 도를 위해 출가했고 인생과 우주의 비밀을 깨치신 뒤에도 중생제도만을 위해 일생을 바치신 가운데, 마왕(魔王)을 항복했고 일체의 외도(外道)를 남김없이 설복(說服)하여 불법에 귀의시켰으며, 국왕대신(國王大臣)과 학자·재벌 등이 다 그 제자가 되었으며, 하느님과 신들의 예배를 받았고 그 법을 후세에 구족하게 남길 수 있도록 충분히 설법할 수 있었으며, 육신을 버리는 것이 죽음을 뜻하는 것이 아니라는 확증(確證)으로서 열반상(涅槃相)을 남기신 일대의 성적(聖跡)을 보더라도, 예수의 경우 그 성적이 너무 짧고 단명(端命)하여 어리석은 중생에게 진리를 일일이 설명할 수 없었고, 공자의 경우 노력에 비해 공적이 너무 적은 적으로서는 갓난아기와 장군의 힘을 비교하는 것 같은 느낌을 준다.

요컨대 부처님은 선과 악을 다 초월하여 거침이 없고, 육신이나 자연계나 그 어느 법도 다 자유롭게 해탈한 분으로서, 천명(天命)이라고 하는 객관적인 원리에 구속되지 않는 분이다. 더구나 하느님을 믿고 그 신의 주재(主宰)로부터 벗어나지 못하여 그 가호 아래 비로소 행복을 얻는 그런 유의 중생살이를 하는 성인이 아니다.

그러므로 특히 불문에 들어온 사람은 자기의 성품을 깨달아 부처의 마음을 밝힘으로써 성불(成佛)할 것을 인생 목표로 서원(誓願)한 이들이므로 마땅히 성인될 가르침만 따라야 할 것이며, 성인의 가르침과 크게 어긋나는 범부중생들의 어리석고 망령된 말에 귀를 기울이어 나쁜 데 물들어서는 안된다는 것이다. 중생들은 참마음이 밝게 드러나지 못하여 주관 객관이 벌어진 상대세계에 얽매여서, 생노병사(生老病死)·남녀노소(男女老少)·부귀빈천(富貴貧賤)·선악애증(善惡愛憎) 등 고민 갈등의 굴레에 속박되어 있으며 암흑과 죄악과 무지(無智)에 얽혀 진리의 세계와는 거꾸로 뒤집혀진 말과 행동과 관념으로 생활하고 있는 때문이다.

불자(佛子)라면 모름지기 자기 마음을 깨달아 자신이 부처가 되는 길을 밝히신 부처님과 조사(祖師)의 말씀만 따라 배우고 익히고 닦고 깨달아 지혜와 복덕을 구족하게 성취할 때까지 세세생생 보살만행(菩薩萬行)을 거듭하고 온 누리를 제도할 것이며, 마음을 떠나서 객관에 의지하거나 맹신하는 외도(外道)의 길에 눈 팔지 말아야 할 것이다.

〔本 文〕

既己出家하야 衆陪淸衆인댄 常念柔和善順이언정 不得我慢貢高니라
기기출가 참배청중 상념유화선순 부득아만공고

이미 출가해서 청정한 대중에 참여한 몸이면 항상 부드럽고 화합하고 착하고 온순함을 생각할 것이

요, 제잘난체하는 마음으로 거만하지 말라.

【字解】 旣 이미기, 벌써·진작의 뜻. 己 몸기, 나·몸·자신의 뜻. 또 십간(十干)의 여섯째로서 土를 뜻함. 出 날출·나갈출, 산출한다·생산한다·출입(出入)한다의 뜻. 家 집가·살가·집·살림· 가족·가산 등의 뜻. 參 섞일참·참여할참·헤아릴참·석삼, 뒤섞인다·참가한다·참고한다의 뜻. 또 壹貳參의 參자와 통용. 陪 모실배·도울배·더할배, 시중하다·보좌하다·보탬의 뜻. 淸 맑을청·시원할청·청나라청, 물이 맑음·성품이 깨끗함·시원하다의 뜻. 또 중국의 나라 이름. 衆 무리중·많을 중·많은 사람·대중을 뜻함. 常 떳떳상·항상상·범상상, 영구 불변·보통의 뜻. 念 생각념·욀념· 잠깐념, 사랑한다·암송한다·짧은 시간(일념 가운데 九○찰나가 있다=仁王經)을 뜻함. 不 아니불·아닌가부, 아님· 유·편안히 할유·복종할유. 和 고로화·온화할화·따뜻할화·화해할화. 我 나아, 자신. 柔 부드러울 의문의 뜻. 得 얻을득·만족할득, 거만곰득, 시려곰득, 손에 넣는다·득의하다·얻다·소득의 뜻. 貢 공물공·바 나의 것 등의 뜻. 慢 게으를만·거만할만·업신여길만, 느림·방자함·모멸함 등의 뜻. 칠공, 나라에 바치는 산물을 뜻함. 高 높을고·뽐낼고, 존귀함·값이 비쌈·나이가 많음·뽐냄등의 뜻.

【講義】 「旣己出家」라 함은 「이미(旣) 몸이(己) 출가하여(出家)」란 말이니, 세속의 무의미한 욕망의 생활을 버리고 진리의 참 인생을 살기 위하여 수행의 세계로 출발했다 곧 출가승려가 되었다는 뜻이다. 「參陪淸衆」이라 함은 「깨끗하고 거룩한(淸) 대중에(衆) 참여했으면(參陪)」하는 말이니, 진리의 참된 인생을 찾기 위해 몸뚱이와 물질과 욕망과 명예와 향락의 맹목적인 생활을 버리고 마음을 깨달아

참나(眞我)를 발견하고 생사와 일체의 고통을 초월한 불보살(佛菩薩)을 따라 배우는 거룩한 교단(敎團)에 들어와 승보(僧寶)의 일원이 되게 되었다는 뜻이다.

「常念柔和善順」은 언제나 마음 쓰라(念)는 말이니, 마음이 딱딱하고(부드러운 것〈柔〉의 반대) 난폭한(공손하고 얌전하고 단정한 마음 順의 반대) 성격을 길들인다면 이런 사람은 세속에서도 교양이 없는 해독인데 하물며 수도인으로서 어찌 할 수 있는 일이겠느냐는 뜻이다. 수도라 함은 곧 마음을 닦는 것이므로 마음을 닦는데 방해가 되는 이와 같은 거친 마음은 잘 다스리지 않으면 안된다. 따라서 항상 부드러운 마음으로 딱딱한 마음을 다스리며 온화한 마음으로 거치른 마음을 다스리고 착한 마음으로 악독한 마음을 다스리며 겸손하고 온순한 마음으로 거만한 마음을 다스려야 한다.

「不得我慢貢高」라 함은 아만심·교만한 생각(我慢) 또는 제잘난척하고 자기를 스스로 높이는 짓(貢高)을 해서는 안 된다는 말이다.

출가(出家)라 함은 세속적인 일체의 집착·세속의 탐욕(貪慾)·세속의 티끌(世塵)을 벗어난 것이므로 출진(出塵)이라고도 하니, 이는 세상살이에서 때문은 마음·거치른 마음·악랄한 마음을 떨어버리고, 여색(女色)을 떨어버리고, 명예를 떨어버리고 일체의 애욕을 떨어 버리고, 물질과 육체에 대한 집착을 떨어 버리자는 뜻으로 머리를 깎는다. 그래서 출가하면 재욕(財慾)을 떨어버리고, 다는 뜻이다. 또한 옷에는 먹물을 들여 입으니 역시 좋은 옷, 좋은 모양 등의 객관에 이끌리지 않는다는 뜻이다. 이에 출가를 삭발(削髮)·삭낙(削落)·낙발염의(落髮染衣)라고도 한다.

그러므로 출가인은 현상계의 객관 곧 물질이거나 육신이거나 생각이거나를 막론하고 다 헛된 것이고 본질적(本質的)으로 그 실체(實體)가 없는 것이며, 우주와 인생의 참 이치는 그 바탕이 공한 것(空)임을 깨달아 그 가운데서 해탈의 열반(涅槃)을 증득한다는 뜻으로 공문자(空門子) 곧 공한 도리의 문에 들어온 사람이라 부르기도 한다. 또 세속 사람은 헌 옷 그대로를 입고 출가한 이는 먹물 옷을 입으므로 재가인(在家人)을 백의(白衣)라 부르고 출가를 치의(緇衣=먹물 옷)·치문(緇門)이라고 하며 재가출가를 동시에 부를 적에는 치소(緇素)라 부르기도 한다. 일반적으로 흰 것은 깨끗하고 검은 것은 때문은 것으로 보지만 여기서 치(緇)는 그런 뜻이 아니다.

하여튼 출가한 이는 마음을 깨닫는 진리의 도를 위해 세속을 티끌처럼 버리고 수도에만 전념해야 하는 사람이므로 오직 마음을 청정하게 하고 겸손하고 마음을 비우며 과거의 잘못을 뉘우치고 앞으로는 잘못을 다시 안저지르도록 다짐할지언정, 제잘난척하고 아만심만 높이어 도 배우는 마음을 저해 (阻害)하거나 탐욕과 어리석음과 좋아하고 싫어하는 감정에만 이끌려 탐진치심(貪嗔痴心)만 기르고 보면 불법과는 十만八천리로 동떨어지게 될 것이다.

그래서 율문에서도 「무릇 대중에 들어가고자 하면 마땅히 다섯가지 법을 가질 것이니, 첫째는 응당 자비한 마음을 지닐 것이요, 둘째는 자신 낮추기를 먼지 닦는 걸레같이 할 것이니, 걸레는 더러운 때를 자기 몸으로 훔쳐서 다른 물건을 깨끗하게 하는 때문이다. 세째는 앉고 일어나는 예법을 잘 알아야 하나니 자기보다 윗 선배를 만나서 가만히 앉아 있으면 안되고 후배를 만났을 때는 일어서지 않으며 사미의 어린 대중들은 구족계를 받은 이를 보면 응당 다 일어서야 한다. 네째 스님네 가운데 있으면서 잡된 무리와 같이 하여서는 안되니 스님네와 있으면서 세상 사람들과 속된 이야기를 말하여서는 안되며, 다섯째 스님네 가운데 차마 볼 수 없는 짓을 하는 것을 보더라도 응당 잠잠히 떠들지 말지어다.」

(律云 凡欲入衆當具五法 一、應以慈心 二、應自卑下 如拂塵巾 謂巾能攬垢歸己 令物潔淨故 三、應知坐起法 謂若見上座 不應安坐 若見下坐 不應起立 沙彌 小衆 見受具者 盡應起立 四、在彼僧中 不爲彼雜在僧中 不隨人談說世事故 五、若見僧中 有不可忍事 應作默然)라고 간곡히 당부하셨던 것이다.

이렇게 출가수행하다가 세속으로 다시 되돌아가서 세속생활을 하는 사람이 있게 되는데, 불교에서는 이것을 세속으로 되돌아갔다는 뜻으로 환속(還俗)·귀속(歸俗)이라 하기도 하고, 물러났다는 뜻으로 퇴속(退俗)이라 하기도 하며, 세속의 꾸밈새를 다시 거듭한다는 뜻으로 부식(復飾)이라고도 한다.

〔本文〕

大者는 爲兄하고 小者는 爲弟니 儻有諍者어든 兩說을 和合하야 但以慈心相向이언정 不得惡語傷人이어다
대자 위형 소자 위제 당유쟁자 양설 화합 단이자심상향 언정 부득악어상인

나이 많은 사람은 형이 되고 적은 사람은 아우가 되는 것이니, 혹 말다툼이라도 하는 이가 있으면 두 사람 말을 화합시켜서 오직 사랑하는 마음으로 서로 대해야 하며 모진 말로 남을 상하게 하지 말라.

【字解】 大 큰대・대강대, 부피나 길이가 크다・많다・왕성하다의 뜻. 또 太(클태)자와 같은 자로 쓰기도 한다. 者 놈자・어조사자, 사람・이것저것의 것, 또는 어조사로 쓰인다. 爲 할위・삼을위・위할위, 무엇을 한다・다스린다・행위……을 위한다 등의 뜻. 小 적을소・조금소, 짧다・경시하다・적다의 뜻. 兄 맏형, 형・우수한 것. 또는 하물며 황況과 같은 뜻으로도 쓰임. 儻 혹시당・기개있을당・갑자기당・만일・혹・나이 어린 사람・온순하다・형을 공경하게 섬긴다의 뜻. 弟 아우제・순할제・공경할제, 동생・나이 어린 사람・온순하다・형을 공경하게 섬긴다의 뜻. 靜 다툴쟁・간할쟁, 관청에서 송사한다・간언한다・다툰다・말다툼하다의 뜻. 有 있을유・가질유, 또유, 존재한다・소유한다・무게의 단위・쌍의 뜻으로 쓰인다. 열여섯냥을 한근 곧 $\frac{1}{16}$근, 돈의 단위 옛날에는 十량을 一전으로 하다. 合 모둘합・만날합, 하나로 합한다・배필의 뜻. 兩 두양・짝양, 어머니자, 사랑・은애・어머니의 뜻으로 쓰인다. 向 향할향, 바라 봄. 語 말씀어・소리어・이야기, 언어・새, 벌레의 소리・알리다・가르침의 뜻. 慈 사랑자・어머니자, 사랑・은애・어머니의 뜻으로 쓰인다. 相 서로상・바탕상・모양상・재상상, 용모・상태・정승・장관 등 최고의 관직을 뜻함. 以 써이・할이・까닭이, 에 의하여. 傷 상할상・근심할상・불쌍히 여길상, 다치다・해치다・걱정하다・가련하게 여기다의 뜻.

【講義】 「大者爲兄小者爲弟」라 함은 큰 사람 곧 나이가 많은 사람(大者)은 형 곧 선배가 되고 (爲兄)

적은 사람 곧 나이가 어린 사람은 (小者) 동생 곧 후배가 된다 (爲弟)는 말이니, 불문(佛門)에 출가한 이상 다 함께 부처님을 아버지로 삼아서 같은 형제가 되고 보살(菩薩)을 큰 형(大兄)으로 삼으므로 형제이다. 또한 같은 스님 밑에 출가하였으면 그것은 더욱 가까운 형제일 것임에 틀림없다는 뜻이다.

다만 불법으로는 먼저 출가한 이가 형이 되고 나중 출가한 이가 아우가 되는 것이 원칙이다. 따라서 연령이나 세속의 신분이나 가문(家門)을 따르지 않고 오로지 출가의 선후를 따라서 아래 위를 정한 부처님 당시의 절에가 많다. 십대제자(十大弟子) 가운데 지계제일(持戒第一)인 우바리존자(優婆離尊者)는 본래 노예계급의 가장 천한 가문 출신으로서 석가왕족(釋迦王族)의 왕자들의 이발사였는데 부처님의 사촌인 아란(阿難) 등이 출가할 때 따라갔다가 그들보다 일주일 먼저 출가하게 됐다. 이로 말미암아 아란은 자기의 노예였던 우바리를 법형으로 하여 아래 자리를 차지하게 한 유명한 일이 있다. 그러나 불문에 있어서 더욱 중하게 여기는 것은 법이다. 년령이 아무리 적고 출가한 지가 아무리 늦었더라도 불법의 수행이 높고 법을 잘 알며 깨달음이 있으면 그는 우선적으로 높여야 한다는 것이다. 부처님 당시의 수제자(首弟子) 대가섭(大迦葉)이나 십대제자가 다 반드시 일찍 출가한 이들이 아니었으며, 六조(祖) 혜능대사(慧能) 당시 광주(廣州) 법성사(法性寺)의 주지 인종법사(印宗)는 이미 대덕(大德)으로 연령이나 법명(法名)이 크게 높았으면서 아직 삭발을 안한 무명의 행자 혜능(惠能)을 법좌(法座)에 높이고 법사(法師)의 예를 다한 일이 있고, 진(秦)의 도안(道安)은 용모가 추하여 스승에게 박대를 받았으나 당대의 고승 불도징(佛圖澄) 등에게 제경(諸經)의 대법(大法)을 통하자 처음의 스승은 도리어 자기 제자인 도안대사에게 스승대접을 했다고 하며, 최근세의 七세 주지(七歲住持)로 이름 높았던 성월(性月)스님은 영남의 대찰(大刹) 범어사(梵魚寺)의 사미동자로 대중의 추천을 받아 七세의 어린 나이로 수백대중을 총찰하고 대소사(大小事)를 처결했다고 한다. 이런 일은 다 불문에서는 법을 제일 존중하기 때문에 법을 얻은 정도가 높으면 나이나 출가의 선후를 가리기에 앞서서 스승으로 모시어 지도를 받아야 하고 배워야 한다는 증거라 하겠다. 따라서 연령 차이가 크던지 늦게 출가 했더라도 세속에서의 학덕이나 인격이 특별히 존경받을만한 이였더라면 예외의 경우가 될 수도 있겠지만、그러나 불법은 어디까지나 세속의 가치관을 떨어버리는 것을 근본으로 삼아야 할 것이다.

「儻有諍者兩說和合」이라 함은 혹시라도 만약에 (儻) 시비언쟁을 하거나 부질없이 다투는 이가 있으면 (有) 이 두 가지 말을 (兩說) 잘 맞도록 화해시키(和合)라는 뜻이니, 대개 다투는 것은 서로의 주장과 입장이 달라서 피차의 의견이 소통되지 않는 데 그 원인이 있는 것이므로 특히 명리(名利)나 여자 관계가 없는 수행인 간의 언쟁이 더욱 그런 것이므로 두 가지 주장을 잘 화해(和解)시키라는 말이다.

여기서 양설(兩說)을 혹 잘못 해석하여 十악 가운데 망어(妄語=거짓말)·기어(綺語=아첨하는 말)·양설(兩舌=두 말·이간질하는 말)·악구(惡口=악구·독설)의 양설로 풀이하는 수가 있는데, 이렇게 되면 그 뜻이 제한되고 이간질이 아닌 다른 원인에 의한 다툼은 화합시키지 않아도 좋다는 뜻이 되므로 그 뜻이 크게 잘못 해석되는 것이다. 그러므로 十악의 양설은 남을 이간질시키는 악어(惡語)

의 양설(兩舌)이자만 여기서의 양설(兩說)은 대중을 화합 시키는 양어(良語)의 양설이다. 승단(僧團)
을 화합중(和合衆)이라 하는 것은 한 마음으로 서로 화합하여 어기지 않는다는 뜻이니, 입으로 화합하
여 다투지 않고 (口和無諍) 몸이 화합하여 함께 잘 살고 (身和同住) 뜻은 화합하여 서로 어긋나지 않으
며 (意和無違) 이익이 있으면 화합하여 고루 나눈다 (利和同均)는 정신으로 잘 단합하여 한 마음으로
살아야 하며 만일 화합중(和合衆)을 이간질하여 승단(僧團)의 화합을 깨뜨리면 파화합승(破和合僧)이
라 하여 가장 큰 죄 중에 하나인 오역죄(五逆罪)를 범한 것이 된다.

　惡語는 남에게 욕설을 하고 뼈아픈 말을 하는 것을 말하니 율문에 악한 말에 대한 해독을 이렇게
말했다. 「거치른 소리와 악한 기운으로 하는 욕설은 성난 불길을 입으로 뿜어내어 마음을 태우는 것이
니 사람을 아프게 함이 마치 칼로 살을 도려내는 것 같다」고. (三五페이지 참조)

〔本　文〕

若也欺凌同伴하야 論說是非ㄴ댄 如此出家는 全無利益이니라
약야기능동반　　논설시비　　　여차출가　　　전무이익

【字解】　若 만약약・반야야・같을약・너약, 만일・불교에서 마음 깨침・지혜・이와 같음・따름・너(汝
二인칭)의 뜻으로 쓰인다. 也 어조사야・이를야・또야, 말 끝이나 말 중간에 넣는 조사・탄식을 나타

〔本文〕만일 도반들을 속이거나 업신여겨서 옳고 그름을 들추난다면 이같은 출가는 전혀 이익이 없느니라.

내는 조사 등으로 쓰인다. 欺 속일기・거짓기, 기만・허위의 뜻. 凌 얼음릉・업신여길릉・범할릉, 두꺼운 얼음・건너가다・범하다・업신여긴다의 뜻. 同 한가지동・모일동・화할동・모이다・화합하다의 뜻. 伴 짝반・모실반・의지할반, 상대・동반자・수반・의뢰의 뜻. 論 말할론・논할론, 진술하다. 이치를 말하다. 是 이시・옳을시, 여기・이것・바름・바르게 함. 非 아닐비・그늘비・헐뜯을비, 아니다・그르다・비방하다의 뜻. 如 같을여・만일여, 다르지 않다. 또는 발어사(發語辭). 全 온전전・순전전, 전체・전부・순순함의 뜻. 此 이차・이에차, 이것・이곳의 뜻. 無 없을무・아닐무・말무, 없다・공허・아니다의 부정. 益 더할익・이로울익, 보태다・도움이 되다・더욱 더의 뜻. 利 이할이・날카로울이, 이롭다・예리하다・이익을 탐낸다.

【講義】「若也欺凌同伴論說是非」라 함은 만일(若也) 같은 도반(同伴)을 속이고 업신여긴다면, 그래서 네가 잘했느니 내가 안그랬느니 하고 시비나 일으키어 쓸데 없는 나날을 보낸다면, 그런 뜻이니, 불법문 중에 출가하여 거룩한 마음으로 수행하는 도반(道伴)들을 속이고 능멸하는 것은 곧 자기 마음을 속이는 것이고 불법을 존경하여 받들지 못하는 결과가 되며 겸허하고 엄숙한 수도의 결의가 없는 사람이니, 진실을 상실했기 때문이다.

이것이 입맛이 좋고 저것은 싫다. 이런 것은 재미있고 저런 것은 멋없다, 이것은 곱고 저것은 보기 싫다 등의 시비가 마음 속에 있어도 도(道)와는 거리가 먼 것인데 하물며 옳고 그르고 잘나고 못나고 하여 이것과 저것을 다투고 시기하고 속이고 허망된 시비만 일삼는다면 도리어 마음의 바탕을 점점 침침하게 물들여 어둡게 하는 것이기에 경계한 것이다. 수도는 마음의 근본을 밝혀서 깨닫는 것인데, 도반을 속이고 시비구설을 일으키는 것은 자신뿐 아니라 대중에게까지는 엄숙한 자세를 허틀게 하기 때문이다.

「如此出家全無利益」이라 함은 이와 같은(如此) 출가는(出家) 전혀 (全) 이로울 것이 (利益) 없다 (無)는 말 끝 아무런 수행도 될 수 없다는 뜻이니 마음을 밝히고 깨닫는 데 오히려 방해가 될 뿐이라는 것이다.

그래서 三조(祖) 승찬대사(僧燦)께서 지으신 신심명(信心銘) 첫 글귀에, 「지극한 도는 어려운 것이 아니다. 이것이 좋고 저것이 싫다는 간택만 버리라. 마음에 밉다 곱다는 생각만 없으면 마음이 툭 트이어 밝아지리라」(至道無難 唯嫌揀擇 但莫憎愛 洞然明白)고 말씀하셨던 것이다.

〔本 文〕

財色之禍는 甚於毒蛇하니 省己知非하야 常須遠離이다
재색지화 심어독사 성기지비 상수원리

【字解】 財 재물재、재능재、물자・금전・재산의 뜻. 色 빛색・낯색、빛깔・용모・여색의 뜻으로 쓰이며 불교에서는 물질계를 총칭하는 뜻으로 쓰일 때도 있다. 禍 재화화、재앙・재난의 뜻. 甚 심할심

재물과 여색의 화가 독사보다 심하니 자신을 반성하고 그릇을 알아서 항상 멀리 여일지어다.

무엇심, 대단히 정도에 지나치다는 뜻. 於 어조사어 · 있을어 · 기댈어, 전후의 관계를 밝혀주는 어조사, 의지한다의 뜻. 毒 독할독 · 해칠독 · 괴롭힘 · 해로움의 뜻. 蛇 뱀사 · 뱀, 혹 별이름으로 쓰이기도 함. 省 살필성, 깨달을성, 덜생, 살펴 본다 · 반성한다 · 간략히 줄인다의 뜻으로 쓰일 때는 음을 생으로 읽는다. (예:생략(省略))

【講義】「財色之禍 甚於毒蛇」라 함은 재물에 대한 탐욕(財)과 여색(女色)으로 인한(色) 화(禍)가 독사보다도(毒蛇) 더 심하다(甚)는 말이니, 그래서 율법(律法)으로 출가한 사문(沙門)은 돈을 몸에 지니지 말라 했고 일체의 음행(婬行)을 끊으라 했으며, 음행은 깨끗하지 못한 행이며 마음을 물들여 더럽고 악한 행을 하게 한다고 했다. 그래서 화엄경(華嚴經)에, 「만일 여색을 범하면 그 마음이 물들고 취하여서 어린 아이처럼 되어 자성(自性)을 볼 수 없게 되며, 흰 옷에 물을 들인 것처럼 본 바탕을 잃으며, 물에 빠진 것처럼 빠져나올 수 없게 되는데, 마치 똥가운데 사는 구더기가 똥을 애착하여 즐기듯하게 되고, 더러운데 사는 도야지가 깨끗하지 못한 온갖 것들로 몸을 뒤바르는 것과 같으니라」하였다. (三二페이지 참조)

〔本 文〕

無緣事則不得入他房院하며 當屛處하야 不得强知他事하며
무연사칙부득입타방원 당병처 부득강지타사

볼일없이 이방 저방 다른 건물로 돌아 다니지 말며, 은밀히 가리운 곳에서 남의 비밀을 구태여 알려고 하지 말라.

【字解】 緣 말미암을연·연분연, 인녀의 인연·남녀의 인연·두루다의 뜻. 事 일사·섬길사, 일·사건·받들어 모심·부린다의 뜻. 則 곳즉·법칙칙·본받을칙, ……때에는·……경우에는·제도·준칙·본보기를 삼는다의 뜻. 不 아니불. 得 얻을득. 入 들입·수입입, 들어간다·거두어 들임·돈을 수입함 등의 뜻. 他 다를타·남타, 같지 않다·남이다의 뜻. 房 방방·집방·전통방, 접안방의 옆 방을 뜻함. 院 담원·집원·절원·담장·담 두른 저택·스님네 거처하는 곳·관청의 뜻으로 쓰인다. 當 마땅당·당할당·대할당, 마땅히·응당·감당함·마주 대함의 뜻. 處 곳처·머무를처, 장소·지위·정지·머물러 쉼의 뜻. 屛 병풍병·가릴병, 가리워 막는다·병풍 제거한다의 뜻. 强 굳셀강·강할강·억지강, 힘이 강하다·억지로 강제로 하다의 뜻.

【講義】 「無緣事則不得入他房院」이라 함은 인연 있는 일, 꼭 가보지 않으면 안될 일(緣事)이 없으면서(無) 남의(他) 방이나 처소에(房院) 들어가지 말라(不得入)는 뜻이니, 수도는 곧 다름 아닌 쓸데없는 번뇌망상을 쉼으로써 마음을 밝게 들어내는 것인데, 쓸데 없이 이방저방 돌아다니면서 이일 저일 말만 늘어놓으면 이것은 오히려 번뇌망상을 기르는 일이 된다. 따라서 불문에 처음 들어 온 사람에게는 더욱 삼가지 않으면 안될 계목(戒目)이 된다.

「當屛處不得强知他事」라 함은 마땅히 응당(當) 가리운 곳 곧 비밀된 곳(屛處)에서 억지로(强) 남의 일

〔本 文〕

非六日이어든 不得洗浣內衣하며 臨盥漱하야 不得高聲涕唾하며
비육일   부득세완내의   임관수   부득고성체타
六일이 아니면 속옷 빨래 하지 말며, 세수하고 양치할 때 큰 소리로 침뱉고 코풀지 말며

【字解】 洗 씻을세・그릇세, 닦음. 浣 빨・씻을완. 盥 대야관・씻을관, 세수대야・손 따위를 씻음. 漱 양치할수・빨수・씻을수. 聲 소리성・음성, 음악・명예・가르침. 內 안내・몰래내, 중히여김・가까이함. 衣 옷의. 臨 임할림・쾌이름림, 군주가 신하를 대함. 涕 눈물체, 눈물을 흘리며 욺. 唾 침타・침뱉을타.

【講義】 「非六日不得洗浣內衣」이라 함은 엿새(六日)가 아니면(非) 속옷을 (內衣) 빨래하지 (洗浣) 아니 한다는 뜻이니, 매월 六일・十六일・二十六일에만 내의를 빨아야 한다.

그것은 경(經)에 「모든 성인(聖人)이 매월 六日(초六日·十六日·二六日)에 모여서 곤충(昆虫)들을 제도하는 날이다. 그러므로 이날은 설사 속옷 빨래를 하다가 이나 벼룩을 죽이드라도 살생(殺生)의 계를 범하는 것이 아니라」고 하였기 때문이다.

「臨盥漱不得高聲涕唾」라 함은 손씻고 세수하고(盥) 양치할 때(漱) 당하여(臨) 큰 소리로 침 뱉고(唾) 코풀지(涕) 말라(不得)는 뜻이니, 큰 소리로 세수하는 것은 역시 기운을 내리고 마음을 겸하하는 태도가 아니며, 특히 처음 불문에 들어간 사미(沙彌)의 신분으로서는 선배와 더불어 경건한 대중생활을 하는 도량에서 더욱 옳지 않은 일이라 하겠다.

그러므로 사미의 율문에 「낯 씻을 적에 물을 많이 쓰면 안되고, 양치물 뱉을 적에 머리를 숙이고 뱉아야 하며, 물이 다른 사람에게 튀겨지면 못쓴다. 또 코 풀고 가래침 뱉으면 안되고 불전(佛殿)·탑(塔)·방·깨끗한 땅·깨끗한 물에 코 풀거나 침뱉지 말고 으슥한 곳에 뱉으라」고 했던 것이다.

〔本 文〕

行益次에 不得搪揬越序하며 經行次에 不得開襟掉臂하며 言談次에 不得高聲戲
행익차에 부득당돌월서 경행차에 부득개금도비 언담차에 부득고성희
笑하며.
소하며.

며, 공양 같은 대중행사때에 당돌하게 차례를 어겨서는 안되고, 거닐 적에 옷깃을 헤치고 팔을 흔들지 말 말할 때에도 소리높여 희롱하거나 웃지 말라.

【字解】 行 다닐행·갈행·흐를행. 次 버금차·이을차·차례차·계승함·순서를 정함. 搪 막을당·부딪칠당, 당돌·느닷없이 막음·충돌함. 揬 부딪칠돌·내밀돌, 다닥침·쑥나옴. 越 넘을월·지날월·흐트러질월, 순서를 밟지 않고 나감·산일함. 序 실마리서·차례서. 經 날경·지경경·길경·책경·불경경·십조경(조의 십배). 開 열개·펼개, 닫힌 것을 틈·문화가 개발됨·젖히어 놓음. 襟 깃금·가슴금·옷깃금, 마음. 掉 흔들도·바로잡을도, 요동시킴·정돈함. 臂 팔비·팔뚝비. 談 이야기담·담화. 戱 놀희·희롱할희. 笑 웃음소.

【講義】 「行益次 不得搪揬越序」라 함은 이익되는 것을(益) 행할(行) 때에(次) 당돌하게(搪揬) 차례(序)를 뛰어넘지(越) 못한다(不得)는 뜻이니, 행익(行益)의 행(行)은 어떤 행사가 순서대로 실행되는 것을 뜻하고, 익(益)은 정신적이건 물질적이건 이익을 주는 행사를 뜻하는데, 절에서는 모든 행사가 거의다 대중적이므로 반드시 순서가 있게 마련인 바 그 순서를 어겨서는 안된다는 것이다. 예컨대 대중 공양을 할 때나 음식이 아닌 시주물(施主物)을 돌려 줄 때나 반드시 웃어른으로부터의 차례를 지켜야 하고, 범문을 들을 때나 어떤 법요식(法要式)에서의 행사에서도 반드시 자리의 순서들고 나는 순서 등을 엄격히 지켜야 한다는 것이다. 이와 같이 먹고 자는 일체의 언행을 규칙에 따라 서 질서정연하게 하지 않고 마음을 바로잡는다는 것은 불가능할 것이기 때문이다.

「經行次 不得開襟掉臂」라 함은 거닐 때에 (經行次) 옷깃을(襟) 풀어 헤치던가(開) 팔을(臂) 뒤흔들면(掉) 안된다(不得)는 뜻이니, 참선하다 졸음을 막기 위해서거나 혹 병을 요양할 목적으로 일정한 지역을 거닐 때 모름지기 경건한 마음으로 몸이나 마음을 단정하게 해야 한다는 뜻이다. 앉고 서고 먹고 자고 변소 가고 쉬는 일동을 방심(放心)하여 허트림이 없이 수도생활이 되도록 단속하지 않으면 안되는 것이 계율의 목적이다. 그러므로 마득륵가(摩得勒伽)=논장(論藏) 제六권에「비구가 경행을 할때 몸을 흔들며 걷지 말고 머리를 몹시 숙이고 걸어도 안되고 껑충껑충 빨리 걸어도 안되며 모든 감각기관을 잘 수습하고 마음으로 바깥 인연에 끄달리지 말고 오직 바르고 곧게 가야 한다」고 했다.

「言談次不得高聲戲笑」라 함은 말할 때에 (言談次) 높은 소리로 (高聲) 희롱하고 웃지 (戲笑) 말아야 한다 (不得)는 뜻이니 율문에서 「많이 웃지 말고 하품도 함부로 크게 하지 말라」했고, 「말도 많이 하지 말고 정부나 관공서의 일이나 속가의 장단을 말하지 말라」했다. 요컨대 쓸데 없는 우스개 소리나 장담이나 남의 장단을 논란하고 큰 소리로 떠드는 등의 일은 다 번뇌를 기르고 참된 습관을 길들이는 싹이 되기 때문이다.

〔本 文〕

非要事어던 不得出於門外하며 有病人이어든 須慈心守護하며 見賓客이어든 須欣
비요사   부득출어문외   유병인   수자심수호   견빈객   수흔

然迎接하며 逢尊長이어든 須肅恭廻避하며 辦道具하되 須儉約知足하며
연영접   봉존장   수숙공회피   판도구   수검약지족

요긴한 볼일 없이 큰 문 밖으로 나가지 말며, 병든 사람이 있을 적에는 자비한 마음으로 잘 간호하여 주어야 하고, 손님이 왔을 때에는 모름지기 흔연히 맞아들여야 하고, 웃어른을 만났을 때에는 엄숙하고 공손하게 옆으로 비켜야 하며, 일용도구를 쓸 때에도 모름지기 검소하고 절약함으로써 만족할 줄 알아야 한다.

【字解】 要 구할요·요할요·종요로울요·요컨대요. 門 문문·집문, 분류상의 구별. 外 밖외, 안일에 대하여 밖의 일임. 病 병명·앓을병·근심할병. 護 도울호·통솔할호·지킬호, 도와줌·수호하는 일·온 잠시의 뜻. 守 지킬수·벼슬이름수, 방어함. 見 볼견·당할견·견해견·목격함·발견함·마음에 해득함. 客 손객·나그네객, 내방한 사람. 欣 기뻐할흔·기쁨흔, 기쁘게 여김. 然 사를연·허락할연·그럴연, 마음을 허락함·그렇다고 생각함. 迎 맞이할영·맞을영, 오는 이를 맞아들임. 기다려 맞이함. 接 사귈접·이을접·모일접, 교차함·이어받음·계승함. 尊 높을존, 높은 지위·존경함·지위를 올림. 肅 엄숙할숙·삼갈숙, 정숙함. 逢 만날봉·맞을봉, 우연히 만남, 영합함. 辦 힘쓸판·갖출판, 일을 힘써 주려 맞이함. 恭 공손할공·받들공, 공경하고 겸손한 태도. 廻 돌회, 피할회, 빙 돌게 함. 具 갖출구·그릇구, 구비함. 儉 검소할검, 검약함. 約 묶 道 길도, 통행하는 곳·시행의 방법.

을약・고생할약・맺을약. 足 발족・산기슭족・족할족.

【講義】「非要事不得出於門外」라 함은 요긴한 일이(要事) 아니면(非) 절문 밖으로(門外) 나가지(出) 말라(不得)는 뜻이다. 절 문 밖으로 나가는 것은 바깥 세계와의 인연을 맺기 쉬운 일이므로 꼭 필요한 일이 생겼을 때에 한하여 나가되 스승에게 말하고 허락을 얻은 다음에 나가야 한다는 것이다.

「有病人須慈心守護」라 함은 병든 사람(病人)이 있으면(有) 모름지기(須) 자비한 마음으로(慈心) 지켜서 보호하라는 뜻이니, 출가한 대중은 다 같은 형제이고 서로의 의지이므로 그 가운데 누가 병이 들면 정성으로 간호해 주고 치료해 주어야 한다는 것이다. 세상의 모르는 사람이나 짐승까지라도 병이 들면 잘 보살펴 주는 것이 큰 복이며 자비문중의 마음씨이고 수행인데 하물며 같은 화합대중(和合衆) 스스로간의 불행이겠는가?

옛날 중국에 지현(智賢)이라는 스님이 있었다. 그는 여러 대중을 위하여서 병든 비구들 간병하기를 자원하고 병자이면 간호를 맡아보며 누구에게나 지극정성으로 약을 준비해 주고 간호를 하였다. 그런데 어느날 노비구한 사람이 와서 고약한 만신창의 병을 앓고 있는데 그 노비구는 성질이 까다로와서 비위를 마쳐 줄 수가 없었다. 노비구 몸에서는 냄새가 나고 성미는 다 주어도 트집이고 대소변을 가려주어도 잘못한다고 야단이었다. 그러나 젊은 비구는 이런 일에도 아랑곳하지 않고 친절하게 시중여일 三년간을 극진히 간호하여 그 노비구의 병을 완쾌시켰다. 그 노비구는 지현스님께 이렇게 치하를 했다.「너는 이렇게 간병을 잘 한 공덕으로 멀지 않은 장래에 왕사・국사

(王師國師)가 될 것이다. 그러나 어려운 일이 생길 것이니 어려운 일이 생기거든 천태산 영지암(天台山 靈池庵)으로 나를 찾아 오너라」하고 인홀불견(因忽不見)으로 갑자기 보이지도 않게 사라지고 말았다. 그후 지현(智賢)스님은 그의 계행(戒行)과 도덕이 높아져서 왕사·국사(王師國師)가 되어 오달국사(悟達國師)라는 호(號)까지 받았다. 그런데 이 오달국사는 일년도 못가서 몸에 사람의 얼굴과 같은 인면창(人面瘡)이 온 몸에 나서 징그럽고 아프고 견딜 수가 없었다. 왕사도 국사도 다 귀찮고 궁중의 호강도 싫어 하며 혼자서 남모르게 괴로와하다가 노비구의 말이 생각났다. 그래서 궁중을 탈출하여 천신만고 끝에 천태산 영지암(天台山靈池庵)을 찾아갔더니, 그때에 보든 노비구가 「어떻게 이렇게 왔는가?」하며 환영했다. 그래서 이야기를 하였더니 「나도 네가 찾아올 줄 알았다」하며 「이 암자 아래 영지신천(靈池神泉)이 있으니 가서 씻으니까 그 부스럼이 눈물을 흘리며 입을 열어 말하기를 「잠깐만 머천으로 가서 옷을 벗고 몸을 씻으려니까 그 부스럼이 눈물을 흘리며 입을 열어 말하기를 「잠깐만 머물러라」했다. 그리고는 그 인면창이 말하기를,

「너와 나는 옛날 한나라 경제임금(景帝) 시대에 같이 벼슬을 했던 동관(同官)인데 너는 이름이 원앙(袁鴦)이요 나는 이름이 착조(錯措)였다. 그런데 네가 공연히 나를 시기하여 경제임금에게 참소를 하여서 내가 원통하게도 역적으로 몰려서 죽었으므로 너에게 원수를 맺고 여러 생을 드나들며 너를 못살게 괴롭혀 왔다. 이생에서도 원수를 갚으려고 기회를 노렸으나 네가 중이 되어 계행이 청정한 데다 간병을 잘하므로 실패를 하였다. 네가 국사가 되어 복을 받느라고 정신이 흔들리어 너의 마음이 흐린

그 틈을 타 복수를 하려고 인면창(人面瘡)의 부스럼으로 네가 전일에 간호를 잘 해준 천대산상 나반존자가 도와서 이곳으로 오게 한 고로 나도 원한을 풀고 너와는 아주 떨어지게 되었으니 그리 알고 안심하라」하고 차츰 차츰 녹아 없어졌다. 그런 가운데 샘물을 떠서 씻었더니 아주 감쪽같이 나아버리고 말았다.

이것이 다 오달조사(悟達祖師) 간병(看病)의 공덕이라 하겠다. 누구든지 병자를 공경하고 잘 보살펴 주면 그 공덕이 한량없이 크다고 경론(經論)에 말씀했다.

또 유명한 현장삼장(玄奘三藏)도 인도에 가는 길에 중앙아시아에 있는 험한 산중에서 문둥병으로 신음하고 있는 노비구(老比丘)를 간호해서 치료해 준 뒤 반야심경(般若心經)을 받아 이 심경의 위력으로 많은 재난(災亂)을 이길 수 있었고, 그리하여 마침내 무사히 서역(西域)에 가서 불법을 익히고 수많은 경전을 가져 올 수가 있었으며 불교사상 불후(不朽)의 공적을 남길 수 있었던 것이다.

「見賓客須欣然迎接」이라 함은 손님을 빈객(賓客) 보거든(見) 모름지기(須) 기쁜 마음으로(欣然) 맞이하여 대접하라(迎接)는 뜻이니, 외부의 신도나 손님에 대해 수행인으로서의 몸가짐 자비문중의 진실한 마음씨를 잃지 말라는 것이다.

「逢尊長須肅恭廻避」라 함은 웃어른(尊長)을 만나거든(逢) 모름지기(須) 엄숙하고(肅) 공손하게(恭) 피해야 한다(廻避)는 말이다.

윗문에 「스승 앞에 대면하여 서지 못하며, 스승보다 높은 곳에 서지 못하며, 스승이 오는데 앉아서 있지 말고 일어나야 하며, 스승이 지나가면 옆으로 공손하게 비켜서라」고 했다.

「辦道具須儉約知足」이라 함은 도구(道具)를 판별하되(辦) 모름지기(須) 검소하고 (儉) 절약하여(約) 족한 줄을(足) 알아야 한다(知)는 뜻이니, 의복・와구・바리 등의 일상의 생활도구(日常道具)를 사용함에 있어 수도하고 정진하는 자신의 노력이 부족하여 시주의 물자를 소비하기에 과분한 줄 알아서 항상 검소절약하라는 것이다.

그래서 율문에서는 「옷을 많이 만들면 안되며 남는 것은 남에게 주라」했고, 또 「사치하고 호사스러운 떠나 총채나 장식품을 만들어 몸을 단장하고 돌아다님으로써 아는 이들의 웃음거리가 되면 안된다」했으며, 또 「물색 옷이나 세속 사람과 같은 옷을 입거나 장식품을 가져도 못쓴다」고 했다.

〔本 文〕

齋食時_{재식시}에 飮啜_{음철}을 不得作聲_{부득작성}하며 執放_{집방}에 要須安詳_{요수안상}하고 不得擧顔顧視_{부득거안고시}하며 不得欣_{부득흔}

厭精麁_{염정추}하고 須黙無言説_{수묵무언설}하며 須防護雜念_{수방호잡념}하며 須知受食_{수지수식}이 但療形枯_{단요형고}하야 爲成道_{위성도}

業_업하며 須念般若心經_{수념반야심경}하고 觀三輪淸淨_{관삼륜청정}하야 不違道用_{부위도용}이어다.

밥먹을 때에도 마시는 소리 씹는 소리를 내지 말아야 하며, 수저나 그릇을 조심스럽게 움직이고, 고

개를 들어 둘러보거나 맛있는 음식만 좋아하거나 거칠은 음식은 싫어하거나 하지 말고, 모름지기 밥없이 조용하게 하여 쓸데없는 잡념을 막아야 하며, 밥을 받아 먹는 것은 다만 몸뚱이가 말라 붙는 것만을 다스리어 도 닦기 위한 것일 뿐임을 알아서 모름지기 반야심경을 생각하고 시주한 물건이나 시주한 사람이나 시주받은 사람이나가 다 청정한 줄을 관하여 도 닦는 마음을 어기지 말아야 하느니라.

【字解】 齋 재계재·식사재. 食 먹을식·먹이식, 생활함·먹는 물건. 飮 마실음·머금을음. 啜 먹을 철·마실철. 作 지을작·일으킬작, 기립함·흥기함. 執 잡을집·막을집, 손으로 잡음. 放 내칠방·내놓을방·발사함. 安 편안할안·안존할안. 詳 자세할상, 자세히 할상. 擧 들거·날거, 손에 쥠. 顔 얼굴안, 머리의 전면. 顧 돌아볼고·돌아갈고·도리어고. 視 볼시·견줄시, 정신을 차려봄·엿봄·비고함. 厭 싫어할염·마음에 찰염·물릴염, 미워함. 精 찧을정·묘할정·순일할정·밝을정·익힐정. 獸 짐승수·비고함. 잡, 뒤섞임. 念 생각념·월념·잠간념, 불교에서 극히 짧은 시간을 이름, 암송함. 療 고칠료·면할료. 할묵·입다물묵. 防 둑방·막을방, 가로막음·못가게 함·대비함. 雜 섞일잡·어수선할잡·번거러울잡. 枯 마를고, 초목이 마름·물이 마름. 成 이루어질성·다스릴성. 業 업엽·종다는 넓엽, 일·불교를 거는 가로댄 나무를 씌우는 큰 널. 淸 맑을청, 물이 맑음. 淨 깨끗할정·깨끗이 할정. 般 돌반·옮길반·즐길반, 운반함. 輪 바퀴륜·수레윤. 形 형상형·형체형, 나타낼형, 드러남. 違 어길위·다를위, 허물위. 用 쓸용·작용용.

【講義】 「齋食時飮啜 不得作聲」하라 함은 밥먹을(齋食) 때에(時) 마시거나(飮) 씹거나(啜) 소리를

(聲)내서는(作) 안된다(不得)는 뜻이며, 집방요수안상(執放要須安詳)하라 함은 그릇이나 수저를 들고 놓을 때에(執放)에 요컨대(要) 모름지기(須) 차근히 하고(安) 조심스럽게 하라(詳)는 뜻이며, 부득흔염정추(不得欣厭顧視)라 함은 낯을 들어(擧顔) 이리저리 돌아보지(顧視) 말라(不得)는 뜻이며, 부득흔염정추(不得欣厭精麤)라 함은 맛있는 음식(精)과 거칠은 음식(麤)을 좋아하고(欣) 싫어해서는(厭) 말 없이 하라(無言說)는 뜻이며, 수방호잡념(須防護雜念)이라 함은 모름지기(須) 잡된 생각·망상 번뇌(雜念)가 일어나지 않도록 마음을 막고 지키라(防護)는 뜻이다.

율문에 「음식을 입에 물고 이야기하면 못쓰고, 웃고 이야기해도 못쓰며, 음식을 썹어서 소리내면 못 쓰고, 앉은 자리에서 한번에 다 먹어야 하며 자리를 옮겨 또 먹으면 안된다. 또 맛있는 음식을 보고 욕심을 내어 마구 먹거나, 대중을 떠나서 따로 음식을 먹어도 안된다」고 했다.

齋食이라 함은 절에서 공양(供養)하는 것 곧 식사하는 것을 가리키는데, 정오 전에 먹는 한다. 본래 신구의(身口意) 三업(業)을 조촐히 하여 악업을 짓지 않는 것을 뜻하였는데, 변하여 정오를 지나지 않은 때의 식사를 뜻한다. 이것이 다시 변하여 법회때 스님네나 四부대중에게 음식 대접하는 것을 뜻하게도 됐다. 그래서 사시(巳時) 十一시의 식사 또는 의식을 집행할 때 하는 공양이라 하여 재식(齋食)이라 하고, 재식을 함께 하는 법회(法會)라는 뜻으로 재회(齋會)라 하며, 재회를 식당을 재당(齋堂)이라 하고, 아침 식사는 개재(開齋=재를 열었다는 뜻)라 하고 한낮의 식사가 지나면 재퇴・재파(齋退・齋罷)=재를 물렸다. 재가 끝났다는 뜻) 아침과 한낮의 점심 중간을 반재(半齋)라 하니 이것은 모두 시간을 뜻하여 지은 이름이다.

오늘날은 아침식사를 새벽 예불 뒤에, 점심을 사시(巳時)에, 저녁을 六시에 먹는 것이 절의 일반적인 식사 시간이므로 巳시의 식사를 재식(齋食)이라고 하는데, 특히 이 巳시는 부처님께 공양을 올리는 맞이 시간이니, 부처님은 巳시에 하루 한 끼만 잡수셨기 때문이다.

執放이라 함은 식사할 때에 밥 그릇을 펴고 밥과 밥찬을 받아 놓는 일・식사할때 식기와 수저를 들고 놓는 일・식기를 닦고 거두는 일을 뜻한다. 절에서는 큰 방에 온 대중이 큰 스님으로부터 어린 사미에 이르기까지 한자리에 질서정연하게 둘러 앉아서 대중적으로 식사를 하는데, 각자 자기의 식기와 수저를 보관했다가 펴고 씻고 하는 것을 각각 자신이 한다. 밥과 반찬과 기타 별식이 있을 때도 차례로 돌려 주면 각자 받아서 밥먹을 때는 밥그릇을 들고 먹은 뒤 그릇을 놓고 국 먹을 때는 또 국그릇을 들고 먹은 뒤 제자리에 놓게 되는데 이때 들고 놓는 일을 집방(執放)이라 했다. 이 들고 놓는 일이 식사 때의 가장 중요한 거동이 되기 때문이다.

「須知受食但療形枯爲成道業」이라 함은 모름지기 밥을 받아 먹는 것은(受食) 다만 몸뚱이가 마르는 것・시드는 것(形枯)을 치료하여(療) 도닦는(道) 업을(業) 이루기(成) 위한 것인 줄(爲) 알라(知)는 뜻이며, 「須念般若心經觀三輪淸淨不違道用」이라 함은 모름지기(須) 반야심경의 뜻을(般若心經) 생각하며(念) 주는 이・받는 이・음식의 세가지가(三輪) 청정함을(淸淨) 관하여(觀) 도닦는 일에(道用) 어그러지지(違) 않도록 하라(不)는 뜻이다.

율문(律文)에, 「밥을 받으면 다음의 다섯가지 관하는 법을 하라。 一、 이 음식을 만드는데 얼마나 많은 공력이 들었으며, 이 음식을 이곳에 바친 시주(施主)의 마음·자기와 처자가 먹을 것이어 바친 마음의 정성(計功多少量彼來處)。 二、 내 도덕과 행실이 공양을 받기에 얼마나 모자라는가? (修己德行全缺應供)。 三、 나쁜 마음 막으려면 탐진치가 으뜸이며 (防心離過貪等爲首)。 四、 음식이 좋은 약과 같아서 몸을 치료하기 위한 것이요, 맛을 위해서 먹거나 살찌고 몸뚱이의 힘을 내기 위한 것이 아니다.(正事良藥爲療形枯)。 五、 오직 부처님의 도를 성취하기 위해 이 음식을 먹을 뿐이다 (成道故方受此食)」라 함이 그것이다。 또 「음식을 좋다 나쁘다 탓하지 말며, 음식으로 가까운 사람에게 사사로이 손을 쓰거나 개에게 주지 말라」 했다.

般若心經 몸뚱이와 물질이 공했고 정신작용이 또한 공하여 현상계의 실체가 없다는 진리를 말한 경으로서 보살이 이 이치를 관하여 일체의 고액을 없애고 불타의 큰 깨달음을 성취한다는 것을 말씀한 경전 이름이다. 전문(全文) 二百六十자의 경 중에 제일 작은 경이지만 대반야(大般若) 六백부의 정요(精要)를 뽑아 엮은 경으로서 불교의 핵심이 잘 함축(含蓄)되어 있기 때문에 불교입문의 교리역할을 동시에 해 주고 있다. 통되고 어떤 의식 어느 종파(宗派)에나 두루 통용되며, 불교입문의 교리역할을 동시에 해 주고 있다. 반야심경은 줄인 약칭이고 본 경명(經名)은 「마하반야바라밀다심경(摩訶般若波羅蜜多心經=Puajna paramita-hvdays-Sūtra)」이라 하며 혹은 「반야바라밀다심경」이라고도 하는데 구마라십(鳩摩羅什)·

현장(玄奘) 등의 삼장(三藏)에 의해 번역됐다.

般若는 지혜 곧 깨달음의 지혜·우주만유의 진리를 여실(如實)히 관찰(觀察)하는 지혜를 말하며 바라밀(波羅蜜)은 깨달음의 저 언덕·고해가 없는 극락·열반(涅槃)의 저 언덕(彼岸)에 이른다(到)는 뜻이다. 그러나 지혜에도 여러가지 유별(類別)이 있으니, 상대세계를 초월하지 못한 세간반야(世間般若)와 마음의 실상(實相)을 깨달은 출세간반야(出世間般若)가 있고 깨달음의 반야를 성문(聲聞)·연각(緣覺) 또는 초심보살(初心菩薩) 등 여러 계급의 깨달은 이들에게 공통으로 해당하는 반야경을 공통반야(共通般若)라 하고, 대승보살에게만 해당하는 깊은 반야를 말한 반야경이 있는데 이것을 불공반야(不共般若)라 한다.

또 우주와 인생의 본체이고 마음의 실상(實相)인 반야의 바탕을 실상반야(實相般若)라 하고, 실상반야도 관찰해 보는 지혜가 있어야 들야나는데 이것을 관조반야(觀照般若)라 하며, 반야를 관찰하여 실상반야를 온전히 성취하면 그것이 곧 여래의 실다운 지혜(實智)이며, 동시에 이 실다운 지혜를 바탕으로 하여 현상계의 천차만별의 생멸법(生滅法)을 요달하게 되는데 이것을 방편반야(方便般若)라 하니 근본되는 반야가 아니란 뜻이다. 또 이상의 모든 반야를 글이나 말로 설명하는 것을 문자반야(文字般若)라고 하는데 이것 역시 반야의 근본이 아니고 그것을 들어내기 위한 방편이므로 방편반야(方便般若)라고 한다.

그러나 반야에 많은 차이가 있다고 하지만 근원적으로는 다른 것 같으면서 같은 것이고 별개의 차별인 것 같으면서 전일체(全一體)며 동일체(同一體)이다. 그래서 대승기신론(大乘起信論)에서 심불급중생시삼무차별(心佛及衆生是三無差別)이라 했던 것이니,「마음과 부처와 중생이 셋인 것 같으면서 차별이 없다」는 뜻이다. 중생의 입장에서 보면 부처와 중생이 다르고 받아에도 차이가 있는 것 같지만 부처의 경지에서 보면 그것이 차별이 아닌 까닭이다.

三輪淸淨이라 함은 三보(寶)에게 의식주(衣食住)·약·경전·향·등(燈)·다과(茶果)의 시물(施物)을 공양(供養)하는 시주(施主)와 시물을 받은 수자(受者)와 시주된 물건이 셋이 다 없음을 뜻한다. 내가 어느 절에 큰 공양을 했거나, 어느 큰 스님의 병을 치료하기 위한 돈을 내가 시주했거니 하는 생각으로 더우기 큰 불공을 했으니 이제 나는 큰 복을 받으려니 하는 바라는 마음으로 시주를 하고 불공을 해서는 거룩한 시주가 아니므로 큰 복을 받을 수 없다. 또 받는 사람도 이렇게 큰 시주를 내가 받아서 미안하다던지 기분 좋다던지 하는 마음이 있으면 안되며 오직 마음을 비워서 아무 생각없이 조건없는 시주를 하고 받아야 한다는 뜻이다.

〔本文〕

赴焚修하되 須早暮勤行하고 自責懈怠하며 知衆行次에 不得雜亂하며 讚唄祝願하되 須誦文觀義언정 不得但隨音聲하며 不得韻曲不調하며 瞻敬尊顔하되 不得攀
부분수 수조모근행 자책해태 지중행차 부득잡란 찬패축원 수송문관의 부득단수음성 부득운곡부조 첨경존안 부득반

縁異境이어다.
연이경

예불할 적에는 아침 저녁으로 부지런히 행하되 스스로 게으름까 꾸짖으며, 대중의 의식 행할 때에는 차례를 알아서 문란하지 않게 하라. 범패하고 축원할 때에는 모름지기 글을 외고 뜻을 관할지언정 다만 그 음성만을 따르지 말며, 또한 소리와 곡조를 고르지 않게 해서도 안되느니라. 부처님의 거룩한 얼굴을 우러러 공경하되 잡된 경계에 끄달리지 말며 모름지기 자신의 죄업의 장애가 산 같고 바다 같은 줄을 알아서 마음으로 뉘우치고 몸으로 참회하여 소멸해 없앨 줄 알라.

【字解】 赴 다다를부・알릴부, 이르름・향함・부고함. 焚 탈분・불사를분. 修 닦을수・다스릴수, 배워서 몸을 닦음. 早 새벽조・이를조・일찍조, 급속함. 暮 저물모・해질모・늦을모, 뒤늦음. 勤 부지런할근・힘쓸근, 위로할근. 自 스스로자・부터올자, 몸소・친히・저절로. 責 꾸짖을책・재촉할책. 懈 게으름해・나태함. 怠 게으를태・업신여길태, 태만함・경멸함. 衆 무리중・많을중, 많은 사람・수가 많음. 亂 어지러울란・흩어짐・산란함・다스려지지 아니함. 祝 빌축・하례할축, 신에게 기원함. 讚 기릴찬・인도할찬・칭찬함・기리는 말. 願 바랄원・빌원, 기원함. 唄 인도노래패, 부처의 공덕을 기리는 노래. 誦 읽을송・읊을송, 가락을 붙여 읽음. 文 글월문・문채문・법문, 문장. 義 의의・옳을의. 隨 따를수・발수, 뒤따름. 音 소리음・그늘음. 韻 울림운・운운・운치운. 曲 굽을곡・곡진할곡・가락곡. 調 고를조・보존할조・뽑힐조. 瞻 볼첨, 우러러봄・치어다봄. 敬 공경경・삼가경, 근신・경계하여 조

심함. 攀 오를반·당길반, 나무를 타거나 산 같은 것을 기어 오름. 異 다름이·괴이함이·이상히 여길 이. 境 지경경·경계경, 곳·경우.

【講義】 「赴焚修須早暮勤行自責懈怠」라 함은 향 사르고 (焚) 닦는 데 (修) 나아가되 (赴) 곧 예불(禮佛)하고 정진하되, 모름지기 (須) 아침 저녁으로 (早暮) 부지런히 행하여 (勤行) 스스로(自) 게으름을(懈怠) 꾸짖으라 (責)는 뜻이다. 「知衆行次不得雜亂」이라 함은 대중 스님네의 (衆) 집행하는 모든 행사의 차례를 (行次) 잘 알아서 (知) 복잡하고 혼란하게 (雜亂) 하지 말라 (不得) 는 뜻이다. 「讚唄祝願 須誦文觀義不得但隨音聲 不得韻曲不調」라 함은 범패로 찬탄하고 (讚唄) 축원할 때에 (祝願) 모름지기 (須) 글을 외어 (誦文) 그 뜻을 관찰할지언정 (觀義) 다만 음성만을 (音聲) 따르지 (隨) 말며 (不得) 소리와 곡조를 (韻曲) 고르지 않게 (不調) 하지도 말라 (不得) 는 뜻이며, 거룩하고 높은 얼굴을 (尊顔) 을 보고 존경할 지언정 (瞻敬) 다른 경계 곧 이것 저것 객관에 (異境) 반연하지 (攀緣) 말라 (不得) 는 뜻이다.

율문에 「예불할 때 한가운데는 조실 주지스님의 자리이므로 피한다. 예배할 때 모름지기 정성을 다하여 관하여야 한다」 했고, 「예배할 때는 모름지기 깨끗하게 양치하고 세수하며 발씻고 일찍 일어나서 옷을 단정히 하라」 했고, 「일찍 일어나서 예배하는데 만일 식사를 했으면 반드시 양치해야 하나니 만일 이같이 청결히 하지 못하면 이런 예배는 오히려 죄가 되느니라」 했다.

또한 범패하고 축원하고 독경을 하더라도 음성에만 마음을 쓰면 속인이 노래하는 것과 다름이 없으므로 그 글 뜻을 관찰하여야 참된 축원이 되고 거룩한 범패가 될 것이다. 더불어 유의할 일은 대중과 함께 예불하며 글을 외는데 홀로 음조(音調)를 틀리게 하고 지나치게 거슬리게 하면 대중의 음성과 화합하지 못하는 것이므로 나쁘다 한 것이다. 불문에서는 대중과 어느 때나 화합하는 것을 생명으로 삼는 때문이다.

〔本文〕

須知自身罪障이 猶如山海하고 須知理懺事懺으로 可以消除하며 深觀能禮所禮
수지자신죄장 유여산해 수지이참사참 가이소제 심관능례소례

皆從眞性緣起하며 深信感應이 不虛하야 影響相從하라.
개종진성연기 심신감응 불허 영향상종

〔字解〕 深 깊을심·깊이심, 얕지 아니함·깊숙함·깊이 파냄. 能 재능능·능할능, 일을 잘하는 재능이 있는 사람. 禮 예도례·예의할례·책이름례. 所 바소·곳소·쯤소·어조사소. 皆 다개, 모두·골고루 미침. 從 좇을종·들을종·부터종·세로종. 眞 참진, 거짓이 아닌것·도교의 오묘한 이치·이치를 수명한 사람. 性 성품성·성질성·마음성, 본바탕·수명·용모의 뜻. 起 일어설기, 信 믿을신·맡길신·진실신·진실로신. 感 감동할감·느낄감·깨달을감. 應 응당응·당할응, 생각컨대·마땅히

예배하는 자신이나 예배받는 부처님이 다 같이 참된 성품으로부터 인연하여 일어난 것임을 깊이 관하고 그 감응이 헛되지 아니하여 그림자나 메아리가 서로 따르는 것 같음을 깊이 믿어야 하느니라.

虛 빌허·공허허·헛될허, 아무것도 없음·능력이 없음·진실이 아님. 影 그림자영·빛영·모습영. 響 울림향, 진동하는 소리.

【講義】「須知自身罪障 猶如山海 須知理懺事懺 可以消除」라 함은 모름지기(須) 자신의(自身) 죄업의 장애가(罪障) 마치(猶如) 산이나 바다와(山海) 같은 줄을(如) 알아서 모름지기(須) 마음으로 참회하고(理懺) 몸으로 참회하여(事懺) 가히 써(可以) 없앨 줄 알아야(消除) 한다는 뜻이며, 「深觀能禮所禮 皆從眞性緣起 深信感應 不虛影響相從」이라 함은 능동적으로 예배하는 법부나(能禮) 피동적으로 예배를 받는 바 되신 부처님(所禮)이나 다 같이(皆) 마음의 바탕인 참된 성품으로부터(從眞性) 연기해 일어난 것임을(緣起) 깊이 관할 것이며(深觀), 감통(感通)하여 응험(應驗)함이 헛되지 않아서(不虛) 그림자가 물체를 따르고 메아리가 반드시 울려 오듯 서로 따르고 있음을(影響相從) 깊이 믿으라(深信)는 뜻이다.

중생의 생활을 괴로움의 바다 속에 허덕이고 있다고 하지만 그러나 그 모든 것은 우리의 마음이 밝지 못하여 저지르는 죄업(罪業) 때문일 뿐 결코 결정된 객관의 사정이 있어서 그런 것은 아니다. 그러므로 마음 공부를 하여 「모든 것이 다 마음으로부터 건립되었다는」 일체유심조(一切唯心造)의 진리를 깨닫기만 하면 언제나 항상 즐거워 환희에 넘치는 생의 기쁨 속에 진리의 거룩한 삶을 빛낼 수 있을 것이다. 그러므로 우리의 환경이 괴롭고 장애가 많으며 마음이 어두울 뿐 깨닫지 못하는 것은 오로지 자신이 스스로 지은 十악의 죄업임을 뉘우치고 참회하여야만 된다.

懺悔에 어두워진 마음을 참회하는 이치의 참회(理懺)와 몸으로 지은 업장을 참회하는 참회(事懺)가 있다. 마음이 곧 반야이고 중생이 곧 부처인데 이 마음을 깨닫지 못하여 생사번뇌에 시달리는 자신을 참회하는 것, 곧 자기 마음이 부처인 줄 모르는 것을 참회하는 것이 이 참회이다. 그래서 옛 게송에

『죄의 자성 본래 없네 마음따라 일어난 것(罪無自性從心起)

마음이 없어지면 죄따라 없네(心若滅時罪亦亡)

이것을 이름하여 참된 참회라 하네(是則名爲眞懺悔)』라고 하셨으며,

죄 없고 마음 멸하여 두가지 다 비우면(罪亡心滅兩俱空)

다음에 사참(事懺)이라 함은 다생(多生)을 두고 지은 十악으로 말미암아 현세(現世)의 업장(業障)

을 받게 된 것을 참회하는 뉘우침이다. 옛 어른의 게송(偈頌)에

「옛부터 내가 지은 모든 악업은(我昔所造諸惡業)

모두 다 탐하고 성내고 어리석음 아닌 것 없어(皆由無始貪嗔痴)

몸과 마음과 뜻으로부터 나온 것들을(從身口意之所生)

이 모든것 내 이제 참회합니다. (一切我今皆懺悔)」라고 하셨다.

또 참회에 대해 유명한 선종(禪宗)의 창조주(創祖主)이신 육조대사(六祖)께서는 과거의 잘못된 허

물을 뉘우치는 것이 참(懺)이고 이 다음에는 다시는 잘못을 저지르지 말아야겠다고 다짐하는 뉘우침

을 회(悔)라고 한다고 하셨다. (懺者懺其前愆 悔者悔其後也)

能禮所禮는 앞에서도 말한 바와 같이 예배를 하는 그 자신을 능례(能禮)라 하고 예배를 받는 부처님

을 소례(所禮)라 한다. 예(禮)는 예배(禮拜)를 뜻하고 능(能)은 예배하는 주체를 뜻하며 소(所)는 예배를 받는 신앙의 객관대상을 뜻하기 때문이다. 세상의 모든 관념이나 생각은 다 상대적인 관념을 떠나서 성립되는 것이 아니므로 불교에서는 반드시 모든 관념 특히 행동에 있어서는 자타(自他)·피아(彼我) 주객(主客)·능소(能所)의 상대관계를 설정한다. 물론 불교의 구경목표는 이와 같은 상대세계를 초월하는데 있음은 전술한 바와 같지만, 중생의 편에서는 예배하는 중생은 능례(能禮)가 되고 예배의 대상인 성현은 소례(所禮)가 되며, 불법을 믿는 불자(佛子)는 능신(能信)·능귀(能歸)가 되고 믿음의 대상인 불타나 불법은 소신(所信)·소귀(所歸)가 된다. 또 우리는 五관(官)을 가지고 외계(外界)를 지각(知覺)하는데 이때에 눈은 능견(能見)·귀는 능문(能聞)·코는 능취(能嗅)·입은 능미(能味)가 되고 보여지는 객관은 소견(所見)이며 들려지는 객관의 소리는 소문(所聞)·객관의 냄새는 소취(所嗅)、음식은 소미(所味)가 될 것이다.

본 초발심자경문(初發心自警文)의 처음부터 이상까지는 사미승(沙彌僧)을 경계한 사미승과계문(沙彌僧科誡文)이다. 사미승은 전술한 바와 같이 처음 출가한 二○세 전까지의 초입문자로서 十계를 받아 익히고 아직 구족계(具足戒)를 받아서 비구·비구니가 되기 전의 예습기간의 행자(行者)를 말한다.

그러므로 본 계문도 초학인의 수행(修行)에 필요한 계문만을 간략히 설파했을 뿐이며 사미의 자세한 계문(戒文)은 졸저(拙著) 사미율의 강의(沙彌律儀講義)에 자세히 설명되어 있으니 참조하기 바란다.

제二절 대중을 경계하는 글

〔本 文〕

居衆寮하되 須相讓不爭하며 須互相扶護하며 愼諍論勝負하며 愼聚頭閒話하며 愼誤着他鞋하며 愼坐臥越次하며 對客言談에 不得揚於家醜하고 但讚院門佛事언정 不得詣庫房하야 見聞雜事하고 自生疑惑이어다.

거중요 수상양부쟁 수호상부호 신쟁논승부 신취두한화 신오착타혜 신좌와월차 대객언담 부득양어가추 단찬원문불사 부득예고방 견문잡사 자생의혹

대중방에 거처할 때 서로 사양하여 모름지기 다투지 말며 마땅히 서로 붙들어 보호하며 이기고 지는 것을 내기하는 말다툼을 삼가하며 모여 앉아 한가롭게 잡담하는 것을 삼가하라. 앉거나 누울 적에 항상 차례를 어기지 말며, 손님을 대하여 말할 때는 집안 흉을 드러내지 말고, 다만 절안의 불사를 찬탄할지언정 창고나 사무실에 가서 복잡한 일들을 보거나 듣고서 스스로 의심을 내지 말아야 한다.

【字解】居 살거·앉을거, 산다. 寮 벼슬아치요·동관료. 讓 겸손할양·사양할양, 사퇴함·수여함. 爭 다툴쟁·다투게할쟁. 互 어긋매낄호·번갈아들호·서로호. 扶 도울부·붙들부. 愼 삼갈신, 신중히함·소중히다룸. 勝 이길승·나을승. 頭 머리두·우두머리두·꼭대기두, 사물의 시작. 閒 틈한·한가할한·조용함·소중히 모인 사람들·군중. 負 질부·업을부, 등에 짐·책임을 짐. 聚 모일취·마을취, 회합함.

할한, 무사함·일이없음·휴식함. 話 이야기화·담화. 誤 그릇할오·잘못할오. 着 입을착·

신을착·붙을착. 鞋 신혜. 坐 앉을좌·무릎꿇을좌·지킬좌. 臥 누울와·쉴와·침실와. 越 넘을월·지

날월·멀리할월. 對 마주볼대·대답할대·보답할대. 揚 오를양·나타날양·칭찬할양. 家 집가·남편가

·아내가. 醜 추할추·미워할추·부끄러워할추. 詣 이를예, 장소에 감·방문함·불사에 가서 참배함. 疑

庫 곳집고, 무기를 넣어두는 창고. 聞 들을문·알릴문·소문문. 生 날생·살생·살릴생, 생존함.

의심할의·두려워할의·헤아릴의. 惑 미혹할혹·의심이 나서 정신이 헛갈리고 어지러움.

【講義】 「居衆寮 須相讓不爭 須相互扶護」라 함은 대중과 한방 곧 대중 방에(衆寮) 거처할 때 공동으로

살때(居) 모름지기(須) 서로 사양하여(相讓) 다투지 말고(不爭), 서로 서로(相互) 붙들

고 보호하라(扶護)는 뜻이며, 「愼諍論勝負 愼聚頭閑話 愼誤着他鞋愼坐臥越次」라 함은 서로 논쟁하여(論)

이기고 짐울(勝負) 다투는 것을(爭) 삼가하며(愼), 머리를 맛대고 마주 모여서(聚頭) 한가롭게 잡담

하기를(閑話) 삼가하며(愼), 다른 사람의 신을(他鞋) 잘못 신을까(誤着) 삼가해야 한다는 뜻이

며, 또 앉고 누울 때에(坐臥) 차례를 뛰어넘는 것을(越次) 삼가해야(愼) 한다는 뜻이다.

「對客言談 不得揚於家醜 但讚院門佛事 不得詣庫房 見聞雜事 自生疑惑」이라 함은 손님을 맞이하여(對

客) 말할 적에(言談) 집안 곧 절안의 추한 것(家醜)을 들어 내지(揚於) 말고(不得) 다만(但)

절안의(院門) 불사에 대해(佛事) 찬탄할지언정(讚) 창고나 사무실 같은데(庫房) 나아가서(詣) 잡된

일들을(雜事) 보고 듣고 하여(見聞) 스스로(自) 의심을(疑惑) 내던지(生) 하여서는 안된다(不得)는 뜻.

율문에, "작은 일로 다투거나 고집하면 안되고 그대로 지나칠 수 없는 큰 일이라 하더라도 마음을 화평하게 하고 기운을 온화하게 하여 이치를 따라 사리를 분별해 줄 것이요. 그래도 해결되지 않으면 그대로 물러갈 것이며, 좋지 않은 기분으로 성내면 중이 아니라"고 했으며, 또 "앉은 자리를 다투지 말고, 대중 가운데 잘못하는 이가 있으면 나쁜 일은 숨겨주고 좋은 일은 칭찬할 것이며, 제자랑하여 공치사하지 말고, 어디서나 남보다 먼저 자지 말고 나중 일어나지 말며 대중이 운력하는데 피부리면 못쓰고 편안히 혼자만 지내려고 해도 못쓰며 절에 있는 물건들을 제것으로 만들어도 안된다"고 했다. 기타 항상 자기는 낮추고 남을 존경하고 화목해야 한다"고 되어 있으니 나를 내세우는 언행을 하면 수행에 큰 방해가 되는 때문이다.

佛事라 함은 부처님의 일 또는 부처님의 법을 위한 일이란 뜻이니, 불법의 교화를 위한 일, 곧 법회(法會)·참선(叅禪)·경을 간행하고 불상을 조성하고 법당을 세우는 일·경전 강의를 하는 일 등을 말하며, 불공제사·법회를 일반적으로 불사라고 한다.

〔本 文〕

非要事어던 不得遊州獵縣하야 與俗交通하야 令他憎嫉하고 失自道情이어다. 儻有
비요사　　　부득유주엽현　　　여속교통　　　령타증질　　　실자도정　　당유
要事出行이어든 告住持人과 及管衆者하야 令知去處하며 若入俗家어던 切須堅持
요사출행　　　고주지인　　급관중자　　　령지거처　　　약입속가　　　절수견지

正念하되 愼勿見色聞聲하고
정념　　신물견색문성
流蕩邪心이온 又況披襟戲笑하야 亂說雜事하며 非時
유탕사심　　우황피금희소　　　란설잡사　　　비시
酒食으로 妄作無碍之行하야 深乖佛戒야따녀 又處賢善人의 嫌疑之間이면 豈爲有
주식　　　망작무애지행　　　심괴불계　　　　우처현선인　　혐의지간　　　기위유
智慧人也리요.
지혜인야

요긴한 일도 아닌데 이 마을 저 마을에 노닐거나 산골로 돌아다니며 세속 사람들과 사귀므로 다른 이에게 미워하는 마음을 내게 하여 도 닦는 뜻을 스스로 저버리지 말지어다. 만일 요긴한 일이 있어 꼭 나다니게 될 때에는 주지나 대중을 통솔하는 이에게 말하여 가 있는 곳을 알도록 할 것이며, 만일 속가 집에 들어갈 때에는 모름지기 바른 마음을 간절하고 군세게 가질 것이니, 무엇을 보거나 어떤 소리를 듣고 삿된 일이나 쓸데없이 지껄이 떠아닌 때에 말아야 할 것인가? 방탕하게 흐르지 말아야 할 것인가? 또한 그래서 어질고 착한 이들의 혐의하는 사이가 되면 어찌 지혜 있는 사람 이라 하겠는가?

【字解】遊 놀유・벗유・여행유。 州 고을주・섯주。獵 사냥렵・찾을렵, 찾아 구함・손으로 잡음。俗 풍습속・속될속・속인속。交 사귈교・縣 대달현・떨어질현・고울현。與 더불어・맞여・줄여・허락할여。通 통할통・말할통・온통통, 꿰뚫음・두루 미침。令 하여금령・가령령。憎 미워할
・합할고・섞일고.

증・미움받을증. 嫉 시새움할질、시기함・질투함. 失 잃을실・허물실. 告 고할고・찾을고・물을고. 住 머무를주・그칠주、머물러 삶. 持 가질지・버틸지. 及 미칠급・및급・더불급、뒤쫓아 따름・일정한 곳에 이름・관여함. 管 관관・붓대관・열쇠관、쪼개지 아니한 가늘고 긴 대의 도막、전하여 널리 둥글고 길며 속이 빈 물건. 堅 굳을견・갑주견・단단함・의지가 굳음. 勿 없을물・말물、황황한 모양. 蕩 쓸탕・움직일탕・흐르게할탕、쓸어없 앰・배제함. 邪 간사할사・사기사、바르지못함・간교함. 又 또우、거듭하여・그 위에 다시. 況 발어 사항・하물며항. 乖 어그러질괴・거스릴괴、열피・입을피、속에 있는 것을 드러나게 함. 酒 술주. 碍 거리낄애、꺼림・소외 해함・불만하게 여김. 間 사이간・틈간・엿볼간、벌어져 나간곳・기회를 노림. 豈 어찌기・그기、설마 등의 뜻을 나타내는 말. 慧 지혜혜・슬기로울혜、총명함.

【講義】 「非要事不得遊州獵縣 與俗交通 令他憎嫉 失自道情」이라 함은 긴요한 일이(要事) 아니면(非) 이 마을에 놀라가고(遊州) 저 고을에 돌아다니면서(獵縣) 세속인들과 더부러(與俗) 사귀고 통하여(交通) 다른 이로 하여금(令他) 미워하게 하고(憎嫉) 스스로(自) 도닦는 마음을(道情) 잃게 해서는(失) 못 쓴다는 뜻이며 「儻有要事出行 告住持人 及管衆者 令知去處」라 함은 만일(儻) 꼭 필요한 일로(要事) 밖에 나가게(出行) 되거던(有) 주지 스님과(住持人) 및 대중통솔하는 이에게(管衆者) 말해서(告) 가는 곳을(去處) 알게 해야 한다(令知)는 뜻이다.

「若入俗家 切須堅持正念 愼勿見色聞聲 流蕩邪心」이라 함은 만일(若) 속세의 집에(俗家) 들어가게 되었더라도(入) 반드시 간절하게(切須) 바른 생각을(正念) 굳게 지니어(堅持) 무엇을 보거나(見色) 사악한 마음에(邪心=色)은 눈으로 볼 수 있는 물질의 모양이나 빛깔 일들을 뜻함, 소리를 듣거나(聞聲) 사악한 마음이 흐르지(流蕩) 말도록(勿) 삼가야 할 것이란 뜻이며, 「又況披襟戲笑亂說雜事 非時酒食 妄作無碍之行 深乖佛戒」아 함은 또한 하물며(又況) 옷깃을 헤치고(披襟) 희롱하고 웃으며(戲笑) 잡된 일이나(雜事) 수다스럽게 떠들며(亂說) 때아닌 때에(非時) 음식이나 술을 먹어서(酒食) 거리낌없는 짓거리를(無碍之行) 망령되게 저질러서(妄作) 부처님의 계(佛戒)를 크게 어길 것인가? 하는 뜻이며, 또「又處賢善人嫌疑之間 豈爲有智慧之人也」리요 함은 또한 어질고 착한 사람들의(賢善人) 혐의하는 사이에(嫌疑之間) 처하면(處) 어찌(豈) 지혜 있는 사람이(有智慧人) 될 것인가? (爲)하는 뜻이다.

율문에, 「긴요한 볼 일 없이 마을에 들어가지 못한다. 나갔다 하더라도 빨리 달리면 못쓰고 활개 치며 다녀도 안되고 곁을 힐끗힐끗 쳐다보면서 다녀도 못쓰며 사미나 어린 아이들과 웃고 이야기 해도 못쓰고 여자들과 앞서거니 뒤서거니 하며 다녀도 못쓴다. 나이 어리고 계받은지 오래되지 않았으면 멀리 가는 것을 허락하지 않는다. 꼭 가게 되더라도 좋지 못한 사람과 동행하면 안되고 좋은 벗과 동행을 해야 한다」고 했다. 또 「취한 사람 미친 사람과 앞서고 뒤서서 따라 다녀도 못쓴다. 여인을 쳐다 보면 못쓰고 몸을 단정하게 하여 길만 보고 다녀야 한다. 허튼 말을 하면 안되고 일부러 점잔을 빼어 억지로 공경을 구해도 못쓴다. 남의 집 일을 아는 체해도 못쓰고 술자리에 섞여 앉아도 안되며

非時라 함은 비구가 마을에 가는 시간이 있는데 이 정한 시간 외에 가는 것을 뜻한다. 율전(律典)에는 저녁때 해지기 전과 아침에 해가 뜬 뒤에만 마을에 갈 수 있고 해가 진 뒤나 아침해가 뜨기 전에는 마을에 갈 수 없다고 했다. 이 시간은 때가 아니므로 비시(非時)라 한 것이다.

佛戒라 함은 부처님의 계율을 말하니, 처음 해제(解題) 조 二八페이지 참조 바란다. 여기서는 일반 승려로서 큰 볼일 없이 외출하는 데 대한 경계를 했고 또 만일 외출하게 될 경우에 지켜야 할 경계사항을 간략히 말씀했다. 비구계에는 많은 조항으로서 금재(禁制) 되었지만, 이하에 四분율(分律)에 의거 몇가지만 소개하기로 한다.

「비구로서 여름석달 안거를 마치고 八월 十五일이 지난 뒤에 마을과 거리가 멀어서 위험한 일을 만날 염려가 있는 절에 있을 적에 세가지 옷을 마을 집에 맡겨 두고 볼일이 있을 경우 엿새밤까지는 옷을 떠나서 잘 수 있거니와 더 지나면 이살기바일제죄니라. 여인과 한방에서 자지 말라. 비구로서 비구계 받지 않은 사람과 함께 자되 두 밤이 지나고 세 밤에 이르면 바일제죄니라. 계받지 않은 이에게 추악한 죄를 말하지 말라. 한정이 지나도록 여인에게 범을 말하지 말라. 제멋대로 비구니를 가르치지 말라. 날이 저물도록 비구니를 가르치지 말라. 옮아 가면서 먹지 말라. 여인과 약속하고 동행하지 말라. 한번 먹고 잠잔 처소에서 또 먹지 말라. 때 아닌 적에 먹지 말지니, 마땅히 배울 것이니라. 때 아닌 적에 마을에 가지 말라. 옷을 걷어부치고 마을 사람의 집에 들어가지 말지니, 마땅히 배울 것이니라. 옷을 걷어부치고 마

제三절 참선대중을 경계하는 글

居衆寮에서부터 이상까지는 구족계(具足戒)를 받은 일반 비구(比丘) 대중을 경계한 것이다.

〔本 文〕

住社堂하되 愼沙彌同行하며 愼人事往還하며 愼見他好惡하며 愼貪求文字하며 愼睡眠過度하며 愼散亂攀緣이어다.

주사당하되 신사미동행 신인사왕환 신견타호악 신탐구문자 신수면과도 신산란반연

공부하는 처소에 있을때 사미와 함께 행동하는 것을 삼가하고 세상 사람들과의 일로 자주 왕래하지 말며, 남의 잘 잘못 보는 것을 삼가하고 너무 문자만 구하는 것을 삼가하며 잠자는 것을 정도에 지나치게 하지 말고 산란한 바깥의 반연을 삼가 할지어다.

을 사람의 집에 앉지 말지니, 마땅히 배울 것이니라. 머리를 덮고 마을 사람의 집에 앉지 말지니, 마땅히 배울 것이니라. 뜀박질하여 마을 사람의 집에 들어가지 말지니, 마땅히 배울 것이니라. 뜀박질로 마을 사람의 집에 앉지 말지니, 마땅히 배울 것이니라. 마을 사람의 집에서 쭈구리고 앉지 말지니라. 마땅히 배울 것이니라. 웃으면서 마을 사람의 집에 들어가지 말지니, 마땅히 배울 것이니라. 손을 서로 마주잡고 길에서 다니지 말지니, 마땅히 배울 것이니라.」

【字解】 堂 집당・상당할당, 주거・방 집회소 등의 큰 집. 沙 모래사・물가사, 돌의 부스러기・물가의 모래땅. 彌 활부릴미・퍼질미・찰미, 널리 퍼짐・두루 미침. 往 갈왕, 어떤 곳을 향하여 움직임. 還 돌아올환・굴릴환・다시환, 도로 가게 함. 好 아름다울호・좋을호・미련함・홀릉함・마음에 듦・사이가 좋음. 貪 탐할탐, 과도히 욕심을 냄・탐욕. 求 구할구・빌구・바람・찾음・초래함・책망함의 뜻. 眠 잘면・시들면, 누워서 쉼・초목이 시들어 처짐의 뜻. 過 지날과・허물과, 한도를 넘음・건너감・과오를 범함. 度 법도도・정도도, 법칙・알맞는 한도・속인이 승적에 들어감.

【講義】 「住社堂愼沙彌同行愼人事往還」 참선하는 사당에 머무를 적에(住) 어린 사미와 (沙彌) 가하라(愼)는 뜻이며, 「愼見他好惡」라 함은 남의 좋은 것 나쁜 것을(他好惡) 살펴보지 말라는 것이다 (愼見).

「愼貪求文字 愼睡眠過度 愼散亂攀緣」은 문자만을(文字) 탐하여 구하는 것을(貪求) 삼가하며(愼), 잠자는 것을(睡眠) 지나치게 하지(過度) 말며(愼), 바깥 경계의 자극에(攀緣) 끄달리어 산란하지 말아야 한다는 것을(愼散亂) 뜻이다.

여기서부터 끝까지는 선방(禪房)에서 참선하는 선승(禪僧)들을 경계한 글이다. 따라서 참선하는 수좌(首座)라면 밖의 모든 인연을 끊고 마음을 한군데 모아 산란함이 없이 하여 성품 깨닫는 일념에만 전심전력하는 공부꾼이다. 대저 처음 불문(佛門)에 들어오면 먼저 계율(戒律)을 익히고 나중에 경론

(經論)을 배우고 난 뒤에 마지막으로 선(禪)에 들어가는 것이 일반적이다. 따라서 선방에 들어가면 인사를 차리거나 어린 사미를 다리고 있거나 문자를 너무 탐하거나 하는 것이 모두 다 경계를 절연(絶緣)하는 일이 되지 못하므로 금하는 바이다. 잠을 지나치게 자는 것 또한 마음을 흐리게 하고 침중(沈重)하게 하여 깨닫는 데 큰 장애가 되므로 금한다. 선(禪)이란 선악시비(善惡是非) 일체의 번뇌망상(煩惱妄想)을 다 끊어내야 하는 공부이기 때문이다.

貪求文字 선을 「不立文字 敎外別傳 直指人心 見性成佛」이라 하는데, 이 말은 「글자를 세우지 않고 교 밖에 별로 전한 바로서 사람의 마음을 바로 가리켜 성품을 보아 부처를 이루게 하는 법」이란 뜻이다. 문자를 따지고 거기에 얽매이는 것은 따지고 보면 망상이고 번뇌이기 때문이다. 선의 경지·마음의 본 바탕은 언어와 문자로 표현되는 논리의 세계나 사고에 의해 표상(表象)될 수 있는 사색의 영역과는 전혀 별개의 이상경계이므로 이것을 선종(禪宗)에서는 「말길이 끊어지고 생각의 실마리가 없어졌다」(言語道斷心行處滅)고 한다. 유마경불이법문(維摩經不二法門) 가운데 문수사리보살이 유마힐거사에게 『이 제 우리들은 「不二法門」을 다 말했으니 그대가 말해보라』했는데 이때 유마거사는 묵연히 한 마디의 말도 하지 않았다. 그러자 문수사리보살은 「거룩하도다 말도 없고 보이는 것도 없고 생각도 없으니 (無言無說無識) 이것이 참된 불이법문(不二法門)이로다」하고 찬탄하였다고 한다.

요컨대 진리의 세계는 말로 설명할 수 없고 어떤 표현으로도 보일 수 없으며 생각으로 헤아릴 방법이 없고 (言語道斷) 또 마음의 사고활동을 할 수 없는 경지여서 알릴 수 없는 것이므로 이론으로 규명할 방법이 없통해서 알아지는 표상의 세계도 아니라는 것이다(心行處滅). 그러므로 선(禪)을 닦는 수좌로서 문자를 탐하는 것은 있을 수 없는 일이라고 경계하신 것이다. 그렇다고 해서 선지(禪旨)에 경문(經文)을 무시하는 뜻이 조금이라도 있느냐 하면 절대로 그렇지 않은 것은 물론이다. 만일 선을 말도 아니고 글도 아니고 이론도 생각도 아니니 경이 필요없고 계도 수행도 다 필요 없다고 생각하는 사람이 있다면 이는 돌이나 나무와 같이 무지(無知) 혼암(昏暗)에 떨어져 죽은 자이며, 막행막식(莫行莫食)의 생활속에 금수의 업(業)에 떨어진 자이다.

愼睡眠過度하라 함은 마음을 밝히는 데 잠이 매우 중요한 관계에 있음을 뜻한다. 잠을 잔다는 것은 본래 심신(心身)의 활동으로 인한 피로독소(疲勞毒素)를 제거시키기 위한 생리활동이다. 그러니 잠을 많이 잔다고 피로가 잘 회복되고 잠을 덜 잔다고 피로가 쌓이는 것은 아니다. 과학적으로도 四시간을 자면 八○퍼센트 이상 대개의 피로 독소는 풀리는 것으로 되어 있으며, 그 나머지 八시간 一○시간 이상 자는 잠은 다 습관적인 것에 불과하다. 요컨대 얼마나 깊은 잠을 숙면(熟眠)하느냐가 문제인 것이다. 그러므로 학자나 사업가나 정치인이 바쁜 생활로 몇 시간 자지 않으면서 건강을 유지할 수 있는 것도 이때문이다. 특히 불교 수행을 하고 참선을 하는 수도인(修道人)의 경우에는 마음이 크게 안정되고 깊은 삼매에 들어 가는 법이므로 이런 선정(禪定)의 상태에서는 피로가 생기어도 즉시 회복될 수 있는 오매일여(悟寐一如)의 경지인 것이다. 따라서 구태여 잠을 꼭 많이 잘 필요는 없다. 선객이라면 누구나 참선이 잘되고 정신이 맑을 때면 잠이 적어지는 것을 체험할 것이다. 설사 그런 경지에 도달하지 못했다 하더라도 잠을 이기고 견디어 나가면 이것이 인욕정진(忍辱精進)이 되어 선정삼매(禪定三昧)를 더욱 빨리 성취할 것이다. 수마(睡魔)에 짓눌리어 마음이 축 처지고 방일해져서는 서정도 견성(見性)도 요원하다는 뜻이다. 이하에 율의(律儀)에 의거하여 잠자고 대중방에 거처하는 데 대한 조문 몇가지를 소개하고자 한다.

「자리에서 옷이나 이불을 털어 소리 내거나 바람을 일으켜서 곁에 사람을 시끄럽게 하면 안된다. 큰 말로 소리 지르면 안된다. 신발을 끌어 소리내면 안된다. 곁에 사람과 귀를 마주 대고 세상 일을 말하면 안된다. 오른 옆으로 누어야 하나니 길상스러운 잠이라 한다. 속옷을 벗고 자면 못쓴다. 자리에 누워서 웃거나 지껄이면 못쓴다」고 했다.

〔本文〕

若遇宗師陞座説法이어든 切不得於法에 作懸崖想하야 生退屈心하며 或作慣聞想
약우종사승자설법 절부득어법 작현애상 생퇴굴심 혹작관문상

하야 生容易心하고 當須虛懷聞之하면 必有機發之時하며 不得隨學語者하야 但取口
생용이심 당수허회문지 필유기발지시 부득수학어자 단취구

辦이어다 所謂 蛇飮水하면 成毒하고 牛飮水하면 成乳ㄴ달하야 智學은 成菩提하고 愚學
판 소위 사음수 성독 우음수 성유 지학 성보리 우학

은 成生死라함이 是也니라.
성생사 시야

만일 종사가 법상에 올라 설법하는 때를 만나거던 부디 그 법이 벼랑처럼 어렵다는 생각 물러서려는 마음을 내거나 혹은 자주 듣던 것이란 생각으로 용이하다는 마음을 내지 모름지기 마음을 텅 비우고 들으면 깨달을 때가 있을 것이니, 말만 배우는 사람을 따라서 단지 입으로 판단함을 취하지 말지어다.

「독사가 물을 마시면 독을 이루고 소가 물을 마시면 젖을 만든다는 말씀처럼 슬기롭게 배우면 깨달음을 이루고 어리석게 배우면 생사를 이룬다 함이 이것이니라.

【字解】 遇 만날우·때우, 길에서 만남·때를 만남. 宗 종묘종·높일종, 사당 밑둥 존승함. 師 스승사·군사사·벼슬아치사, 선생·남의 모범이 될만한 훌륭한 사람. 陞 될승·오를승·성할승, 용량의 단위·떠오름·융성함. 座 자리좌, 까는 자리·앉는 자리. 崖 낭떠러지애·모날애·현애, 사물의 끝·물러날퇴, 물러감·되돌아감·떨어짐·낮아짐. 屈 굽을굴·다할굴, 굴곡함·오므라듬. 或 혹혹·있을혹, 혹은·혹시·상상 추측의 말. 慣 익숙할관, 익숙하여 진 것·버릇·관례. 容 얼굴용·구밀용·용서할용, 용모·남의 말을 들어줌·포용함. 易 쉬울이·간략할이·바꿀역, 간편함·바꿈·가다듬어 편안하게 함. 必 반드시필·오로지필, 꼭·반드시. 發 필발·보낼발·밟힐발, 출발함·떠나보냄·생김. 乳 젖유·기름유, 젖과 같이 희고 흐린 것·젖기·재치기·실마리기, 기계·기교·허위·단서. 懷 품을회·위로할회, 생각을 품음·어루만져 편안하게 함. 毒 독독·해칠독·다스릴독, 해를 끼침·고통을 느낌·우려함. 菩 보리보·보살보, 각이라 번역함·보리를 구하고 대자비를 펴서 중생을 제도하는 부처 다음 가는 성

인. 提 독제·제방제, 불교에서는 「리」로 발음. 菩提(보리)라 함. 愚 어리석을우, 우매함의 뜻. 死 죽을사·다할사, 죽음·망함.

【講義】 「若遇宗師 陞座說法 切不得於法 作懸崖想 生退屈心 或作慣聞想生容易心」이라 함은 만일(若) 종사를 만나서(遇宗師) 법상에 올라(陞座) 법문을 말하는(說法) 때를 만나거든(遇) 부디(切) 그 법문이(於法) 알 수 없고 어려운 것이란 생각을(懸崖想) 지어서(作) 안되겠다고 물러설 마음을(退屈心) 내거나(生), 혹(或) 늘 듣던 것이란 생각을(慣聞想) 지어서(作) 용이하다는 마음을(容易心) 내거나(生) 하지 말라(不得)는 뜻이다.

「常須虛懷聞之 必有機發之時」라 함은 항상 모름지기(常須) 마음을 비우고 虛懷) 들으면(聞之) 반드시(必) 기틀이 일어날 때가(機發之時=깨달음의 기미가 일어날 때) 있을 것이란 뜻이며, 不得隨學語者 但取口辦이라 함은 배우는 사람을(學語者) 따라서(隨) 다만(但) 입으로만 판단함을(口辦) 취하지(取) 말아야 한다는 뜻이며, 「所謂蛇飮水成毒 牛飮水成乳 智學成菩提 愚學成生死 是也」라 함은 이른바(所謂), 뱀이(蛇) 물을 마시면(飮水) 독을 이루고(成毒) 소가(牛) 물을 마시면(飮水) 젖을 만들 듯(成乳) 지혜스럽게 배우는 것은(智學) 보리를 이루고(成菩提) 어리석게 배우는 것은(愚學) 생사를 이룬다 함이(成生死) 이것이니라(是也).

宗師는 선종(禪宗)에서 일컫는 최고 법사(法師)의 명칭이다. 마음이 곧 보리인 마음의 성품을 깨달아 생사의 세계를 해탈한 이를 일컬으니, 선종(禪宗)의 선지식(善知識) 마음의 지도자란 뜻이다. 그런데 불법의 광대오묘(廣大奧妙)한 진리 가운데 어떤 한 계통 한 부분의 원리만을 취하여 체계를 세우고 수행하여 마음을 깨치는 문을 세운 종파(宗派)를 종(宗)이라고 한다. 그래서 화엄경(華嚴經)의 불법을 중심으로 한 종을 화엄종(華嚴宗)이라 하고 계율(戒律)을 중심으로 한 종을 율종(律宗)이라고 하며 교리를 중심으로 한 교종(教宗)·선(禪)을 중심으로 한 선종(禪宗)이 그것이다. 이와 같은 종을 창종(創宗)한 이를 종조(宗祖)라 하고 두번째 조사(祖師)를 二조(祖)라 하고 이렇게 三조(祖) 四조(祖) 이다. 일반적으로 교종(教宗)에서는 그 종문(宗門)의 교리를 두루 통하여 지도적 능력을 갖춘 이를 大師大德 大和尙이라 호칭하지만 주로 선종에서는 마음을 깨달아 선지(禪旨)를 터득한 이를 종사(宗師)라고 한다. 종이란 말은 바로 핵심(核心)·최고의 진리·종요(宗要)라는 뜻이므로 종사라면 역시 부처님의 최고의 법을 깨달은 이라는 뜻을 가진 이름이다.

懸崖想이라 함은 험한 낭떠러지 벼랑을 가리키며 사람이 도저히 올라갈 마음을 낼 수 없다는 뜻이다. 곧 불법이 너무 어려워서 어리석은 범부(凡夫)인 내가 참선을 해서 마음을 깨친다는 것은 도저히 불가능하다. 또는 법문의 뜻이 너무 어려워 나로서는 늙어죽도록 그것을 해독할 날은 없을 것이라고 단렴하는 약한 마음 가짐을 가리켜 현애상(懸崖想)이라 한 것이다. 그렇게 된다면 물러갈 마음을 내어 후퇴하게 되고 자포자기하게 되어 결국 정진수행(精進修行)할 수 없고 용맹한 신심을 낼 수 없는 것이므로 크게 경계해야 할 일이다.

慣聞想이라 함은 항상 하면 법문이고 듣던 얘기이므로 쉽다거나 매양 들어도 알 수 없는 그런 내용이라는 등의 생각을 일으키는 것을 가리킨다. 늘 듣던 법문이어서 잘 알고 있다는 생각을 내면 법문의 깊은 뜻, 곧 참 마음의 바탕에 접할 수가 없고, 또 언제나 들어봐도 똑같이 견성(見性)해라 참선(參禪)해라 하는 식의 틀에 박힌 말이어서 마냥하다는 식의 생각을 내면 진지한 탐구열(探究熱)이 식어서 참선할 의욕도 경을 연구할 열성도 없어지므로 안된다는 것이다.

견성을 한다는 것이 반드시 어려운 것은 아니다. 자기 마음을 자기가 깨치는 것이기 때문이다. 「쉽게 말하면 세수하다 자기 코 만지기보다 쉽다」고 일러 온다. 그러나 또 그렇게 쉽기만 하지도 않다. 우리 마음에 의심이 많고 업장이 두텁기 때문이다. 그래서 어렵기로 말하면 하늘에 별을 따기보다 더 어렵다. 그러니 결국 따지고 보면 쉬운 것도 어려운 것도 아니다. 따라서 어렵다는 현애상(懸崖想)도 항상 들었다는 관문상(慣聞想)도 낼 것이 아니다. 신심명(信心銘) 제십육구절(句節)에 「큰 도는 그 바탕이 넓고 커서 쉬울 것도 어려울 것도 없는데, 좁은 소견으로 여우 같은 의심을 내어 서두르면 더더욱 늦도다」(大道體寬 無易無難 小見狐疑 轉急轉遲)라 했다. 이청담(李青潭) 스님은

「여기서 도라 함은 우리의 마음 밖에 도가 따로 없음을 가리킨다. 이 마음자리는 무한대로 크고 넓어서 온갖 것을 다 포용하고 있으며 중생도 부처도 성인도 도둑도 다 들어 있다. 그러니 성인이라 하여 더 얹어 주려 할 것도 도적이라 하여 떼어 내려 할 것도 없으며, 이(利)도 해(害)도 없는 태평한 것이 마음이다. 참된 자기를 깨치려고 하는 것이 망상이다.」라고 信心錄 법문 중에 말씀했다.

菩提生死는 인도고어(印度古語)인 범어(梵語)로 Bodhi라 하는 바, 음(音)을 그대로 옮겨서 보리(菩

提)라고 하는 바, 이것을 음사(音寫)라고 하며, 뜻을 번역하여 지혜(智)·도(道)·깨달음(覺)이라 한다. 그러나 보리의 지혜는 범부중생(凡夫衆生)들의 번뇌망상으로 분별하는 속된 지혜가 아닌 부처님이나 보살의 깨달은 지혜를 일컫는다.

범부의 지혜란 이것과 저것을 비교대조하여 크고 작고 가볍고 무겁고 멀고 가깝고가 반드시 있고 정신과 물질·마음과 육체 등으로 상대시키는 지혜이므로 상대적인 지혜라 하고 차별의 지혜라 한다. 이것을 생사의 지혜라고 하는 까닭은 이와 같은 대립의 세계·차별의 관념을 초월하지 못하는 이상 좋고 나쁜 것이 있으며 병들고 건강한 것이 있게 되고 따라서 나고 죽음을 면할 길이 없으므로 부르는 이름이다. 정신과 육체를 분리하여 몸둥이를 나로 삼고 있는데 몸둥이는 곧 물질로 구성된 것이므로 생사(生死)의 세계에 떨어지는 것이다. 마음은 생명이 있고 인식능력(認識能力)이 있고 창조력(創造力)을 가지고 있지만 물질이 없는 죽은 것이기 때문이다. 따라서 생사의 세계는 죽음의 세계이며 속박(束縛)의 세계·부자유(不自由)의 세계이며 윤회(輪廻)의 세계이고 고(苦)의 세계이다.

이에 대해 불보살(佛菩薩)의 지혜는 차별의 세계를 초월하여 통일(統一)의 세계에, 상대의 세계를 초월하여 절대(絕對)의 세계에, 물질과 정신·생과 사의 둘의 세계에서 하나의 세계에로 곧 우주와 인생의 근본 실체에 계합(契合)한 지혜를 말한다. 그러므로 불보살은 생사(生死)를 자유하는 해탈(解脫)의 세계이며 고통과 속박이 없는 열반(涅槃=모든 번뇌의 속박 속에서 해탈하고 진리를 깨쳐 생사를 초월하고 불생불멸(不生不滅)의 법을 체득한 경지의 세계이며, 현상계와 물질계와 육신의 한계를 초월한 절대의 세계이며 무지(無智)와 암흑(暗黑)이 없는 광명과 전지전능(全知全能)의 지혜의 세계이다.

이와 같이 깨달은 경지의 지혜를 보리(菩提)라고 하는데, 부처님의 깨달은 지혜와 보살(菩薩)·연각(緣覺)·성문(聲聞)의 깨달은 지혜가 각각 정도의 차이가 있으므로 보리에도 역시 많은 종류가 있게 된다. 마치 시골 사람이 서울에 가면 번화하고 풍요(豊饒)하기가 다 같을 줄로 생각하지만 실제로 서울 시내에 들어와 보면 중심시가와 변두리와는 천차만별의 차이가 있는 것과 같다. 그래서 지도론(智度論) 五十三권에 다섯가지 반야(五種般若)를 들고 법화경(法華經) 下권에 세가지 보리(三種菩提) 대승의장(大乘義章) 十八권에는 두가지 보리(二種菩提)를 나누어 설명해 주고 있다. 또 중생으로 불과(佛果)에 이르는 길 곧 깨달음을 성취하는 방법을 보리라고 하기도 한다.

〔本 文〕

又不得於主法人에 生輕薄想하라 因之於道에 有障하면 不能進修하리니 切須愼之
우부득어주법인 생경박상   인지어도   유장   불능진수   절수신지

論에 云하되 如人이 夜行에 罪人이 執炬當路어든 若以人惡故로 不受光明하면
론에 운하되 여인이 야행에 죄인이 집거당로   야이인악고   불수광명

墮坑落塹去矣라하시니 聞法之次에 如履薄氷하야 必須側耳目而聽玄音하며 肅情塵
타갱락참거의 문법지차 여리박빙 필수측이목이청현음 숙정진

而賞幽致라가 下堂後에 黙坐觀之하되 如有所疑어던 博問先覺하며 夕惕朝詢하고 不
이상유치 하당후 묵좌관지 여유소의 박문선각 석창조순 불

濫絲髮이어다 如是라야 乃可能生正信하야 以道爲懷者歟ㄴ저
람사발이어다 여시 내가능생정신 이도위회자여

또 법사에 대해 경박한 생각을 내지 말라. 논에 말씀하기를 「어떤 사람이 밤에 길을 가는데 허물 있는 사람이 등불을 들고 길을 비친다고 할 때 그 사람이 나쁜 사람이라 하여 그 불빛까지 받지 않는다면 구덩이에 떨어지고 말 것이다」하셨으니,

그리고 법문을 들을 적에는 얇은 어름밟듯 조심스럽게 귀와 눈을 기우려서는 그윽한 법의 소리를 들으며 마음 속에 번뇌를 맑히고 깊고 오롯한 뜻을 맛보다가 법사가 당에서 내려간 뒤에는 묵묵히 앉아서 관하다가 만일 의심되는 바가 있거던 곧 먼저 깨달은 이에게 널리 물을 것이며 아침 저녁으로 묻고 배워서 털끝만이라도 넘기지 말지어다. 이렇게 하여야만 비로소 올바른 신심을 내어 도로써 자기 일을 삼는 자라 할 것이다.

【字解】 薄 얇을박 · 가벼울박 · 잠깐박, 얕음 · 경시함. 因 말미암을인 · 인연인, 따름 · 인연함 · 관계 · 연유. 隨 막을장 · 병풍장 · 통하지 못하게 함 · 방해함. 進 나아갈진 · 더할진 · 앞으로 나아감 · 벼슬살이 함.

夜 밤야・새벽야, 깊은밤・날이 밝을녘. 云 이를운・돌아갈운, 어조사운, 다른 글이나 말을 인용하여 끝을 생략해 쓰는 말. 炬 횃불거, 갈대 같은 것을 불태워 밝히는 것. 坑 구덩이갱, 구덩이에 묻음. 落 떨어질락・마을락, 잎이 떨어짐・감소함・빠짐・죽음・함락함. 矣 어조사의, 단정을 나타내는 조사. 氷 얼음빙・식힐빙, 물이 얼어 굳어진 것・해자참・팔참, 성을 두른 곳, 구덩이를 팜. 側 곁측・엽측・기울측. 耳 귀이・뿐이・어조사이. 而 말이을이, 접속사로서 그리고 그러나 ……하여도 등의 뜻. 聽 들을청, 받음・재판함・따름. 塵 티끌진・때진・묵을진, 먼지・속세・더러운 것 오래 묶음. 幽 그윽할유・어두울유・구석유, 미묘함・심원함・깊고 조용함. 先 먼저선, 최초로・시초・첫째. 致 이를치・다할치, 극진한 데까지 이름. 默 잠잠할묵・입다물묵, 말이 없음. 朝 아침조・마을조・빌조, 새벽부터 조반때 각, 알아차림・사리에 통달함. 夕 저녁석・밤석, 해질녘. 覺 깨달을각・나타날까지. 詢 물을순, 상의함. 濫 넘칠람・띠울람・탐할람, 물이 넘침・물 속에 담금・예의에 어그러짐. 髮 머리발・머리털, 지상의 초복.

【講義】 「又不得於主法人 生輕薄想 因之於道 有障 不能進修 切須愼之」라 함은 또한(又) 법문을 하는 법사에 대해 (於主法人) 업수히 여기는 생각을(輕薄想) 내지(生) 말라(不得) 이 때문에(因之) 도에(於道) 장애가 되므로(有障) 닦아 나갈 수(進修) 없을 것이니(不能) 부디 모름지기 삼가하라는 뜻이며, 「論云 如人夜行 罪人, 執炬常路 若以人惡故 不受光明 墮坑落塹去矣」라 함은 보살이 지으신 논에 말씀하기를(論云) 「마치 사람이(如人) 밤길을 가는데(夜行) 악한 죄인이(罪人) 횃불을 들고(執炬) 길을 비출

적에 (當路) 만일 (若以) 그 사람이 나쁘다 하여 (人惡故) 그 광명을 (光明) 받지 않는다면 (不受) 험한 구렁텅이에 빠져 (墮坑落塹) 버리게 되는 것과 같다 (如) 고 하셨다는 뜻이며, 「聞法之次 如履薄氷 必須側耳目而聽玄音 肅情塵而賞幽致 下堂默坐觀之 如有所疑 博問先覺 夕惕朝詢 不濫絲髮」이라 함은, 법문을 들을 (聞法) 지음에 (次) 엷은 얼음을 (薄氷) 밟듯 조심하여 (如履) 반드시 모름지기 (必須) 귀와 눈을 (耳目) 기울이고 (側) 그윽하고 깊은 법문의 소리 (玄音) 를 들으며 (聽) 맛보다가 (賞) 법사가 설법하던 법 속에 있는 먼지는 곧 번뇌 (情塵 = 뜻 당을 (堂) 내려오고 (下) 난 뒤에 (後) 고요히 앉아서 (默坐) 관찰하기를 (觀之) 만일 (如) 의심스러운 데가 (所疑) 있다면 (有) 먼저 깨달은 이에게 (先覺) 널리 물어야 하며 (博問) 저녁에 생각하고 (夕惕) 아침에 물어서 (朝詢) 털끝만치라도 (絲髮) 그저 넘겨서는 안된다 (不濫) 라는 뜻이며, 「如是乃可能生正信 以道爲懷者歟」라 함은 이에 가히 (乃可) 옳바른 믿음을 (正信) 능히 내어 (能生) 도로써 (以道) 자기 포부를 (懷) 삼는 (爲) 자 (者歟) 라 할 것이다.

輕薄想 법문을 하는 법사 (法師) 에 대해 업신여기는 마음을 내면 그로 인해 불법의 진리까지 무시 (無視) 하는 결과가 된다. 법사의 지위가 설사 나만 못한 사람이거나 나쁜 사람이라 할지라도 그 사람이 하는 법문 (法門) 의 내용이 참다운 불법 (佛法) 이라면 열심히 들어야 한다는 것이다. 그것은 법 (法) 을 존중하는 것이지 사람을 존중하는 것이 아니기 때문이다.

열반경 (涅槃經) 에 보면 석존 (釋尊) 께서는 일찌기 아득한 과거세 (過去世) 에 수도행각 (修道行脚) 을 하고 있을 때, 열반경의 대의를 단적으로 들어낸 사구게(四句偈) 곧 제행무상 시생멸법 생멸멸이 적멸위락(諸行無常 是生滅法 生滅滅已 寂滅爲樂)이란 법문을 들으시기 위해 육신을 기꺼이 버린 다음과 같은 이야기가 있다.

『아득한 과거세(過去世) 불법이 밝지 못했을 때였다. 나는 그때 바라문(婆羅門)으로 설산(雪山)에 있으면서 대승(大乘)다운 경전(經典)을 구하고 있을 때였다. 제석천(帝釋天)의 하느님인 석제환인(釋帝桓因)이 내 마음을 알고 놀래어 나찰(那利=독한 귀신)의 몸으로 변화해 가지고 내가 있는 근처에 내려와 이런 게송(偈頌)을 읊었다.

「현상계의 모든 것 덧없음이여 이것은 나고 죽는 생멸법인가? 이 고행자야」(諸行無常是生滅法)

나는 반조각의 이 게송을 듣고 너무 기뻐서 게송이 들려 오는 쪽을 향해 소리치며, 그 누구를 찾아보았으나 오직 사람을 잡아먹고 사는 나찰귀신만 보았을 뿐이었다. 나는 그 귀신에게로 가서 말했다.

「거룩하오. 큰 선생이시여, 그대는 어디서 과거세의 무서운 것 여읜이(부처님)께서 말씀하신 게송의 일부분을 들어 아는가?」 무서운 얼굴을 한 나찰은 말하기를,

「나는 여러날 먹지 못했다. 아무리 다니며 먹을 것을 찾아봐도 아무것도 없었다」고. 나는 그에게 물었다.

「그대는 무엇을 먹는가?」

「나는 산 사람의 따뜻한 고기가 먹이이다.」

「그대가 이 게송의 나머지 반만 마저 말해 주면 이 몸뚱이를 공양하겠노라.」

「누가 네 말을 믿겠느냐? 여덟글자를 위해 사랑하는 자기 몸뚱이를 버린다고.」

「시방의 온 부처님이 내 이제 여덟글자를 위해 목숨버리는 이 일을 증명할 것이요.」

「자세히 들으시요 잘 들으시요. 그대를 위해 말하겠소.」 하고는

「나고 죽는 법 다해 아예 없으면 고요의 그곳 참낙이어라」(生滅滅而寂滅爲樂)했다.」고 하셨다.

이상의 법문으로 볼 때 부처님은 사람을 잡아먹고 사는 극악(極惡)의 신에게 몸을 바쳐 가면서까지 법문을 들으셨는데, 우리 같은 범부중생으로 다소 자기의 구미에 맞지 않는다고 하여 법문하는 법사를 업신여기거나 법문 들을 생각을 내지 않는다면 얼마나 큰 허물이 되겠느냐? 하는 것을 쉽게 간파할 수 있다 하겠다.

이렇게 해야 비로소 그 법문을 열심히 들을 수 있다. 엷은 얼음을 밟으며 깊은 강을 건너듯이 조심하고 긴장하여 일념으로 정신이 통일되어 있어야 번뇌와 망상을 쉬고 법문의 깊은 뜻에 접할 수 있다. 법문을 다 듣고 나서도 조용히 앉아서 법문의 그윽한 뜻을 관해야 하며 그래서 의심되는 바가 있으면 먼저 배워 아는 선지식에게 찾아 물어서 법문의 조금이라도 허술한 데가 있어서는 안된다는 것이다. 그래야만 부처님의 정법을 바로 믿고 오로지 마음을 깨닫는 것으로 본업을 삼고 세속의 오욕이나 재색과 명리(名利)에는 전혀 마음을 두지 않는 수도인(修道人)이라 할 것이다.

근세도인(近世道人)으로 이름이 높은 오대산(五台山)의 방한암(方漢岩) 스님은 오대산에 한번 들어

가서 三○년 이상을 세상 문 밖에 나가지 않으셨을 뿐아니라 왜정(倭政)의 유혹과 협박 등에 추호도 흔들리지 않으신 채 오로지 도로써 본업을 삼으신 분이며, 또한 근세의 유명한 선승(禪僧)이었던 학눌 효봉(學訥曉峯) 스님은 평생을 좌선삼매(坐禪三昧)로만 보내셨기 때문에 절구통 수좌라는 별명까지 얻었던 분으로, 좌선 도중 발이 얼어붙어서 발톱이 빠지는 것도 모르면서 정진했고 대중과 함께 큰 방에서 참선하던 도중 속가(俗家)의 생자(生子)가 도량에 관광차 왔음을 보고 정진에 방해될까 하여 그 자리에서 돌아 앉아 의연히 참선에만 몰두하였다 하니 이야말로 번뇌망상을 끊고 바른 믿음을 낸 참수도인의 자세라 하겠다.

二조 혜가대사(慧可)는 소림굴(少林窟)에 九년 동안 면벽(面壁)하고 계시던 달마대사(達磨)를 찾아가 법문을 청했던 바, 달마대사께서 응하지 않으시자 자기 팔을 짤라 바치니, 그제야 달마께서 쓸 만하다 하시고 「안으로 헐떡이는 마음을 없애고 밖으로 모든 인연을 쉬라」(內心無喘 外息諸緣)고 하신 한 법문을 얻어 들을 수 있었다. 그리하여 二조 혜가대사는 이 한 법문을 가지고 일념으로 참구(參究)한 결과 드디어 견성득도(見性得度)하기에 이르렀던 것이니, 뒤에 배우는 근기가 더욱 위둔하고 업장(業障)이 더욱 두터운, 박복중생인 만큼 한 법문에 정성을 다해서 배우고 정진해야 할 것이다.

〔本 文〕

無始習熟한 愛欲恚痴纏綿意地하야 暫伏還起하야 如隔日瘧하나니 一切時中에 直
무시습숙 애욕애치전면의지 잠복환기 여격일학 일체시중 직

須用加行方便智慧之力하야 痛自遮護언정 豈可閒謾으로 遊談無根하야 虛喪天日하고
수용가행방편지혜지력　　통자차호　　　　기가한만　　　　유담무근　　　　허상천일

欲冀心宗而求出路哉리요
욕기심종이구출로재

끝없는 옛부터 익혀 온 애욕과 성내고 어리석음이 마음에 흠뻑 얽혀 있어서 잠깐 숙으러졌다가 다시 일어나고 하는 것이 마치 하루거리로 앓는 학질과 같으니라. 어느때나 모름지기 수행을 더하는 방편과 지혜의 힘을 써서 스스로 간절하게 막고 두호하게 할 것이어늘 한가하게 근거 없는 잡된 말로써 세월을 헛보내고서, 어찌 마음 깨닫는 종을 바래며 三界를 벗어나는 길을 구하고자 하겠는가?

【字解】 始 처음시·비로소시, 최초·처음·이전·시작의 뜻. 習 익힐습·버릇습, 배워 익힘·연습을 함·숙달함. 熟 익을숙, 익숙함·깊이·곰곰이. 愛 사랑할애·그리워할애, 귀애함·친밀하게 대함. 纏 얽힐전·감을전. 綿 솜면·연이을면, 목화의 솜·고치의 솜·연속함. 伏 엎드릴복·숨을복, 몸을 감춤·자백함·복종함. 還 돌아올환·물러날환, 도로옴·반성함·돌아봄. 隔 막을격, 가로막음·시간이나 공간 사이가 뜸. 遮 막을차·수다스러울차, 가로막음·게으를만·업신여길만. 根 뿌리근·근본근, 사물의 본원. 喪 복입을상·잃을상, 상제 노릇을 함·멸망함. 冀 바랄기·기루기, 희망함·구주의 일부. 哉 비롯할재·어조사재, 시작함·단정하는 말.

【講義】 「無始習熟 愛欲恚癡 纏綿意地 暫伏還起 如隔日瘧」이라 함은 비롯함 없는 아득한 옛날부터(無始) 버릇하고 익힌(習熟) 탐욕(愛欲)과 성내는 감정과 무지하고 둔한 어리석음이(癡) 마음 바탕을(心地) 묶고 얽어서(纏綿) 잠깐 엎드렸다가(暫伏) 다시 일어남이(還起) 하루거리로 앓는 학질과 언제(隔日瘧) 같다(如)는 뜻이며, 「一切時中 直須用加行方便 智慧之力 痛自遮護」라 함은 어느 때 일체 때 언제라도(一切時中) 바로 모름지기(直須) 더욱 돕는(加行) 방편의(方便) 지혜의 힘을(智慧之力) 써서 아프게 할지언정(痛) 스스로(自) 막고 두호하기를(遮護) 뜻이며, 「豈可閒謾 遊談無根 虛喪天日 欲冀心宗而 求出路哉」는 어찌 가히(豈可) 한가로이(閒謾) 노닥거리는 말로(遊談) 귀중한 시간을(天日) 헛되이 보내고(虛喪) 마음의 근본을(心宗=깨닫기를) 바라며(冀) 길 벗어나기를(出路=생사의 세계 초월하기를) 구하려(求) 하겠느냐(欲)는 뜻이다.

중생의 상대세계에는 시간(時間)과 공간(空間)이 있고 따라서 유한(有限)의 생멸(生滅)이 있지만 시공(時空)을 초월한 절대의 경계에 들어가면 시간 공간의 현상계는 본래 그 바탕이 없는 것이다. 따라서 엄격하게 따져보면 「우주가 언제·얼마나 전에 시작되었는가? 인류 생명의 처음은 과연 얼마나 되는 몇해 전일까?」 이와 같은 문제는 「계란이 먼저인가? 닭이 먼저인가?」와 같은 문제로 끝과 시작이 없는 것이다. 가사 현재의 이 지구나 태양계 은하계의 기원을 과학으로써 완전히 밝혀 낸다 하더라도 그것은 하나의 죽은 물질의 세계이고 생명 세계의 기원을 밝힌 것이 아닐 뿐 아니라, 이 세계가 생기기 전에 또 다른 지구·태양계·은하계가 있어서 그때의 세계에 벌써 많은 인류와 생명들야 살고 있었을 것이기 때문이며, 이와 같이 아득한 과거 시간에 수많은 지구와 태양과 은하가 무너져 없어지고 다시 생겼으며 그러는 사이 한량 없는 생명들이 생사윤회(生死輪廻)를 거듭 했었을 것이기 때문이다. 그러나 우리의 마음은 전지전능(全知全能)한 절대력(絶對力)을 갖추고 있으며 생명은 물질이 아니고 마음은 몸뚱이를 의지해서만 사는 것이 아니라 본래부터 살아 있는 것이며 우주와 삼라는 다 마음을 떠나서 있는 것이 아니기 때문이다. 이것이 화엄경(華嚴經)의 일체유심조(一切唯心造)의 원리인 바, 그 논증(論證)은 다음으로 믿다. 사실 시간에 대해 현실적으로 생각해 보는 경우에 도 반드시 과거다·미래다 현재다 하고 나누어 말하지만, 그러나 과거·미래는 다 현재를 기준으로 하게 된다. 가령 몇 억만년 전에 인류가 생겼는가? 하는 문제를 가지고 말하더라도 반드시 그 기준은 현재인 지금으로부터가 된다. 하루를 현재로 하여 말할 때도 혹은 한 시간을 현재로 하여 말할 때도 있지만 그러나 현재의 기준은 엄격히 따지면 관념적(觀念的)으로만 있을 뿐 실제적(實際的)으로는 없는 것으로 된다. 왜냐하면 一시에서 二시 사이를 현재라고 한다면 또 一시 三○분을 현재라고 하여 지금이 정각 三○분이라 해도 三○분의 백분의 一초 전이라면 현재는 아직 미래가 되는 것이다. 가사 백만분의 一초에 현재의 기준을 둔다고 해도 이론상(理論上) 동일한 결론으로 되는 것이니, 따라서 엄격히 말하면 시간은 찰나적으로 흘러가는 것일 뿐 어느 순간을 가리켜 이것이 현재라고 할 고정된 실존적(實存的)인 시간은 없는 것이다.

초심학인문

 그래서 불교에서는 기원(起源)을 뜻하는 시간을 말할 때는 무시(無始)라 하고 아득한 미래를 말할 때 무종(無終)이라 하며 부처님께서 설법하신 특정한 시간을 말할 경우 어느 때란 뜻으로 일시(一時)라는 말을 흔히 쓰고 있다.

 無始習熟이란 아득한 옛날 무한히 끝없는 전생(前生)부터 익혀왔다는 뜻이다. 사람의 근본 생명 곧 마음은 현상계와 육체를 초월해서 시간 공간에 구속되지 않으므로 그 실체(實體)는 죽지 않는다. 다만 그 지은 업(業)을 따라 사람도 되고 하늘나라에도 나고 짐승도 귀신도 되므로 이것을 윤회(輪廻)라 한다. 그러므로 이 윤회의 기원을 따지면 역시 무시(無始)가 되는데, 이렇게 윤회를 하고 생사(生死)를 거듭하는 것은 시간·공간·생노병사(生老病死)를 초월한 마음을 깨닫지 못했던 과거세부터 세세생생(世世生生)으로 탐진치의 三독(毒)의 생활을 해왔기 때문에 그것이 내 마음을 물들이고 제二의 마음이 되었다는 것이다.

 愛欲恚痴라 함은 탐진치(貪嗔痴)의 三독(毒)을 말하는 바, 이것이 원인이 되어 죄업을 짓게 되므로 마음을 깨닫지 못하고 생사윤회(生死輪廻)를 거듭하게 된다고 한다. 첫째 탐욕(貪欲)은 범어로 Dvesa라 하며 탐착(貪着)하여 구해도 만족할 줄 모르고 끝없이 애착하는 마음, 곧 재물·색욕(色欲)·명예욕(名譽欲) 등이 다 그것이다. 범어(梵語)에 Jrsma라 하며 사막(沙漠)에서 목마른 사람이 물을 찾듯 애욕(愛欲)을 구한다 하여 갈애(渴愛)라고 한다. 그러나 이 애착(愛着)에도 두가지가 있으니 재물·여색·명예 등을 위한 물들은 세속의 오염(汚染)된 애(愛)와 불법을 믿고(信) 좋아하는 법애(法愛)

의 두가지가 있다. 여래(如來)와 보살이 일체의 중생을 대자비로 제도하고자 하는 자애(慈愛)도 역시 법애(法愛)라 할 것이다. 진에(嗔恚)는 범어로 Dvesa라 하며, 탐욕·우치(愚痴)와 더불어 삼대 근본무명(三大根本無明)이라 한다. 무엇이나 자기 마음에 맞지 않으면 미워하고 분하게 여기고 마음을 괴롭게 한다. 자기 뜻에 맞지 않는 객관(客觀)에 대해 일어나는 번뇌이므로 불가의대경(不可意對境)이라고도 한다. 우치(愚痴)는 범어로 Moha 또는 Midha라 하며 치(痴)라 한다. 마음을 깨닫지 못하여 마음이 어두우므로 온갖 사물의 도리(道理)를 밝게 알지 못하는 것을 치(痴)라 한다. 불교에서는 모든 번뇌의 근본을 무명(無明)이라고 하는데 무명과 우치는 같은 뜻이니, 이 때문에 마음이 미혹(迷惑)되어 사물을 밝게 판단할 수 없게 된다는 것이다. 마음이 어리고 멍청하고 어두움을 뜻하니 술이 나 마약에 취해 있는 사람이 동서남북을 분간 못하는 것과 같다.

加行方便 가행(加行) 범어 Prayoga는 방편이란 뜻을 지니고 있으며 목적을 이루기 위한 수단으로 더욱 힘쓰게 한다는 말이니 수행의 공용(功用)을 더한다는 뜻이다. 그래서 가행득(加行得=가행으로 얻은 것) 가행선(加行善=가행해서 얻은 선)이란 말이 생기게 됐다. 방편(方便) 범어 Vpaya의 방은 방법·편리 곧 편리한 낭법이란 뜻이니, 모든 중생들의 근기(根機), 형편에 잘 맞도록 하는 편리한 수단을 가리킨다. 또 방은 방정한 이치·편은 교묘한 말이란 뜻도 있다. 방편은 교묘한 교법을 받을 수 없는 이를 깊은 도에 끌어 들이는 수단방법으로 하는 낮은 법문을 뜻하며 이것을 권가방편(權加方便)·선교방편(善巧方便)이라 한다. 그러므로 가행방편(加行方便) 직 성숙하지 못하여 깊고 묘한 교법을 받을 수 없는 이를 깊은 도에 끌어 들이는 수단방법으로 하는 낮

便)은 견성성불(見性成佛)의 구경목표(究竟目標)를 재빨리 성취하기 위한 방편을 더 한다는 뜻이 된다.

心宗이라 함은 선종(禪宗)을 뜻하는 바, 자기 마음 깨치는 것을 종(宗)으로 삼는다는 뜻이다. 선종을 본래는 불심종(佛心宗)이라 했는데, 그것은 달마대사(達磨大師)께서 처음으로 능가경(楞伽經)을 선문(禪門)의 주요한 경으로 의지했던 바, 이 경을 일명(一名) 일체불어심품(一切佛語心品)이라고도 했고, 또 이 경문(經文) 가운데 불심제일(佛心第一)이라는 법문을 대표적인 문구(文句)로 삼은데 연유한 이름이다. 이 불심종(佛心宗)이란 이름을 생략하여 심종(心宗)이라 한 것이며 곧 선종(禪宗)의 별명(別名)이 되었다.

이상에서 말한 본문의 뜻으로 볼 때 끝없는 아득한 과거·무한의 시간·무한의 공간을 살아오면서 탐진치(貪嗔痴) 三독으로 마음을 물들였으며 이것이 업(業)이 되고 인연이 되어 현실 앞에 장애로 나타나고 또 나타나고 하므로 하루거리 학질과 같다고 한 것이며, 그러니 어찌 한가하게 잡담이나 하여 허송세월만 하겠는가? 수행을 더욱 채찍질하는 방편과 지혜의 힘으로 마음 속에 번뇌가 들어오지 못하게 하고 마음을 깨달아 생사를 뛰어나도록 정진하지 않으면 안된다는 내용이었다.

〔本 文〕

但堅志節하야 責躬匪懈하며 知非遷善하야 改悔調柔어다 勤修而觀力이 轉深하고
단견지절   책궁비해   지비천선   개회조유   근수이관력   전심

鍊磨而行門이 益淨하리라 長起難遭之想하면 道業이 恒新하고 常懷慶幸之心하면 終
연마이행문 익정 장기난조지상 도업 항신 상회경행지심 종
不退轉하리니 如是久久하면 自然定慧圓明하야 見自心性하며 用如幻悲智하야 還度
불퇴전 여시구구 자연정혜원명 견자심성 용여환비지 환도
衆生하야 作人天大福田하리니 切須勉之어다.
중생 작인천대복전 절수면지

다만 뜻과 절개를 굳게 하고 몸을 꾸짖어 게을리 하지 말며, 그른 줄을 알면 착한데 옮겨서 고치고 뉘우치며 부드럽고 고르게 할지어다. 부지런히 닦으면 관하는 힘이 더욱 깊어지고 단련하고 갈면 수행하는 문이 더욱 깨끗하리니, 다행하다는 마음을 품으면 끝까지 물러나지 않으리라. 이와같이 오래오래 닦으면 저절로 정과 혜가 둥글게 밝아져서 스스로 마음의 성품을 볼 것이며 환 술 같은 자비와 지혜로써 모든 중생을 제도하고 인간과 하늘 나라의 큰 복밭을 지으리니 모름지기 간절하게 힘쓸지어다.

【字解】 躬 몸궁·몸소할궁, 친히. 匪 아닐비·대상자비·문채비. 還 옮길천, 바꿈·내쫓음. 改 고칠개, 바로잡음. 柔 부드러울유, 유연함·온순함. 鍊 불릴련·달굴련·익힐련, 쇠붙이를 불에 달굼. 磨 갈마·닳을마, 옥돌 같은 것을 갈아 윤을 냄. 難 어려울난·재앙난, 쉽지 아니함. 遭 만날조, 우연히 만남·일을 당함. 恒 항구항·항상항, 영구불변·언제나. 久 오랠구·막을구, 오래감. 定 정할정·머무를정, 바로잡음. 圓 둥글원·원원, 막히지 아니함. 幻 변할환·미혹할환, 변화함·환상. 福 복복. 田

초심학인문

발전・발갈전, 논밭을 경작함・수렴을 함.**勉** 힘쓰면, 근면함・부지런히 함.

【講義】 「但堅志節 責躬匪懈 知非遷善 改悔調柔」라 함은 다만(但) 뜻과 절개를(志節) 굳세게 하여(堅) 자신의(躬) 잘못과 게으름을(匪懈) 꾸짖으며(責) 나쁜 것을 알고(知非) 착한 데 옮기어(遷善) 고치고(改) 뉘우치고(悔) 고르고(調) 부드럽게 해야 한다(柔)는 뜻이며, 「勤修而觀力轉深 鍊磨而行門盆淨」이라 함은 부지런히 닦으면(勤修而) 마음을 관찰하는 힘이(觀力) 점차 깊어지고 (轉深) 단련하고 갈면(鍊磨) 수행하는 힘이(行門) 더욱 거룩하리라(盆淨)는 뜻이며, 「長起難遭之想 道業恒新 常懷慶幸之心 終不退轉」은 부처님 법을 만나기 어렵다는 생각을(難遭之想) 길이 일으키면(長起) 도닦는 일이(道業) 항상(恒) 새롭고(新) 언제나 항상(常) 다행하다는 마음을(慶幸之心) 품으면(懷) 마침내(終) 물러나지(退轉) 않으리라(不)는 뜻이다.

「如是久久 自然定慧圓明 見自心性」이라 함은 이와같이(如是) 오래오래하면(久久) 자연히(自然) 선정과(定) 지혜가(慧) 둥글고 밝아져서(圓明) 스스로(自) 마음의 성품을(心性) 보게 되리라(見)는 뜻이며, 「用如幻悲智 還度衆生 作人天大福田 切須勉之」라 함은 환술 같은(如幻) 자비와 슬기를(悲智) 써서(用) 중생을(衆生) 도리켜 제도하여(還度) 사람과 하늘이(人天) 복을 심는 큰 밭을(大福田) 지을 것이니(作) 부디(切) 모름지기 힘쓸지어다(勉之).

게으르고 잘못됨을 반성하고 뉘우치면 후퇴(後退) 없는 전진만이 있을 것이니 부지런히 닦으면 관하는 힘(觀力)이 점점 깊어진다 했는데, 여기서 **觀力**이라 함은 마음을 도리켜 보는 힘(觀力), 마음으로 직접 보는 힘(觀法)이 깊어짐을 뜻한다. 곧 범부중생(凡夫衆生)들은 육안(肉眼)을 통해 객관의 현상계를 보는 수밖에 없지만 육안은 고기덩어리로 된 하나의 물질에 불과하다. 눈 동자(眼球)·안신경(眼神經)·안막(眼膜) 등의 그 조직세포(組織細胞)를 분석해 보면 하나의 고기덩어리에 불과하고 일반 물질의 원소와 별다른 것은 하나도 없다. 따라서 그것은 하나의 기계에 불과하며 눈의 활동은 기계작용일뿐 스스로 인식(認識)하는 힘이 있을 수는 없다. 눈은 다만 물체에서 반사(反射)되는 광선(光線)을 받아서 안막에 전해주는 역할밖에는 하지 못하기 때문이며, 이것을 안신경을 통해 뇌에 전달한다고 해도 뇌신경(腦神經)이 역시 아는 것은 아니니, 뇌신경도 결국 기계적인 물질적인 반응밖에는 일으킬 수 없는 것이기 때문이다.

무엇을 아는 작용·곧 인식능력은 아는 힘이 있는 마음·물질아닌 정신·죽은 것 아닌 산 생명(生命)에게만 있는 것이다. 그러므로 마음으로 직접 보는 관법(觀法)을 수련하고 마음을 도리켜 보는(反照) 참선 공부가 필요한데 이것을 여기서 관하는 힘·곧 觀力이라 말한 것이다.

만나기 어렵다는 생각(難遭之想)을 항상 일으키면 도가 항상 새로와진다 했는데, 귀신·짐승·하늘·아수라(阿修羅)·사람 등 여섯가지로 몸을 바꾸며 살아가는 중생으로서 부처님 법을 만나려면 첫째 사람의 몸을 받아나야 하고 그러고 나서 다시 불법을 만날 인연을 얻어야 하므로 보통 어려운 일이 아니라는 것이다. 그 어려움을 비교하여 盲龜遇木(맹구우목)이라고 한다. 눈먼 거북이가 깊은 바다 물속에 살다가 천년만에 한번씩 머리를 물 밖에 내 밀고 숨을 쉬게 되는데, 머리를 내밀었을 그때 요행이 구멍 뚫린 썩은 나무가 있어서 그 구멍에 거북이의 머리가 걸쳐져야만 숨을 쉴 수 있으며, 그렇지 못하면 물 속으로 그대로 들어갔다가 다시 천년을 기다려야 한다는 것이다. 물론 거북이가 물 속에서 숨을 쉬지 못할 리는 없지만, 불법을 한번 만나기가 쉽지 않다는 비유로 하는 말이며, 그러니 얼마나 다행스러우냐는 뜻으로 하는 말이다. 왜냐하면 하늘은 너무나 쾌락이 많아서 마음을 겨를이 없고 지옥은 괴로움뿐이어서 고통 때문에 자신의 본바탕을 생각해 볼 수 없으며, 축생(畜生)은 너무나 우치하고 캄캄하여 수도가 되지 않는다. 오직 사람만이 불법을 닦을 일삼으며, 아수라는 싸움만을 일삼으며, 축생(畜生)은 너무나 우치하고 캄캄하여 수도가 되지 않는다. 오직 사람만이 불법을 닦을 수 있기 때문이다. 그래서 부처님께서 말씀하시기를 「사람으로 태어나기 어렵고 사람으로 났더라도 불법이 있는 세상에 태어나기 어렵고, 자신이 직접 불법을 만나기가 어려우며, 남자가 되었더라도 불법을 만나기가 어렵다」고 하셨으니 이것을 네가지 어려움이라 하여 四난득(難得)이라 따지고 보면 불법 한번 만나기가 이렇게 어려우므로 맹우우목(盲龜遇木)이라 한 것이니 어찌 단순한 우화(寓話)라 돌리고만 말 것이랴.

이렇게 오래오래 닦으면 결국 정과 혜(定慧)가 원만하게 되어 견성(見性)도 하게 되며 중생을 제도할 수 있는 큰 복밭(福田)이 되리라 했는데, **定慧**라 함은 불법을 배우는 가장 기초가 되고 핵심이 되는 三학(學)의 과제이므로 매우 중요한 뜻을 지닌다 하겠다.

「三학」이라 함은 계(戒)와 정(定)과 혜(慧)의 세가지 배움을 가리키는데, 앞에서 말한 五계·十계·二백五十계 등의 나쁜 짓을 방지하는 계(戒)와 마음을 한 곳에 집중(執中)시켜서 움직이지 않게 하는 선정(禪定)과 진리를 깨닫는 지혜(智慧)를 말한다. 정(定)은 범어에 Samadha라 하며, 정에 두가지 구별이 있으니 나면서 얻는 선정(禪定)이 그것이다. 나면서부터 가지고 있는 「산정」은 욕계(欲界)의 중생들이 객관경계에 서 얻는 선정(禪定)이 그것이다. 나면서부터 가지고 있는 「산정」은 욕계(欲界)의 중생들이 객관경계에 마음이 상응하여 집중하는 정신작용을 말하며, 닦아서 얻는 선정(禪定)은 색계·무색계(色界無色界) 의 움직임 없는 정신의 경지, 또는 부지런히 닦아서 얻는 선정을 말한다. 이 정은 또 六바라밀의 하나 이기도 하다.

혜(慧)는 범어로 Jnana라 하며, 진리를 깨닫는 지혜 곧 마음을 깨달아 밝아진 슬기이며, 사리(事理)를 분별하고 의심되는 생각을 결단하는 마음의 작용을 뜻한다. 일반적으로 말하는 지혜는 현상계의 사리 곧 유위법(有爲法)을 통달한 지(智)를 말하고, 혜(慧)라고 할 때는 무위법(無爲法)의 공한 도리(空理) 를 깨달은 지혜 곧 시간 공간을 초월한 절대의 진리에 의한 지혜를 가리킨다.

그런데 대저 계를 지키면 정이 생기고 정을 닦으면 지혜가 나온다고 한다.

見自心性은 자기 마음을 본다, 깨닫는다, 진리를 본다는 뜻이니, 흔히 견성(見性)한다, 오도(悟道) 한다는 말로써 육체와 정신이 둘이 아니고 마음과 우주가 둘이 아니며 나(我)와 객관(客觀)이 둘이 아니라 일체가 다 내 마음임을 깨달아 나고 죽는 생사의 속박(束縛)을 해탈하여 대 자유인이 되는 것 을 뜻한다.

衆生은 범어의 Sattva로서 살타(薩埵)라 음역(音譯)하며 번역하여 중생(衆生) 유정(有情)이라 한다. 중생은 당나라 현장삼장(玄奘三藏)이 전의 번역으로 여러 생(生)을 윤회(輪廻)한다, 여럿이 함께 산다는 뜻을 들어낸 번역이고 유정은 현장삼장의 번역으로 감정이 있고 알음알이(情識)가 있는 생명이란 뜻의 번역이다.

大福田은 마음을 깨달아 육체와 현상계가 공한 것임을 알면 이것을 환술처럼 부리어 자비한 마음으로 중생을 제도하게 되므로 큰 복을 짓는 것이다. 마음을 깨달으면 일체중생 곧 사람과 하늘의 귀의처(歸依處)가 될 수 있고, 신앙(信仰)의 대상이 될 수 있기 때문이다. 그는 상대세계를 초월하여 절대자가 된 것이며, 암야(暗夜)의 등대(燈臺)로서 생사고뇌 속의 중생을 제도하여 해탈시키는 구세주(救世主)가 된 것이므로 큰 복밭(大福田)임에 틀림없다.

發心修行章
발심수행장

海東沙門 元曉 述
해동사문 원효 술

一. 제명해설(解題)

① 줄거리(大義)

발심(發心)이라 함은 처음에 계초심학인문(誡初心學人門)・해제(解題) 조에서 말한 바와 같이 불법을 배우려는 마음・보리의 마음 곧 부처될 마음을 일으켰다는 뜻이며, 수행(修行)이라 함은 말 그대로 도닦는다, 행을 닦는다는 뜻이었다. 그러므로 이 글은 제목의 뜻 그대로 부처의 마음을 일으켜 거룩한 행을 닦는 글이다.

총 七백자로 된 짧은 글이지만 그 문장(文章) 속에 많은 뜻과 불법의 핵심을 잘 함축(含蓄)하고 있다. 중생들의 어리석고 어두워진 마음으로 저지르는 죄업의 생활을 떨쳐 버리고 거룩한 부처가 될 마음을 불러 일으키는데 다시 없는 발심서(發心書)라 하겠다.

해동(海東)의 대성사(大聖師)였던 원효(元曉)의 저술인 이 발심서는 세속의 애욕을 버리고 참다운 생명을 찾기 위해 깊은 산 고요한 동굴 속에 고행정진하여 생사해탈(生死解脫)의 도를 성취하라는 것이었다.

發心에 대해서 대승의장(大乘義章)에 「보리심을 일으켰다 함은 보리는 되나라 말인데, 번역하면 도라 할 것이니 도과(道果)와 그 덕이 원만하게 통성(通成)했음을 보리라 한다. 큰·보리를 구하고자 간절한 뜻을 일으킨 것을 보리심을 일으켰다 이름한다.」(發菩提心者 菩提胡語 此飜名道果德圓通 故曰菩提 於大菩提 起意趣求 名發菩提心) 했고, 유마경혜원소(維摩經慧遠疏)에 「바르고 참된 도를 구하고자 하는 것을 발심이라 한다(期求正眞道名爲發心)고 했다. 따라서 발심이라 함은 위없이 바르고 참된 도 (無上正眞道) 곧 마음께치는 도를 구하고자 하는 간절한 마음을 가리킨다 하겠다.

발심수행(發心修行)에 대해 기신론(起信論)의 분별발취도상(分別發趣道相)조에서 보살의 발심을 세 가지로 나누었고 수행을 다섯가지로 해설했다. 먼저 발심에 대한 것을 소개하면, 첫째 믿음을 성취하는 발심(信成就發心), 둘째 알고 행하는 발심(解行發心), 셋째 도를 증득하는 발심(證發心)이 그것이며, 처음의 믿음을 성취하는 신성취발심(信成就發心)에도 어떤 마음을 일으켰는가에 따라서 다음의 세가지 구분이 있다고 했다. 첫째 곧은 마음(直心)을 일으킴이니 그른 것에는 조금도 뜻이 없고 오직 진리에 대한 믿음뿐이며 진여법(眞如法)만을 바르게 생각하는 마음이다. 둘째는 깊은 마음(深心)을 일으킴이니 모든 선행(善行)을 즐기고 만가지 덕을 두루 갖추고 거룩한 마음의 바탕에 돌아갈 것만 좋아하는 마음이다. 셋째 크게 불쌍히 여기는 마음(大悲心)을 일으킴이니 일체중생의 고통을 없애주고 보리를 얻게 하려는 마음이라 했다. (復次信成就發心者 發何等心 略說三種 云何爲三 一者直心 正念 眞如法故 二者深心 樂集一切諸善行故 三者大悲心 欲拔一切衆生故) 그런데 「신성취발심」의 세가지 마음은 다 갖추어 발심돼야 할 것이며, 그 가운데 어느 한가지 마음만을 골라서 발심을 한다면 올바른 발심·대승의 발심이 될 수 없을 것이다. 다만 어느 한가지 마음에 치우쳐지느냐 하는 차이는 있을 수 있다. 그것은 처음의 직심(直心)은 자리타리(自利他利=나도 이롭고 남도 이롭게 함)의 이행(二行)의 근본이 되며, 둘째의 심심(深心)은 자신을 이롭게 하는 자리행(自利行)의 근본이며 대비심(大悲心)은 주로 남을 이롭게 하는 이타행(利他行)의 근본이라 할 수 있기 때문이다.

발심의 두번째 구분인 해행발심(解行發心)은 처음의 신성취발심을 만족하게 닦아서 점차적으로 수승해짐으로써 마음의 본성을 알고 닦는 발심이다. 보살이 처음에 정신(正信)의 지위에 들어서서 제一 아승지겁(阿僧祇劫)을 닦으면 진여법(眞如法)의 진리에 깊이 들어가 아는 힘이 생기므로 이것을 해(解)라 했고 이 진여법의 성품에는 욕심낼 것도 없고 물들 것도 없으며 괴롭고 성낼 것도 없고 몸이다 마음이다 하는 관념이 없으므로 수행을 닦는 바가 없이 수행을 닦는 수행(行)의 발심을 해행발심(解行發心)이라 했다. 발심의 세번째 단계인 증발심(證發心)은 초지의 정심지(淨心地)에서부터 보살의 제五○위인 마지막 지위에 이르기까지 진여(眞如)의 경계를 증득하는 발심(發心)을 말하는데, 일념의 찰나 사이에 시방의 무한대(無限大) 우주에 계신 부처님께 공양 올리고 법문을 청할 수 있고, 문자(文字)에 의지하지 않으며 十지(地)를 뛰어나서 곧 바로 부처되는 것을 겁많은 중생에게 보이기도

하는 보살들의 경계이다.

　그러므로 앞에서 말한 해행발심(解行發心)과 증발심(證發心)은 다 보살의 높은 경계에 해당하는 발심이므로 원효대사께서 이제 말씀한 발심수행장(發心修行章)의 뜻은 아니라 하겠고, 처음의 신성취발심(信成就發心)의 뜻과는 서로 통함이 있다 하겠다. 그러나 신성취발심 또한 십신(信)·십주(住) 이상의 보살의 발심이므로 본 발심수행장에서 누구나 애욕에 이끌려 세속의 사슬에 얽히지 말고 발심해서 출가사문(出家沙門)이 되라는 발심과는 꼭 같다고만 할 수는 없다.

　도를 닦는 수행(修行)에도 다섯가지 구분이 있다고 했다. 「첫째는 베풀어 주는 시문(施門)이니 무엇이나 구하는 중생에게는 힘대로 베풀어 기쁘게 해 주고 액난을 만났을 때엔 힘껏 풀어주고 법을 구하면 명리 존경받을 생각하지 말고 힘껏 가르쳐 주는 수행이라 (若見一切來求索者 所有財物 隨力施與以自捨慳貪 今彼歡喜 若見厄難恐怖危逼 隨己堪任 施與無畏 若有衆生 來求法者 隨己能解 方便爲說 不應貪求名利恭敬 唯念自利利他 廻向菩提故)」했다. 「둘째는 계 지키는 계문(戒門)이니 初心學人文의 첫 대문에서 설명한 바와 같이 십계를 지키고 구족계(具足戒)를 지키며 항상 시끄러운 마을을 피하고 고요한 곳에 있으면서 욕심없이 고행(苦行)을 닦을 것이며 작은 잘못도 두려워할 줄 알고 뉘우칠 것이며 함부로 부처님의 계율을 가볍게 여기지 말라 (云何修行 戒門所謂不殺 不盜不婬 不兩舌 不惡口 不妄言 不綺語 遠離貪嫉欺詐諂曲瞋恚邪見 若出家者 爲折伏煩惱故 亦應遠離憒鬧 常處寂靜 修習少欲知足 頭陀等行 乃至小罪心生怖畏 慚愧改悔 不得輕於如來 所制禁戒 當護譏嫌 不令衆生 妄起過罪故)라」했다. 「셋째는 참고 견디는

인문(忍門)이니, 다른 사람이 나를 욕하고 멸시(蔑視)하더라도 앙갚음할 마음을 두지 않으며, 또한 나를 이롭게 하고 해롭게 하고 칭찬하고 헐뜯는 모든 것, 괴롭히고 즐겁게 하는 모든 것에 대해 마음 움직임 없이 다 견디어 참는 것이라(云何修行忍門 所謂應忍他人之惱 心不懷報 亦當忍於利衰毁譽稱譏 苦樂等法故)라」했다. 넷째는 게으름이나 뒤로 물러남 없이 닦아 나가기만 하는 진문(進門)이니, 모든 착한 일에 게으름이나 물러서는 일 없는 것이며 뜻을 굳게 세우고 겁내는 마음을 멀리 여의어 아득한 과거로부터 몸뚱이와 생각으로 큰 고통을 헛되이 받았음이 이익이 없었음을 항상 생각하는 것이며 이제부터는 모든 공덕을 부지런히 닦아서 나와 남을 함께 이롭게 하는 대승의 행을 하여 뭇 고통을 재빨리 여의는 것이다(云何修行進門 所謂於諸善事心不懈退 立志堅强 遠離怯弱 當念過去久遠已來 虛受一切身心大苦 無有利益 是故應勤修諸功德 自利利他 速離衆苦)라」했다. 「다섯째 선정(禪定)을 닦는 지관문(止觀門)은 밖으로 일체 경계의 분별상(相)을 그치고 끊는 것을 말하며 관은 모든 분별인연의 나고 죽고 우주와 내가 없는 적멸(寂滅)의 정(定)에 들어가는 수행을 말한다. 이것은 곧 참선법(參禪法)에 성성적적(惺惺寂寂) 이란 뜻과 상통한다 할 것이다. 곧 성성(惺惺)은 마음이 또렷이 깨어 있는 상태를 말하고 적적(寂寂) 은 일체의 번뇌망상을 끊어서 몸과 생각이 다 없어진 고요만이 깃들은 상태를 말하기 때문이다.

元曉大師는 기신론소(起信論疏)에서, 「교문(敎門)이 아무리 많아도 처음 수행하는 것은 두 문(二門) 에 지나지 않나니, 진여문(眞如門)에 의하여 지행(止行)을 닦고 생멸문(生滅門)에 의하여 관행(觀行)

을 일으키는 것이다. 「지관」을 쌍으로 운용하므로 만행(萬行)을 갖추게 되며 이 두문에 들어서면 마침내 일만 행을 다 사무친다」고 하셨고, 다시 범망경계본사기(梵網經戒本私記)에서도 『부처님의 법문이 많지만 「지·관」두 문에 지나지 않는다. 일여한 법계(一如法界)를 체달하는 것이 지(止)이고, 비록 일여의 실상 아님이 없는 지혜를 깨쳤다 해도 현상계의 법이 또한 도리가 아주 없는 것이 아닌 도리를 보는 것이 「관」(觀)이다.」하셨으며, 또 「지·관」은 六바라밀법(波羅蜜法) 가운데 정·혜(定慧) 두가지를 합해서 닦는 것이니, 정(定)은 「지」가 되고 혜(慧)는 「관」이 된다」고 하셨다. 그러므로 지관문(止觀門)이란 선정(禪定) 지혜(智慧)의 수행 곧 참선(參禪)을 가리킨다고 하겠다.

위에서 보아 온 것처럼 발심과 수행은 불가분(不可分)의 관계에 있을 뿐아니라 둘이면서 하나인 관계에 있다 하겠다. 발심이 안이라면 수행은 밖이고 발심이 체(體)라면, 수행은 용(用)과 같은 관계로서 발심을 떠난 수행·수행을 떠난 발심은 조각 공부며 죽은 수도라 하겠다.

② 내용 분류

어떤 경론(經論)이나 글들을 보더라도 대개 처음에는 서론(序論)이 있고, 이어서 본론(本論)이 있고 결론(結論)이 있으며, 경문(經文)의 경우에는 끝에 유통문(流通文)이 있어서 경의 말씀을 세상에 널리 선양(宣揚)하는 내용으로 기록되어 있는 것이 일반적이다. 이 발심 수행문도 그 내용을 자세히 분석해 보면 다음의 세 대문으로 나눌 수 있다. 곧 처음에 서론격(序論格)으로 애욕을 버리고

행을 하라는 내용을 말씀하셨고, 그 다음에 본론격(本論格)으로 출가해서 수행하는 일에 대해 말씀하셨으며, 끝으로는 덧없는 세월이 신속함을 들어 발심수행을 재촉하셨다.

一, 애욕 끊고 고행하라……처음 夫諸佛諸佛에서부터 一七四페이지 一生幾何 不修放逸까지는 인생의 고해(苦海)가 어째서 비롯되었으며, 이 모든 인생문제를 해탈하는 성인은 어떻게 해서 성취되는 것인가를, 밝히셨고 요컨대 명리(名利)와 애욕(愛欲)을 버리라 했다.

二, 참된 수행자가 되라……離心中愛에서부터 一九六페이지의 出家富 是君子所笑까지는 참된 출가수행(出家修行)의 도를 밝힌 대문이다. 세속에 대한 미련을 끊고 계행(戒行)을 철저히 지키고 조사가 되고 부처가 될 목표를 세워서 정진하라 했으며, 특히 출가인으로서 명예와 재물을 탐하는 것은 가소롭다고 힐책하셨다.

三, 늙은 몸은 못닦는다……遮言이 不進에서부터 莫速急乎까지는 세월이 덧없어 잠깐 사이에 늙게 될 몸, 깨진 수레 구를 수 없는 것과 같음을 한탄하시고 이일 저일 끄달리어 수도하지 못함을 경책하셨다.

③ 유통(流通)

원효대사 이후 언제 어디서 처음으로 간행(刊行)되었었는지 자세한 기록이 없다. 목각(木刻)이 되기 전까지는 글씨로 써서 전파하는 이른바, 서사(書寫)의 형식으로 유포되었을 것인게, 그것이 얼마나 많이 전해졌는지는 확실치 않지만 아마도 저자(著者)의 위대한 법예(法譽)로 보아 불문(佛門)에 널리 행해졌을 것은 틀림없다. 한자본의 각판(核板)은 고종(高宗) 二〇년 光緖九년 서기 一八八三년에 판각된 것으로서 현재 해인사(海印寺)에 모셨으며, 초심자경(初心自警)과 합본판(合本板)이다. 언해본(諺解本)은 순천(順天) 송광사(松廣寺)에 역시 합본으로 모셔져 있고, 그 연대는 光海主 四年(西紀 一六一二年) 壬子春으로 되어 있다. 불교입문(佛敎入門)의 필수과목으로 사미승 沙彌에게 널리 읽혀오고 있으며, 그 번역본은 一九四五年에 李鍾都譯, 一九六八年에 李耘虛譯이 있으며, 강의본은 一九七一年에 金呑虛校閱, 一九七四年에 韓定變譯解본이 있다.

二、저자 원효대사(著者元曉大師)

① 탄생(誕生)과 출가(出家)

원효대사의 속성(俗性)은 설씨(薛)였고 어려서 이름(幼名)은 서당(誓幢)이라고도 하는데 서당은 당시 군부의 고급 참모의 계급이었으니 대사께서 군에 종사할 때의 계급이 아닌가도 생각된다. 원효(元曉)는 소성(小性) 또는 복성(卜性) · 율곡사미(栗谷沙彌) · 무애인(無礙人) 등으로 불렸다. 지금부터 거금 천三백 四十三년전 신라 제二十六대 진평왕(眞平王) 三十九년, 서기 六一七년에 押梁郡 佛地村(慶北 慶山郡 慈仁面)의 北쪽 율곡 사라수(栗谷娑羅樹) 밑에서 출생하셨다. 해동고승전(海東高僧傳)에는 총

② 수행(修行)과 성도(成道)

대사는 흥륜사(興輪寺) 법장법사(法藏法師)의 문인(門人)이라고도 하나 일정한 스승이 없이 통했다 하여 무사자통(無師自通)이라 했으니, 원래 지혜가 신출(神出)하여 하나를 들으면 열·백을 알고 경전(經典)을 한번 펴면 뜻을 다 통하였기에 스승이 없다고 한 것이다. 그러나 대사는 영취산(靈鷲山) 낭지대사(郞智大師)에게 법화경(法華經)을 배웠고, 고구려의 도승인 보덕화상(普德和尙)에게 열반경(涅槃)을 배우시기도 했다. (당시 보덕화상은 백제 完山孤達山에 피해 있었음) 대사는 四十一세 때에 의상(義湘)과 함께 당(唐)나라로 들어가다가 도중에(現 水原南陽 또는 滿洲라고도 함) 어떤 토굴(土窟)에서 자다가 어둔 밤이었으므로 해골 바가지의 물을 마셨다. 아침에 먹은 물이 해골 썩은 물임을 알고 구역질을 하다가 크게 깨달았다. 대사는 「마음」으로 분별을 내지 않고 마셨을 때는 달고 시원했는데, 이제 분별을 내므로 속이 뒤집혔으니 이 모두가 마음이로구나!」하고 곧 다음과 같은 오도송(悟道頌＝마음을 깨닫고 짓는 게송)을 읊으셨다고 한다. 깨달았다 함은 이치로 짐작하는 것이 아니라 육안으로 해를 보듯 마음의 눈으로 진리를 확실히 보는 것을 말한다.

『마음을 내면 가지가지 법이 나오고 마음이 꺼지니 가지가지 법이 꺼진다』(生心則種種法生 心滅則種種法滅)하시고 또「여래께서 우주가 오직 마음이고 만가지 이치가 오직 알음알이일 뿐이다(三世唯心萬法唯識)고 하신 말씀이 어찌 거짓이겠느냐?」하신 뒤, 의상대사에게「나는 당나라까지 가지 않겠으니 아우님이나 다녀오라」하시고 즉시 발길을 신라로 되돌렸다고 한다.

③ 무애도(無碍道)의 실천과 입적(入寂)

보리와 지견(智見)은 확실히 깨달아서 이치로는 부처와 다름이 없지만 몸뚱이까지 미세한 번뇌와 생사를 뛰어넘어서 현실적으로 단번에 부처가 되지는 못한다. 그것은 마치 자연과학의 원리에 통달한 대학자가 있다고 하더라도 그가 원자탄을 만들고 비행기를 만들기 위해서는 그에 필요한 공장과 각종 기계 시설을 해서 현물(現物)을 생산해내는 시간이 필요한 것과 같은 이치이기 때문이다. 따라서 그는 범부로서의 수행이 아니라 깨치고 난 성자(聖者)로서의 수행의 길에 오른 것이다. 그래서 그는「참·거짓·선·악물듦·깨끗함·생·사·시·비」가 둘이 아닌 차원에서 산간에 숨어서만 닦는 것이 아니라 시정(市井) 촌락·걸식(乞食)·술집·도살장·도적떼 등에 끼여 다니며 만행(萬行)·고행(苦行)을 닦고 그들과 어울려 교화(敎化)했으며, 심지어는 어쩔 수 없는 사정으로 요석공주(瑤石公主)와의 사이에 신라 十현(賢) 가운데 한 사람인 설총(薛聰)을 낳았고 거사(居士)로 환속하여 복성거사(卜性)·소성거사(小性)라 자칭(自稱)하기에 이르렀다. 복성(卜性)의 卜자는 下자의 윗획을 없앤 것이니 곧 下之下 최하(最下)의 인간이란 뜻이었다. 그는 마침내 「모든 것에 걸림 없는 사람, 한 길로 생사를 뛰어난」(一切無碍人 一道出生死) 대성자가 되었다.

그리하여 춤·노래·글·변재 등 초인적인 방편으로 각계 각층을 크게 교화했고, 온갖 신통 또한 놀라와서 부처에 가까운 八(地)의 보살에 이르렀으며 세수(世壽) 七○세, 경주 혈사(穴寺)에서 입적(入寂)했다고 전한다. 고려 제一五대 숙종(肅宗)은 대성화쟁국사(大聖和諍國師)란 시호(諡號)를 추증했다.

④ **저 서(著書)**

원효대사는 불교사상 유례가 없는 대 저술가(著述家)이기도 하다. 어떤 대 논사(論師)나 三장(藏)이라도 따르기 어려울 정도의 해박한 고증(考證)과 정밀한 판석(辨釋)으로써 그 양에 있어서도 대소승(大小乘) 三장(藏)을 망라한 백여부(部)·二백四○여권에 달하며 현존(現存)하는 二十부·二十三권만을 소개하면 다음과 같다.

一, 經論 ①金剛三昧經論 三卷、②十門和諍論 斷片(三卷中)、③遊心安樂道 一卷。

二, 宗要 ④法華經宗要 一卷、⑤涅槃經宗要 一卷、⑥無量壽經宗要 一卷、⑦彌勒上生經宗要 一卷、

⑧大慧度經宗要 一卷。
三、經疏 ⑨華嚴經疏 三卷、⑩阿彌陀經疏 一卷。⑪瓔珞本業經疏 一卷。
四、論疏 ⑫起信論疏 二卷、⑬中邊分別論疏 二卷。
五、私記要記別記, ⑭菩薩戒本私記 一卷、⑮菩薩戒本持犯要記 一卷、⑯起信論別記。
六、餘他 ⑰判比量論拔文 一篇、⑱大乘六情懺悔 一卷。⑲發心修行章 一篇

⑤ 성적(聖跡)

一、원효대사는 불교적인 방편(方便)에만 국집(局執)하지 않았다. 그것은 그의 영윤(令胤)인 설총 역시 절륜(絶倫)의 신재(神才)로서 벌써 유교의 四서(書) 五경(經)과 제자백가(諸子百家)를 통했다. 그리고 대사를 배우려 어려서 「佛學은 할 사람이 많으니 너는 유성(儒聖)을 배워 이 나라의 정교(政敎)를 위해 개조(開祖)가 되라」고 지시하셨다. 그리하여 설총은 이두(吏讀)법을 발명하여 九경(四書五經)을 우리 말로 해석함으로써 새로운 문화를 창조하게 했다. 이두는 뒤에 일본의 가나(假名)의 문자와 한글의 연원(淵源)이 되었으니 이것이 또한 대사의 성교(聖敎)라 아니할 수 없다. 설총의 유문(遺文)으로 「花王誡」는 고금에 기절(奇絶)이라 하며 해동유학(海東儒學)의 개조(開祖)로서 불교의 대사와 쌍벽을 이루었다 할 만하다.

二、중국 종남산(終南山) 운제사(雲際寺)라는 절에 천여명 대중이 있었다. 어느날 절 앞의 공중에 늘

판이 떠 있었다. 대중들은 구경하려고 밖으로 나왔는데, 뒷산이 무너져 절이 주저앉았고, 나무판도 땅에 떨어졌다. 그 송판에 「海東元曉擲盤救衆」(원효는 나무 반을 던져 대중을 구하노라)는 여덟글자가 있음을 보고 그들 천명 대중은 원효대사를 찾아 신라의 양산(梁山) 내원사(內院寺)에 왔다. 그리하여 그들은 화엄경(華嚴經)을 듣고 도를 얻었으며, 그 자리를 지금도 千聖山「화엄벌」이라고 전한다.

이것이 유명한 「투척구명」(投擲救名)의 일화(逸話)다.

三, 의상대사가 양양 낙산사(洛山寺) 홍연암(紅蓮庵)에 있을 적이다. 설악산(雪岳山) 영혈사(靈穴寺)에 계시던 대사께서 의상법사를 찾으셨는데, 홍연암은 식수(食水)가 없어 하늘 신들의 공양만 받아 먹는다. 그러나 그날은 때가 지나도록 오지 않았으므로 대사는 돌아가시며 사람이 하늘 공양을 먹는 것은 떳떳한 일이 아니라 하시고 절 뒤 바위를 지팡이로 뚫어 샘이 솟게 했는데, 이것은 영혈사 영천(靈泉)샘의 물줄기를 끊은 것이라고 한다. 대사 가신 뒤에야 하늘 신이 공양을 가져오므로 의상대사는 늦은 이유를 물었다. 그러나 원효대사가 계실적에는 화엄신(華嚴神)이 삼엄하게 에워싸고 있어서 들어오지 못하다가 이제 원효대사께서 가시고 나서 화엄신장이 따라갔으므로 이제 왔다는 말이 전해온다.

제一절 애욕 끊고 고행하라

〔本文〕

夫諸佛諸佛이 莊嚴寂滅宮은 於多劫海에 捨欲苦行이요 衆生衆生이 輪廻火宅門은 於無量世에 貪慾不捨니라 無防天堂에 小往至者는 三毒煩惱로 爲自家財요 無誘惡道에 多往入者는 四蛇五欲으로 爲妄心寶니라.

대저 모든 부처님이 적멸궁을 장엄함은 까마득한 겁 바다에 인욕 고행한 탓이요. 많고 많은 중생들이 불집 속에 넘나듦은 한량없는 저 세상에 탐욕 놓지 못함일세. 막힘 없는 저 천당에 가는 사람 왜 적은가 세가지 독번뇌로 집안 보물 삼음이요. 피임 없는 저 악도에 가는 것은 네가지 뱀·오욕으로 마음 보배 삼음일세.

【字解】 諸 모들제·무릇제·김치저. 莊 엄할장·별장장·시골집장. 嚴 엄할엄·삼갈엄·경계엄. 寂 고요할적·적적함. 滅 멸망할멸·다할멸·죽을멸·꺼질멸. 官 벼슬관·기능관·본받을관, 관직·관원, 이목구비 등의 기능·임관함. 多 많을다·아름답게 여길다·마침다, 뛰어남. 劫 겁탈할겁·겁

겁、 불교의 아주 긴 세월. **捨** 버릴사・베풀사、내버림. 또는 사용하지 않고 버려둠・베풀어줌・시여함. **火** 불화・불날화・불사를화、등불・햇불・여름・방위로는 남방. **世** 인간세・세대세・평생세・대이을세. **慾** 탐낼욕・욕심욕. **惱** 괴로와할뇌・괴롭힐뇌. **少** 적을소・젊을소・잠시소・至 이를지・지극할지. **煩** 번민할번・번거로울번・어지러울번. **量** 양량・되량・헤아릴량. **誘** 꾈유・달랠유・가르칠유.

四 넉사・네번사・사방사. **寶** 보배보・옥새보.

【講義】 「夫諸佛諸佛 莊嚴寂滅宮 於多劫海 捨欲苦行」은 무릇・대저 (夫) 모든 부처님 (諸佛) 여러 부처님께서 (諸佛) 모든 번뇌 망상이 없는 적멸의 궁궐을 (寂滅宮) 엄숙하게 꾸미게 된 것은 (莊嚴) 많은 (多) 겁을 두고 (劫海) 욕심을 버리고 (捨欲) 괴로운 행을 했기 때문이란 (苦行) 뜻이며, 「衆生衆生 輪廻火宅門 於無量世 貪欲不捨」는 중생과 중생들이 (衆生衆生) 불타는 집에 (火宅門) 돌고 도는 것은 (輪廻) 한량없는 (無量世) 저 세상에 (於世) 탐욕 (貪欲) 버리지 못한 때문이라 (不捨) 는 뜻이다. 「無防天堂 少往至者」 적은 것은 (少) 세가지 독의 (三毒) 번뇌로 (煩惱) 자기 집의 (自家) 재산을 (財) 삼음이요 (爲) 라는 뜻이며, 「無誘惡道 多往入者 四蛇五欲 無妄心寶」는 피어내는 사람도 없는 (無誘) 육도에 (六道) 가서 들어가는 이 (往入者) 많은 것은 (多) 네가지 뱀과 (四蛇) 다섯가지 욕심으로 (五欲) 망명된 마음의 (妄心) 보배를 (寶) 삼음이라 (爲) 는 뜻이다.

佛은 범어 (梵語) 로 Buddha라 쓰며 불타 (佛陀) ・부타 (浮陀) ・부두 (浮圖) ・부두 (浮頭) ・발타 (勃駄)

・몰타(沒馱)라 음역(音譯)하며, 불(佛)이라 약칭하고 번역하여 깨달은 이 각자(覺者)라 번역하여, 일반적으로 부처님・불타(佛陀)라 부르며, 세존(世尊)・여래(如來) 또는 석가모니부처님의 경우 석존(釋尊)이라 부른다. 깨달았다 함은 우주와 인생의 근본이 곧 마음임을 깨달아서 몸뚱이와 물질이 나(我)가 아니라 마음이 참나며, 따라서 몸뚱이가 아니고 물질이 아닌 참나는 젊지도 늙지도 않고 나지도 죽지도 않으며 탈 것도 뜨거울 것도 없으며, 여자도 남자도 아닌 본성(本性)을 깨달았다는 뜻이다. 깨달음의 내용에 두가지 뜻이 있는데, 대승의장(大乘義章)에 의하면,「첫째 번뇌를 깨달아 살폈다는 각찰(覺察)의 뜻이니, 마치 범부들이 나를 해롭히는 도적이 누구인가를 잘앎으로써 피해를 입지 않는 것처럼 부처님은 번뇌를 깨달아서 번뇌의 장애(障碍)가 침해하지 못함을 말하는데, 이 지혜는 현상계 곧 상대세계의 근본을 깨달아서, 우주와 인생의 실체가 마음이란 것을 깨달은 근본 지혜이므로 근본지(根本智)라고도 하고 일체의 실체를 총괄적으로 알았다는 뜻에서 일체지(一切智)라고도 한다. 둘째는 현상계 일체법의 사리(事理)를 분명하게 깨달아 아는 각지(覺知)이니, 마치 범부들이 잠자며, 꿈을 꾸다가 깨어난 것처럼 일체의 사리가 환하게 들어났다는 뜻인데, 이것을 차별현상(差別現象)의 원리를 남김없이 다 깨달았다 하여 차별지(差別智)라 하며 일체종지(一切種智)라 한다. 또한 부처님은 복혜구족(福慧具足)・각행궁만(覺行窮滿)한 이란 뜻이니 자신만 깨닫고 마는 것이 아니라 온 중생을 깨달음의 길로 인도하기 위한 보살만행(菩薩萬行)을 하여 과위(果位)가 원만하게 된 어른이어서 복과 지혜가 구족하다는 뜻이다. 범부는 자기도 깨닫지 못한 것이고 성문・연각(聲聞緣覺)의

二乘(乘)은 자기만 깨닫고 다른 이를 깨닫게 하지 못했으며, 보살은 자기도 깨닫고 남도 깨닫게 하지만 아직 그 깨달음과 만행(萬行)이 원만하게 차지 못한 분들이다. 그러므로 부처님의 깨달음을 「위없이(最高) 바르고(妥當) 두루하고(普邊) 바른 깨달음」(無上正等正覺)이라고 한다.

寂滅宮은 부처님의 깨달은 해탈의 경지를 말한다. 부처님은 육신(肉身)이 내가 아니라 마음이 참나(我)며 우주의 삼라현상(森羅現狀)은 다 마음이라는 진리를 깨달아 체득(體得)한 분인데, 중생을 위해서 중생들의 업장(業障)을 벗겨 주기 위해, 한량없는 세월을 두고 고행(苦行)을 하셨다. 중생을 위해서는 재산도 다 베풀어 주고 명예도 남을 위해 양보하며 눈·코·팔·다리·목숨까지도 아낌없이 베풀어주는 보살만행(菩薩萬行)·인욕고행(忍辱苦行)을 함으로써 단순한 자신의 생사해탈(解脫)뿐만 아니라 온 중생의 구제(救濟)라는 큰 원을 성취하는 대열반(大涅槃) 대적멸(大寂滅)을 장엄하는 분이다.

나 일신(一身)만의 해탈을 목적으로 한 성취는 소승(小乘)에 불과하며, 그 깨달음이 크지 못하면 아직 보살의 만행을 닦지 못한 적은 깨달음이므로 적멸의 궁궐을 장엄할 수 없다.

劫은 한없이 긴 시간을 말할 때 쓰이는 시간의 단위다. 앞에서도 말한 바와 같이 불교에서는 무한의 시간·무한의 공간·무한의 수리(數理)를 인정하므로 그에 따라서 무한히 많은 시간의 단위·단위·공간 측정의 단위를 설정한다. 그 가운데 가장 긴 시간의 단위 가운데 하나로서 겁(劫) 범어로 Kalpa(劫波)라는 말을 쓴다. 겁에 대겁(大劫)·중겁(中劫)·소겁(小劫)이 있는데 여기서 소겁을 설명하면 다음과 같다.

사람의 나이가 본래 八만 四천살인데, 백년마다 한살씩 줄어서 十세때까지 내려갔다가 다시 백년마다 한살씩 늘어서 八만四천살이 되는 기간을 一소겁이라 한다. 나이가 늘어 날 때는 사람들의 마음도 좋아지고 복과 수명도 길어지며 나이가 줄어들 때는 마음도 점차 나빠지고 복도 줄어서 十세때가 되면 극악무도(極惡無道)한 말세가 된다는 것이다. 중겁은 二〇소겁을, 대겁은 四중겁을 가리킨다. 이것을 증감설(增減說)이라고 한다.

이 밖에 개자겁(芥子劫)·불석겁(拂石劫) 등이 있으니, 둘레 四〇리 되는 큰 성 가운데 개자씨를 잔뜩 채워놓고 장수천(長壽天)의 하늘 사람이 三년마다 한알씩 집어가서 다 없어지는 기간을 一겁이라고 하는 것을 개자겁이라 하고, 둘레 四〇리 되는 돌을 하늘나라 사람이 三년마다 한번씩 옷으로 돌을 스쳐 다 달아 없어지는 기간을 一소겁으로 보는 것을 불석겁 또는 반석겁(盤石劫)이라고 한다. 그러나 일반적으로는 처음에 설명한 증감설(增減說)을 인용한다.

火宅 중생들이 한없는 세세생생(世世生生)을 두고 탐욕 때문에, 六도의 불타는 집에만 윤회한다고 했는데, 火宅이라 함은 법화경(法華經)에 「삼계가 편안치 못하여 마치 불타는 집과 다를 것없다」(三界無宅猶如火宅)고 한데 기인하여 쓰여진 말이다. 탐욕의 번뇌가 훨훨 불타므로 그로 인해 세세생생 받을 고통이 불타는 집에 사는 것과 같다는 뜻이다. 법화경에서는 부처님께서 三계(界)의 고해(苦海)에서 괴로와하고 있는 중생들을 구제하기 위해 여러가지 방법으로 진리를 설명해 주시는데, 이것을 불교에서 방편설(方便說)이라고 한다. 그래서 소승(小乘)·대승(大乘)·일승(一乘) 등의 불법을 구

별하여 보살(菩薩)·연각(緣覺)·성문(聲聞)의 불법을 三승법(乘法)이라 하고 바로 부처가 되는 최상승(最上乘)의 법을 일승 불승(一乘佛乘)이라 한다. 다시 말하면 부처님께서 중생들을 타일러 성문승 연각승에 태워 보살승으로 이끌고 다시 보살행을 하게 하여 일불승에 끌어올리는 설법을 가리키는 말인데, 이것을 불타는 집안에서 정신없이 놀고 있는 아이들을 빨리 밖으로 끌어내는 가장 현명한 방법에 비유하여 말씀하셨다.

『자식을 몹시 사랑하는 큰 부자 한 사람이 있었다. 그는 외출했다 돌아와 보니 자기 집에 불이 붙고 있음을 보았다. 그는 급히 달려가서 아이들을 불렀지만 철없는 아이들은 불이 무엇인지도 모르고 놀기에 정신이 팔려서 나오지 않았다. 아버지는 뛰어 들어가서 아이들을 끌고 나올 시간은 없고 하여 좋은 방법을 생각해 냈다. 그것은 아이들이 평소에 좋아하던 물건들이 밖에 있다고 거짓말을 할 수 밖에 없다고 생각해 냈다. 아이들은 좋아 하던 「양수레(羊車) 사슴수레(鹿車) 소수레(牛車)가 밖에 있다」는 말을 듣자마자 곧 밖으로 뛰어나왔다. 그러자 아버지는 아이들이 바라던 것보다도 훨씬 좋은 수레 곧 살찌고 잘 달리고 튼튼하고 잘 생긴 흰 소에 온갖 금은 장식을 한 큰 수레를 하나씩 주었다는 것이다. 여기서 양수레는 성문승, 사슴수레는 연각승을, 소수레는 보살승을 뜻하며, 흰 소가 끄는 금은의 수레(白牛車)는 불승(佛乘)을 뜻하며, 아버지는 부처님·아들들은 중생을 뜻하고, 그리고 불타는 집은 중생들이 五욕에 이끌려 정신 잃고 사는 사바세계를 뜻한다. 五욕(五欲)으로 일생을 살다 보면 죄업을 많이 짓고, 지옥·아귀(餓鬼)·축생(蓄生)·아수라(阿修羅)·인간(人間)·천상(天上)의 六

도(途)에 윤회(輪廻)하며 번뇌의 불길 속에 생사의 고통을 면할 수 없으므로 삼계화택(三界火宅)이라 한 것이다.

三毒煩惱로 재산을 삼았기 때문에 천당에 태어나지 못한다 했는데, 三毒이라 함은 一六四 페이지에서 설명한 탐진치(貪嗔痴) 곧 애욕(愛欲)·진에(嗔恚)·우치(愚痴)를 말하며, **四蛇五欲** 때문에 악도에 떨어진다 했는데, 네가지 뱀이란 중생들이 몸뚱이를 애착하여 온갖 죄악(罪惡)을 짓게 되는바 이 몸뚱이를 이루고 있는 요소가 네가지이므로 이것을 뱀이라고 나쁘게 비유하여 말한 것이다. 그 네가지 요소란 흙(地)·물(水)·불(火)·바람(風=공기)의 넷을 뱀이라고 말한다. 우리의 몸뚱이란 결국 이 네가지가 결합하여 이루어졌다가 흩어지면 다시 네가지로 돌아간다고 하여 이것을 네가지 큰 것이란 뜻으로 四大라고도 한다. 이 四大는 근원적으로 나쁜 것은 아니지만 중생들이 그것에 탐착(貪着)하여 그것이 자기 생명인 줄 오인(誤認)하기 때문에 저지르는 행위 그것이 미우므로 뱀이라 이름한 것이다. 이 네 뱀(四蛇)에 대한 **賓頭盧突羅闍爲優陀延王說法經**의 비유설화(比喩說話)로 엮어진 유명한 이야기를 소개해 두고자 한다.

「무인지경의 넓은 벌판에서 사납게 날뛰는 미친 코끼리를 만난 사람이 있었다. 그는 숨을 곳을 찾아 정신없이 피해 달아나다가 빈 우물터를 만나서 등나무 넝쿨을 붙들고 허공에 매달려서 코끼리를 피하게 되어 천만다행으로 여겼다. 그런데 자세히 밑바닥을 내려다 보니 네마리의 큰 독사와 독한 용 한마리가 사람이 떨어지면 잡아먹려고 혀를 널름거리고 있었다. 또 위를 바라보니 자기가 매어달린 등나무 덩쿨을 흰 쥐 두마리가 교대해 가면서 갉아먹고 있는 아슬아슬한 형편이었다. 그래서 그는 어이없어 하늘을 주시하고 있는데, 마침 벌들이 머리 위의 나무가지에서 꿀 방울을 떨어뜨리고 있었다. 그 사람은 꿀방울 떨어지는 것을 받아먹는 기다림 속에 위에는 사나운 코끼리가 두 발을 구르며 내려다 보는 것도, 독사와 용이 혀를 널름거리며 밑에서 기다리는 것, 자신의 목숨을 의지하고 있는 나무덩쿨을 끊임없이 갉아먹고 있는 무서운 쥐가 있다는 것도 다 잊어버린 채 순간 순간을 덧없이 보냈다. 그때 밖에서 큰 불이 일어나 모든 것을 다 태우고 코끼리 등나무 벌이고 사람이고 독사 용까지 타 버리고 있었다"고.

넓은 벌판은 번뇌의 긴 세월 곧 무명장야(無明長夜)를 뜻하고, 코끼리는 이 세상의 모든 것은 다 덧없다는 뜻이며, 우물터는 생사의 구렁텅이며, 나무덩쿨은 육신의 생명을 뜻하고, 검은 쥐 흰 쥐는 해와 달 곧 낮과 밤의 시간을 뜻하고, 또한 쥐가 나무를 쏠아먹는 것은 생각 생각이 일어났다 꺼졌다 하는 번뇌망상의 생멸(生滅)을 뜻하며, 독사는 흙·물·불·바람 등 육신의 四대 요소를, 독용은 죽음을 뜻하고, 꿀벌은 삿된 생각·그릇된 사상 주의 예컨대 물질본위의 사고방식, 공산주의·자본주의 등 진리에 위배된 생각을 뜻하며, 꿀은 다섯가지 욕망, 불은 늙고 병드는 것 그리하여 마지막에 죽음에 몰고가는 것을 뜻한다.

「아누다라삼먁삼보리」(阿耨多羅三藐三菩提)의 큰 깨달음을 성취한 부처님의 경지에서 보면, 본래 생사가 없는 마음의 바탕을 알지 못하는 중생들은 마음의 밝은 광명을 가리운 무명(無明)의 긴밤으로 깜깜하게 깔린 광야에서 덧없는 큰 코끼리에 쫓기면서 생사의 구렁텅이에 빠져 五욕에 집착되고 四대 색신(色身)에 속박되어 괴로움 속에 늙고 병드는 생사법에 쫓기다가 마지막에 온갖 죄악의 업만 짓고 끝내는 죽고 또 죽어가는 가련한 존재에 불과하다는 것이다.

四蛇에 대해 열반경(涅槃經) 최승왕경 같은 데서는 「한 상자 속에 네마리의 뱀을 넣어 기르는 것」에 비유했다. 또 최승왕경(最勝王經)의 말씀을 소개하면 다음과 같다.

「지수화풍이 함께 몸뚱이를 이루는데 이 네가지 인연들이 모여서 다른 과를 부르니, 한곳에 함께 있지만 서로 엇갈리어 해롭히는 것이 마치 네마리의 독사가 한 상자 속에 사는 것과 같다. 이 네가지 독사 가운데 흙과 물의 두 뱀은 아래로 가라앉기를 많이 하고 바람과 불의 두가지 뱀은 가벼워서 위로 뜨는 것을 좋아하니 이렇게 서로 어긋나는 상반된 성질 때문에 온갖 병이 생긴다」(地水火風共成身 集彼因緣招異果 同在一處相違害 如四蛇居一篋 於此四種毒蛇中 地水二蛇多沈下 風火二蛇性輕擧 由此背違衆病生) 또 열반경(涅槃經)의 말씀은 다음과 같다.

『왕이 신하에게 네 마리의 독사가 들은 상자를 하나 주면서 성을 내어 싸우지 않도록 잘 관리하라고 명령했다. 그 신하는 불가능한 일이라 판단하고 망명의 길을 떠났고 왕은 다섯명의 포졸을 풀어 수색했다. 신하는 어느 마을에 안전하게 숨게 되어 안식하려 했는데, 어디선가 「저녁이면 여섯명의 도적이 와서 너를 잡아 포졸에게 넘길 것이라」는 이상스런 소리가 들려 왔다. 신하는 더욱 더 도망하는데, 갑자기 앞을 가로막는 큰 강이 있었다. 그는 그대로 있다가는 잡힐 것이 뻔하므로 뗏목을 만들어 강에 띄우고 올라탔다. 그는 험한 물결을 간신히 헤치고 안식의 언덕에 오를 수가 있었다」고 했다. 상자는 몸뚱이를 뜻하고 네 독사는 지수화풍의 四대(大)를, 포졸은 눈·귀·코·입·몸(眼耳鼻舌身)의 감각기관(感覺器官)을 뜻하며, 여섯 도적은 눈의 객관경계(客觀境界)인 빛깔·형태(形態), 귀의 객관 경계인 소리, 코의 대경(對境)인 냄새, 입의 대경인 맛, 몸 곧 촉각의 대경인 감촉적인 모든 것, 생각의 대경인 모든 이치, 이 여섯가지(色聲香味觸法)는 우리의 마음을 상대 세계인 현실 속에 얽어매는 도적이란 뜻으로 하는 말이며, 강은 중생 세계가 생노병사(生老病死)의 파도 같은 세상임을 뜻하고 뗏목은 사바세계(娑婆世界)를 뛰어넘는 불법신행(佛法信行)을 뜻한다. 왕은 주관 객관을 초월한 것을 뜻하지 못한 경계에서의 마음의 왕이며, 안식의 저 언덕은 주관 객관을 초월한 생사해탈의 경지 곧 앞에서 말한 적멸의 경계 곧 마음의 본바탕이며, 쉬지 말고 어서 도망가라고 일러 준 것은 마음의 본바탕에서 울려오는 소리였고 신하는 강 이편의 상대세계의 거짓 마음의 가당치 않은 욕구를 버리고 강 저편 세계인 마음의 참 바탕을 찾아가는 구도자(求道者)로서의 마음자세를 가리킨다.

　五欲은 다섯가지 욕망이란 뜻이니, 재물에 대한 욕망(財欲)·여색에 대한 욕망(色欲＝性欲)·식욕(食欲)·명예욕(名譽欲)·수면하려는 욕망(睡眠欲)을 말하며, 이 가운데 식욕(食欲)은 최소한의 육신의 생명을 유지하고자 하는 욕망으로 봐야 할 것이니 생명욕(生命欲)이라 할 것이다. 중생은 결국 이 다섯가지 욕망을 위해 온갖 죄악을 짓고 악도에 떨어지고 윤회를 면치 못하게 된다는 뜻이다.

〔本文〕

人誰不欲歸山修道리요마는 而爲不進은 愛欲所纏이니라 然而不歸山藪修心이나 隨
인수불욕귀산수도   이위부진   애욕소전   연이불귀산수수심   수

自身力하야 不捨善行이어다 自樂을 能捨하면 信敬如聖이요 難行을 能行하면 尊重如
자신력   불사선행   자락 능사   신경여성   난행 능행   존중여

佛이니라 慳貪於物은 是魔眷屬이요 慈悲布施는 是法王子니라.
불   간탐어물   시마권속   자비보시   시법왕자

〔字解〕 歸 돌아갈귀・보낼귀・시집갈귀・마칠귀・뜻귀, 온길을 감. 藪 수풀수, 또 처사가 은거하는
시골・초목이 우거진 습지. 進 나아갈진・다가올진, 앞으로 나아감. 纏 얽을전・감을전. 樂 풍류악・즐
길락・좋아할요. 重 무거울중・더딜중・거듭할중. 慳 아낄간, 인색함. 物 만물물・물건물・일물, 천지
사이에 존재하는 온갖 물건・사실・종류・재화. 魔 마귀마・마술마, 몸에 밴 좋아하는 버릇. 眷 돌아
볼권・겨레붙이권. 屬 이을촉・돌볼촉・속할속・살붙이속・엮을속・마침속・연속함・부착함・품음・접근

布 베포・무명포・펼포・널리 알림・벌려 놓음. 불교에서는 「보」로 발음함. 施 베풀시・전할시, 차림・시행함. 王 임금왕・왕성할왕・천자, 우두머리. 子 아들자・새끼자・열매자・종자・금리・남자의 미칭.

【講義】 「人誰不欲歸山修道 而爲不進 愛欲所纒」이라 함은 어느 사람이나, 누가(人誰) 산에 들어가서 애욕(愛欲)에 얽힌 때문이라(所纒)는 뜻이며, 「然而不歸山藪修心 隨自身力 不捨善行」이라 함은 그러나(然而) 산 수풀에(山藪) 돌아가(歸) 마음을 닦지는(修心) 못하지만(不) 자신의 능력을(自身力) 따라(隨) 선행을(善行) 버리지 말라(不捨)는 뜻이며, 「自樂能捨 信敬如聖 難行能行 尊重如佛」이라 함은 자신의 낙을(自樂) 능히 버리면(能捨) 믿고 공경하기를(信敬) 성인처럼 하고(如聖) 하기 어려운 행을(難行) 능히 행하면(能行) 부처처럼 존중 된다(尊重)는 뜻이며, 「慳貪於物 是魔眷屬 慈悲布施是法王子」라 함은 물건을(於物) 아끼고 탐하는 것은(慳貪) 이 마귀의(是魔) 권속이고(卷屬) 자비한 마음으로(慈悲) 베풀어 주는 것은(布施) 이(是) 법왕의 아들이라(法王子)는 뜻이다.

수도하는 것의 목표는 거룩한 인격자(人格者)가 되는 데 있고 생사의 속박을 벗어나서 절대(絶對)의 해탈(解脫)을 성취하는 데 있는 것이니 누구나 이것을 원하지 않는 사람은 없다. 하지만 처자와 재산과 명예 등의 애욕에 얽히어 그것을 버릴 수 없으므로 실행에 옮기지 못할 따름이다. 그러나 출가입산(出家入山)하지 못하여 세속에 몸을 담고서라도 그 형편과 능력을 따라 열가지 착한 일을 비롯하여 독경(讀經) 참선(參禪)에 이르기까지 불법 배우는 마음을 소홀히 하지 않아야 한다. 그러니 출가한 행자(行者)는 세속을 뒤돌아보지 말고 오로지 욕락(欲樂) 잊어버리고 어려운 고행을 용감하게 참고 견디어 정진하라 하신 것이다. 물론 세속에 있으면서도 큰 도를 성취할 수 있고, 부처님 당시나 그 어느 때나 재가 불자 가운데 큰 도인(道人)들이 있는 것이 사실이며, 따라서 세속에서의 불법 수행도 적극적으로 권장돼야 할 것이다. 더우기 수도의 차원(次元)이 높아지면 조용하고 시끄러운 것을 차별해서는 안되며 시장 한복판에 있더라도 깊은 산 돌굴에 있는 것과 조금도 다를 것이 없어야 하며 설사 총알이 비오듯하고 대포가 쏟아지는 가운데서라도 능히 삼매(三昧)에 들 수 있어야 할 것이다. 그러나 이런 경지는 적어도 객관의 대경(對境)에 나의 감각 기관인 六根(근)이 전혀 동요되지 않는 무위(無爲)의 반야공(般若空)을 체득(體得)한 뒤가 아니면 얻어지기 힘든 일이며, 범부 중생으로서는 되어질 수 없는 일이며, 더우기 초학자에게 그런 식의 수행을 권고한다면 크게 그르칠 것이다. 여기서는 처음으로 마음을 일으켜 출가 수행하려는 초학인(初學人)을 위해 쓰인 글이므로 발심수행(發心修行)의 기본을 말하는 대문이라 하겠다. 따라서 본문 해석에 있어서, 「누구든지 깊은 산에 수도하여 훌륭한 인격을 갖추고 싶지만, 애욕으로 끊을 수 없어서 실현하지 못하는 것이 애처로울 따름」이라는 단순한 출가구도(出家求道)를 권장한 글이라 할 것이다.

누구에게 출가구도에 대한 진리탐구에의 욕망이 있기 때문에 향락을 버리고 애정을 끊은 이를 보면 자연히 성인처럼 공경하는 마음을 내게 되고, 온 중생을 위해 하기 어려운 고행을 하고 봉사하는 사람에게는 부처님에게나 다름없이 귀의(歸依)하는 마음을 일으키게 된다. 다만 겉으로만 출가하고 마음으로는 출가하지 못한 위선적(僞善的)인 수도인이 많기 때문에 대중들은 속으로는 존경하고 따르고 싶어도 믿고 싶은 그 마음을 마음대로 낼 수 없을 뿐인 것이다. 그러므로 수행을 하지 않으면서 존경받고 싶어하고 시물(施物)이나 많이 받으려고 하는 것은 하지 않는 것보다도 죄가 더 크다고 할 수도 있다.

보시(布施)라 함은 거지에게 동전 한푼 베푸는 것에서부터 남을 위해 생명을 바치는 일에 이르기까지 모든 것을 베푸는 것을 뜻하며, 반드시 재물에 한해서 일컫는 말은 아니다. 따라서 자기의 영달을 위해서 남을 돌보지 않고 다른 사람을 짓밟아가며 자기의 권세에만 흡흡하는 것은 마귀의 권속일 수 밖에 없으며, 이웃과 동포를 위해서는 나의 모든 것, 재산·명예·권세·육신까지라도 아무 조건없이 바치는 것이 부처님의 참 아들인 보살(菩薩)의 보시행(布施行)이다. 범부중생으로서 이렇게는 어렵다 하더라도 재물을 간탐하고 어려운 이웃을 도울 줄 모른다면, 이것을 어떻게 출가한 불자의 마음씨라 하겠는가?

布施에 세가지가 있다. 첫째 재시(財施)니 재물을 남에게 주는 것을 말하고, 둘째 법시(法施)니 불법을 남에게 가르쳐 줌으로써 마음의 광명을 베푸는 것이며, 셋째는 무외시(無畏施)니 재난(災亂)을 당하여 공포에 떨고 있는 이에게 두려움이 없게 해주는 보시를 말한다.

法王子라 함은 법왕의 아들이란 말이니, 곧 부처님의 아들 부처님의 제자라는 뜻이다. 부처님은 진리의 왕이시고 마음을 깨달아 일체의 (진리를) 깨달아 일체지(一切智)·일체종지(一切種智)·깨달음과 행이 이 원만한 이(覺行窮滿)·지혜와 복덕이 구족하신 어른(福慧兩足)이므로 진리의 법왕이시며, 하느님 가운데 하느님이시고, 성인 중의 성인이기 때문에 법왕(法王)이라고 한 것이다.

자기의 근본 마음을 등지고 객관 경계에 이끌려 사는 것이 중생인데, 그러나 범부중생을 마음의 본성에서 울려 오는 한가닥 양심(良心)은 가지고 있는데 대해 마왕(魔王)은 객관 경계에만 치우쳐서 마음을 전해 등지고 오직 十악의 죄악적인 행동만을 하는 자이다. 부처님은 마음의 본바탕이 환히 들어나서 마음 그대로의 말과 행동을 하는 분이시며, 보살은 부처에 가까운 분을 가리킨다. 비유컨대 구름 한 점 없이 날이 맑아서 햇볕이 쨍쨍 난 것을 마음의 자성(眞如自性)이 남김없이 들어난 것으로 비유하여 부처님의 경지로 말할 수 있고, 엷은 구름이 살짝 가리어 햇볕이 나기는 났지만 백프로로 쨍쨍난 것으로 볼 수는 없는 상태는 진여자성이 들어났지만 무엇인가 가리어져 있는 상태를 보살님의 경지로 비유할 수 있으며, 사방에 구름이 덮였는데 자기가 서 있는 곳만 빤짝하게 볕이 드는 상태를 성문 연각의 경지로 비유되며, 날이 완전히 흐려서 비가 내리고 쏟아지지만 날이 어두워질 정도는 아닌 상태는 마음의 바탕이 흐리기는 했지만 아직 자성을 온전히 등진 것은 아닌 중생의 생활에 비유할 수 있으며, 날도 흐리고 비올 뿐 아니라 달도 없는 그믐밤이나 낮이라 해도 일식(日蝕)하는 때의 깜깜한 상태로서 진여자성을 전혀 등진 마왕(魔王)의 경지에 비유될 수 있다. 그러나 마왕이나 중생이나 불보살이 다 같이 마음을 떠나서 있는 것은 아니며, 진여자성을 등졌다 하여 마음 밖의 별 세계에 나가서 존재할 수는 없는 것이니, 마음을 떠난 생명은 존재할 수 없기 때문이다. 다만 마음을 잘 못써서 악업을 짓고 무한한 겁을 두고 받아야 할 끝없는 지옥고(地獄苦)의 씨를 뿌린 것과 진여자성 그대로의 마음을 써서 일체의 어두움, 피로움의 생사병노 등을 해탈하여 온 중생을 건지는 것과의 차이가 있을 뿐이다.

〔本 文〕

高嶽峩巖은 智人所居요 碧松深谷은 行者所棲니라 飢殮木果하야 慰其飢腸하고 渴
고악아암   지인소거   벽송심곡   행자소서   기찬목과   위기기장   갈

飮流水하야 息其渴情이니라 喫甘愛養하여도 此身은 定壞요 着柔守護하여도 命必有
음유수   식기갈정   끽감애양   차신   정괴   착유수호   명필유

終이니라 助響巖穴로 爲念佛堂하고 哀鳴鴨鳥로 爲歡心友니라 拜膝이 如氷이라도 無
종   조향암혈   위염불당   애명압조   위환심우   배슬   여빙   무

戀火心하며 餓腸이 如切이라도 無求食念이니라 忽至百年이어늘 云何不學이며 一生이
연화심   아장   여절   무구식염   홀지백년   운하불학   일생

幾何관대 不修放逸고
기하 불수방일

높은 산과 솟은 바위 지혜로운 이 살 곳이요, 깊은 산골 푸른 숲은 닦는 이의 처소로다.
나무열매 풀뿌리로 주린 배를 위로하고, 맑은 샘과 흐르는 물 마른 목을 적셔 주네.
잘 먹어서 길러 봐도 이 몸 끝내 무너지고, 비단으로 보호해도 이 목숨 끝이 있네.
울려 주는 바윗굴로 염불 법당 도량 삼고, 슬피 우는 새 소리로 즐거운 벗 짝을 하여
어느 무릎 예배할 제 불 생각이 전혀 없고 주린 배가 끊어 져도 먹을 생각 하여
번쩍하면 백년인데 안 배우고 어이하며, 한 평생이 얼마이기 닦지 않고 방일할까.

【字解】嶽 큰산악, 크고 높은 산. 峩 높을아・메아, 산이 험준함. 巖 바위암・가파를암. 碧 옥돌벽・푸를벽, 색이 푸른 옥・아름다운 돌. 松 소나무송. 谷 골곡・막힐곡, 산 사이의 들어간 부분. 撲 깃들일서・살서, 깃들이고 산다는 뜻. 果 실과과・과단성 있을과. 飢 주릴기・굶길기・흉년들기. 殲 저녁밥손・지을손. 木 나무목, 선나무. 慰 위로할위・위안할위. 渴 목마를갈・마를갈, 목이 마름・고갈함. 其 그기・어조사기. 膓 창자장・마음장, 대장과 소장으로 나눔. 喫 먹을끽・마실끽. 甘 달감・달게 여길감. 養 기를양・가려울양・봉양・전하여 잠시의 뜻으로 쓰임. 息 숨식・쉴식・번식할식・호흡. 壞 무너질괴・헐다・파괴하다・무너지다의 뜻. 命 목숨명・운수명・가르침명・명할명. 助 도울조・구실조. 穴 움혈・덩이혈・굴혈・구멍혈, 동굴・뚫어지거나 파낸 자리. 哀

슬퍼할애・민망히 여길애・복애。鳴 울명・부를명、새가 소리를 냄。鴨 오리압・안압류에 속하는 새의 일종。鳥 새조。歡 기뻐할환、즐거워 함・희열・즐거움。拜 절배・받을배。膝 무릎슬。忽 홀연홀・소홀히할홀・그리움련、사모함・그리워 하는 마음。餓 주릴아・굶길아、대단히 굶 주림。戀 그리워할련・잊을홀、돌연・탐탁히 여기지 아니함・망각함。百 일백백、열의 열배・모든 또는 다수의 뜻。年 해년・나이년、시대・때。何 어찌하・무엇하。幾 벌미기・기틀기・거의기・얼마기・어찌기。逸 잃을일・달릴일・즐길일。

【講義】 「高嶽峩嚴 智人所居 碧松深谷 行者所棲」라 함은 높은 산(高嶽) 바위 밑은(峩嚴) 지혜로운 사람이(智人) 살 곳이요(所居)、푸른 솔나무 있는(碧松) 깊은 산골이야말로(深谷) 수행하는 이가(行者) 길들일 만한 곳이라(所棲)는 뜻이며、「飢殍木果 慰其飢腸 渴飮流水 息其渴情」이라 함은 배가 고프면(飢) 나무 열매를(木果) 먹고(殍) 주린 창자를(飢腸) 위로해 줄 것이며(慰)、목마를 때면(渴) 흐르는 냇물을(流水) 마시어(飮) 타는 마음을(渴情) 쉬라(息)는 뜻이며、「喫甘愛養 此身定壞 着柔守護 命必有終」이라 함은 맛 있는 음식을 먹여서(喫甘) 애착해 길러 봐도(愛養) 이 몸은(此身) 결정코(定) 무너질 날이 있게 마련이고(壞) 부드럽고 좋은 옷을 입혀서(着柔) 지키고 보호해 봐도(守護) 목숨은(命) 반드시(必) 끝남이 있다(有終)는 뜻이며、「助響嚴穴 爲念佛堂 哀鳴鴨鳥 爲歡心友」라 함은 메아리 울려 주는(助響) 바위 굴로(嚴穴) 염불당(念佛堂)을 삼고(爲) 슬피우는(哀鳴) 오리와 새로(鴨鳥) 마음을 기쁘게 하는 벗을(歡心友) 삼으라(爲)는 뜻이며、「拜膝如氷 無戀火心 餓腸如切 無求食念」이라 함은 부처님께 절하는

무릎이(拜膝) 추워서 얼어 붙더라도 (如氷) 따뜻한 불 생각을(火心) 마음에 두지 않고 밥을 굶어 주린 창자가(餓腸) 끊어질듯 고파 오더라도 (如切) 먹을 것 찾아 헤매는 마음이(求食念) 없다는(無) 뜻이며, 「忽至百年 云何不學 一生幾何 不修放逸」이라 함은 문득·갑자기·홀연히(忽) 백년이 다가 오는데(至百年) 어찌(云何) 배우지 아니하며(不學) 일생이(一生) 얼마나 되기에(幾何) 닦지 아니하고 (不修) 방일하는가(放逸)라는 뜻이다.

번뇌망상을 쉬게 하기 위해서는 먼저 객관세계의 자극 인연을 정리해야 되므로 일차적으로는 깊은 산 맑은 공기 속에 고요하게 마음을 갈아 앉혀야 할 것이니, 슬기롭게 수행하는 이라면 모름지기 이런 곳에서 춥고 배고픈 것을 이겨내라 했다. 진수성찬 좋은 음식과 호화스러운 주택에 사치스럽게 살아 봤자 그것은 끝내 육신(肉身)의 노예로서 일생을 바친 것이니 「참나」(眞我)를 위해 사는 생활이 아니라는 말씀이었다.

흔히 속된 생각으로 건강한 신체에 건강한 정신이 있고 건강한 신체는 위생적인 관리와 영양있는 음식을 잘 섭취(攝取)해야 된다고 생각한다. 그러나 사실 육체의 건강만 해도 잘 먹는데 매여 있는 것이라기 보다는 마음의 자세에 있는 것이며 더우기 어려운 환경을 극복해 나가는 데는 단련이 무엇보다도 좌우하는 것이다. 그러므로 평소에 훈련이 잘 되고 피와 땀을 많이 흘린 군대와 같은 조건에서라면 반드시 강력한 전투력(戰鬪力)을 갖는다고 하는 이치도 다 이 때문이다. 잘못 먹어서 그것이 영양실조(營養失調)가 되어 죽는 것이 아니라 잘못 먹으면 영양이 부족하여 죽는다는 생각이 사람을 죽게 하는 것이다. 정신 이상(精神異狀)이 된 사람은 열흘을 굶고 한달 두달을 굶으면서 잠도 자지 않지만 보통 사람 한 둘이서는 그 한 사람을 당하지 못한다. 그러나 정신이 전전한 사람은 한달만 굶으면 죽을 것이며 일주일만 잠을 못자도 정신을 잃고 죽게 된다. 그것은 굶으면 몸이 허약해져서 죽고 잠을 못자면 피로독소(疲勞毒素)가 겹쳐서 죽인 것이고 결코 열흘 굶었다고 죽는 것은 아니다. 정신 이상이 된 사람은 자기가 밥을 굶었는지 잠을 안 잤는지에 대한 집착이 없기때문에 뒤져서 주어 먹고 다리밑 나무광 같은 불결한 곳에서 숙식을 하며 사는 걸인(乞人)이나 정신이상자가 있다. 세균 덩어리의 쓰레기가 잔뜩 묻은 음식을 주어 먹는 거지를 흔히 보지만 그들은 식중독을 일으켜 죽거나 전염병으로 죽는것 같지는 않았다. 위생학적(衛生學的)으로 따지면 그들은 곧 죽어야 할텐데 꼭 그런 것만은 아니니, 그렇게 먹으면 큰일 난다는 생각에 지배되는 사람에게만 적용된다 하겠다. 육체와 물질계의 원리를 초월하여 현상계를 지배하는 초육체적(超肉體的)·초물질적(超物質的) 영역(領域)의 정신세계를 우리는 흔히 경험한다. 예컨대 태권도(跆拳道) 같은 정신통일을 수반하는 무술 수련의 경우에도 물리적(物理的)인 원리를 초월하여 나타나는 현상을 얼마든지 본다. 전자 사진기 같은 것을 이용해서 엄밀한 측정을 해 보면 이마나 손이 돌에 닿기전에 이미 돌은 깨지고 있다는 것이다. 따라서 이런 현상은 단순한 물리적 원리만으로는 설명되지 못한다. 이 몸둥이는 믿을 것이 없고 마침내 죽어 없어지고 말 헛된 거짓 존재일 뿐아니라 모든 두려움의 근원이고 피로움의 씨앗이며 모든 죄악의 근본이 된다는 다음과 같은 경의 비유 말씀이 있다.

『한 없는 아득한 옛날에 정진력(精進力)이라 이름하는 한 비구가 있었다. 그는 다섯가지 신통(五佛神通)을 얻어서 법력(法力)이 높은 비구였다. 산속 나무아래 살면서 고요히 깊은 도를 닦고 있었는데 네 마리의 금수가 그 비구를 의지하여 도심을 일으켜서 항상 편안함을 얻었다. 그 네 마리의 짐승은 가마귀·비둘기·독사·사슴이었다. 그들은 낮에는 돌아다니며 음식을 구해 먹었고 밤에는 돌아와서 잠을 자고 했는데 하루 저녁에는 이런 말들을 했다.

「이 세상에 어떤 피로움이 가장 큰 피로움이냐?」고 물었다. 까마귀가 말하기를 「목 마르고 배 고픈 것이 가장 큰 피로움이다. 배가 고플 적에는 몸이 마르고 두 눈이 어둡고 마음이 편하지 못하여, 마침내는 우리를 잡는 그물이나 칼날을 잘 살피지도 못하여 망치게 되는 것도 다 배고픔 때문이 아니겠는가? 그러므로 배고픈 것이 가장 큰 피로움이 되는 것이다.」라고 했다.

그러자 비둘기는 말하기를, 「음욕이 제일 큰 피로움이다. 색욕이 치성할 적에는 아무것도 돌아 보지 않고 몸을 위태롭게 하고 목숨을 죽이게 되는 것이니 이것이 다 색욕 때문이 아닌가?」라고 했다. 그러자 독사는 말하기를 「성 내는 마음이 가장 큰 피로움이다. 한번 심한 성이 일어나면 친소를 가리지 않고 능히 사람을 죽이며 또한 자살까지 하게 된다.」고 했다. 마지막으로 사슴이 말했다. 「놀라는 것이 제일 큰 피로움이다. 내가 숲속에 있을 때 항상 마음을 조리며 사냥꾼과 호랑이 이리같은 짐승을 두려워 하면서 무슨 소리만 나면 놀라서 달리다가 구렁이나 높은 벼랑에서 떨어져 부모와 자식이 서로 이별하게도 되고 간담이 흔들리어 죽게도 되나니 이로써 보면 놀라는 것이 제일 큰 괴로움이라고 생각한다」고 말했다.

비구가 그 말을 듣고 대답하기를, 「너희들이 말한 것은 다 지엽적(枝葉的)인 얘기에 불과하다. 그보다도 근본적인 것을 생각해 보면 천하에 괴로운 것은 몸뚱이에 지나지 않는다. 이 몸뚱이의 그릇이어서 한량없는 괴로움을 낳는 씨앗이 되느니라. 나도 이러한 까닭에 세속을 버리고 큰 도를 배워서 번뇌 망상을 끊으려 하는 것이며 몸을 탐착하지 않고 괴로움의 근원을 없애고자 하는 것이니! 오직 이 몸이란 큰 괴로움의 근원이 되는 것이다」라고 하였다」고 했다. 그래서 경에 말씀 하기를 「큰 환난은 몸보다 더 큰 것이 없다」고 하셨다.

따라서 모든 괴로움의 근원인 이몸뚱이의 무상함을 깊이 깨닫고 세속의 인연을 등지고 현상계의 모든 것을 다 헛것으로 보며 오직 일체유심조(一切唯心造)의 마음 법을 깨우치고자 출가수행하는 불도자(佛道者)로서는 육체로 인한 모든 난관을 오직 정신력으로 이겨 나아갈 군은 결의가 필요하다. 선정삼매(禪定三昧)에 든 종사(宗師)님네의 발자취로 볼때 주리고 추운 육체의 고통을 불법탐구(佛法探究)의 신심(信心)으로 이겨 내고서야 높은 도를 성취했고 위대한 마음의 힘·큰 법력(法力)이 들어났음을 우리는 보았다. 배부르고 편안하게 하여 몸뚱이에만 얽매인 이로서 큰 도를 성취했다 함은 일찌기 들어 볼 수 없으니, 육체의 노예가 되면 온갖 좋지 못한 본능(本能)이 치성(熾盛)하게 되므로 이것이 마음을 가리어 마음의 바탕이 들어날수 없고 성품을 발견할 수 없게 되기 때문이다.

그리하여 석존(釋尊)도 설산(雪山)에 六년 고행(苦行)을 보이셨고 달마조사(達磨祖師) 또한 소림굴(少林窟)에서 구년면벽(九年面壁=벽을 향해 앉음)을 하였으며, 二조 혜가대사(慧可)는 팔을 잘라 신심(信心)을 표하셨고 역대조사(歷代祖師)가 다 난행고행(亂行苦行)을 하셨던 것이니, 이것은 오직 구법(求法)으로서의 수행자세이고 고행주의자(苦行主義者)들의 그것과는 커다란 차이가 있음을 명심할 일이다. 고행주의자들의 그것은 고행을 한 댓가로 그만큼한 복락(福樂)을 받게 된다는 맹목적(盲目的)인 고행(苦行)이고 고행을 위한 고행이기 때문이며 불교에서와 같이 인생의 근본 바탕을 깨닫기 위한 수행으로서의 고행이 아니기 때문이다.

제二절 참된 수행자가 되라

〔本 文〕

離心中愛를 是名沙門이요
이심중애 시명사문
不戀世俗을 是名出家니라
불연세속 시명출가
人戀懷는 蝟入鼠宮이니라
인연회 위입서궁
雖有才智나 居邑家者는 諸佛이 是人에 生悲憂心하시고
수유재지 거읍가자 제불 시인 생비우심
設無道行이나 住山室者는 衆聖이 是人에 生歡喜心하나니라
설무도행 주산실자 중성 시인 생환희심

【字解】 名 이름명・글자명. 羅 그물라・비단라・두를라. 網 그물망, 물고기 새등을 잡는 기구. 狗 개구, 가축의 하나. 被 이불피・겉피・덮을피・입을피. 蝟 고슴도치위, 쥐몸에 가시털이 나 있음. 鼠 쥐서・근심할서. 宮 집궁・대궐궁. 才 재주재・바탕재・겨우재. 居 살거・있을거. 邑 고을읍・영지읍, 많은 사람이 모여 사는 곳. 憂 근심우・병우・가엾게 여길우・걱정・불쌍히 여김. 設 베풀설・설령설, 늘어 놓음, 가령. 住 머무를주・그칠주. 室 집실・아내실・굴실. 喜 기쁠희・좋아할희, 애호함.

【講義】 「離心中愛 是名沙門 不戀世俗 是名出家 行者羅網 狗被衆皮 道人戀懷 蝟入鼠宮」이라 함은 마음 가운데 애착을(心中愛) 여읜 것을(離) 이것을(是) 사문이라 이름하고(名) 세속을 그리워 하지 않음을(不戀世俗) 이것을 이름하여(是名) 출가라 한다(出家). 수행하는 이가(行者) 애욕에 얽히는 것은(羅網) 개에게(狗) 코끼리 가죽(象皮) 입힌 격이며(被) 도인이(道人) 연정을 품는 것은(戀懷) 고슴도치가(蝟) 쥐구멍에(鼠宮) 든 격이라(入)는 뜻이며, 「雖有才智 居家邑者 諸佛是人 生悲憂心 設無道行 住山室者 衆聖是人 生歡喜心」이라 함은 비록(雖) 재주와 지혜가(才智) 있다 해도(有) 사람들이 많이 모여 사는 시끄러운 도시 집에(邑家) 살면(居) 부처님들께서(諸佛) 이 사람에게(是人) 슬퍼하고 걱정하는 마음을(悲憂心) 내며(生) 설사(設) 도닦는 행이(道行) 없을지라도(無) 산집에 살면(山室) 뭇

성인이(衆聖) 이 사람에게(是人) 환희하는 마음을(歡喜) 내느니라.

사문(沙門)이라 하면 43·44페이지에서 설명한 것처럼 출가자(出家者)를 총칭하는 말이다. 출가한 공덕에 대해 현우경(賢愚經)의 부처님 말씀에, 「출가한 공덕이 크다. 만일 남녀노비(男女奴婢)를 출가시키거나 백성을 출가시키거나 자기 몸이 출가하여 도를 닦는 사람이 있다면 그 공덕이 한량없어 비유로서 견줄수 없느니라. 그 공덕은 「수미산(須彌山)보다 더 높으며 큰 바다보다도 더 깊고 허공보다도 더 넓으리라. 왜냐하면 출가함을 반연해서 필연적으로 불도를 이루게 되는 때문이니라」라고 하셨다.

석가세존(釋迦世尊)의 출가를 보면 출가하게 된 동기를 단적으로 표현하여 四문유관(四門遊觀)으로 표현하고 있다. 四문유관이란 태자(太子)로 계실 때 성(城)의 四대문을 구경나가셨다가 인생의 네가지 큰 고통을 보시고 발심(發心)하여 출가하셨음을 말한다. 곧 동문에서는, 기운이 없어 눈이 짓물러 있고 콧물을 흘리면서 등이 굽고 걸음을 걷지 못해 지팡이에 의지하여 겨우 몸을 가누는데 숨이 턱에 다서 헐떡거리는 노인을 보고 인생이란 결국 저렇게 늙고 쇠하는 처참한 끝을 면하지 못할 것이며 그렇게 되면 머지않아 곧 죽을 것이란 큰 근심을 가슴 깊이 느꼈다. 이것을 동문(東門)의 노봉노인(路逢老人)이라 한다.

다음날 남문(南門)에서는, 몸이 파리하고 얼굴은 아프다 못해 시들었으며 아픔을 이기지 못하여 앓는 신음 소리가 심한데 남에게 몸을 의지하여 겨우 지탱하는 가엾은 모습을 보시고 늙어 병이 들면 저렇게 먹지 못하고 담이 끓으며 걸음을 걷지 못하고 목숨이 경각에 매여 있구나? 이 세상은 참으로 고해(苦海) 중에 고해로다! 하시고 답답함을 금치 못하시었다. 다음날은 다시 서문(西門)으로 나가시었다. 거기서는 상가(喪家)에서 상주와 친척이 모여 앉아 시체를 부여 잡고 슬피 우는 형상을 보셨다. 그리고 사람의 목숨이란 물위에 부평과 같고 풀끝에 맺힌 이슬이니 만사가 무상하고 꿈같아서 하나도 진실됨이 없도다! 하고 더욱 슬퍼하셨다. 넷째 날에는 북쪽 문으로 나가셨다. 거기서는 선풍도골(仙風道骨)에 머리를 깎고 출가 수도하는 도인과 문답을 나눈 뒤 세간(世間)의 은애(恩愛)를 떨치고 깊은 산에 출가하여 모든 본능을 조복(調伏) 받고 큰 깨달음을 성취하여 생사해탈(生死解脫)을 이루어야 하리라고 다짐했다고 한다.

이상은 석가모니부처님께서 출가하신 동기를 간략히 소개한 것인데 범부 중생들의 출가의 뜻을 일깨워 주기 위해 보이신 것이라고 하겠다.

羅網은 본래의 뜻은 보배 구슬을 꿰어 만든 그물로서 장식하는 기구를 뜻한다. 그래서 첫째 하늘인 도리천(忉利天) 천주(天主=하느님)의 궁전 골 제석전(帝釋殿)의 보궁(寶宮)을 꾸미는데 쓰이는 나망(羅網)을 제망(帝網)이라고 한다. 이 나망은 낱낱의 그물 코마다 보주(寶珠)를 달았는데 나망의 크기가 엄청나서 코마다 달린 구슬은 수도 없이 많다. 그런데 낱낱의 코마다 달린 구슬 속에 비친 구슬까지 서로 서로 비침이 무진하므로 이것을 제망중중(帝網重重)이라 한다. 그러므로 이 제망은 제석궁전을 장엄하는데 비침이 투명하게 잘 비치며 또다른 구슬이 비친 구슬에는 다른 구슬이 아주 큰 역할을 하며 따라서 나망은 무엇을 화려하게 장식을 뜻한다. 그래서 본 문장에서는 비단 옷을 입고 호화롭게 꾸미는 것을 뜻하며 또한 세상의 인정에 끄달리는 것을 뜻한다. 따라서 수행하는 이가 좋은 옷을 입고 생활도구등의 물자를 사치하면서 세상 인정에 끄달리면 개에게 코끼리 가죽을 입힌 것과 같다는 것이니, 코끼리는 짐승 가운데 왕인데 개는 값없는 짐승이기 때문이다.

入鼠宮은 고슴도치는 몸에 바늘 같은 가시털이 있어서 쥐구멍에 들어가기는 쉬워도 나오기는 어렵다고 하는 뜻이며 따라서 고슴도치가 쥐구멍에 든 것은 고생길로 잘못 들어가서 낭패 당했다는 뜻이다. 그러므로 도인으로서 세속적인 애정을 마음 속에 품는다면 비단 여자에 대한 애정뿐 아니라 부모·친척·친구에 대한 애정까지라도 세속적인 정서를 마음 속에 지니고 있으면 안된다는 것이다.

또한 수도에 장소가 따로 없고 불법에 승속의 구별 없다 하지만 그러나 세속은 보는것 듣는 것등 살림살이의 일거일동에 물들지 않을 수 없는 자극이 많고, 산간은 자연의 싱그러움으로 마음을 서늘하게 씻어 주는 힘이 있으므로 성인께서 번화하고 복잡한 마을에 사는 것을 걱정하시고 산간에 사는 사람은 잘못 될 일이 적으므로 안심하신다는 뜻이다. 이에 대해 대승경(大乘經)에 기록돼 있는 말씀을 소개하기로 한다.

『어떤 사람은 세속에 있지만 부처님 가르침을 잘 수행하며 마음이 어질고 겸양(謙讓)하고 신순(信順)하는 마음이 있다. 이것은 다 전생에 선근(善根)을 심어서 자연히 도와 더불어 부합되는 때문이다. 또한 이와 반대로 출가한 사람 가운데도 계율(戒律)을 어기고 성인의 거룩한 말씀을 배우지 않는

아가 있으니 이런 사람은 속인과 조금도 다름이 없는 것이다. 그러나 승속(僧俗)이 다르고 범죄(犯罪)
도 다르며 마음이 밝고 어두움이 다르다. 그러므로 출가한 사람은 잘못이 있다 하더라도 대개 큰 악
을 저지르는 것이 아니며 마음에 잘못을 깨달아 참회하면 문득 깨끗해 지기가 쉬운 것이다. 그러나
속세에서는 잘못을 뉘우치기가 힘들고 재색과 五욕이 집안에 꽉 차 있으며 범새가 쉬운 것이다. 그러나
기를 뜻대로 사용하게 되며 이렇게 하여 나거나 들거나 애정에 깊이 물들어 잠깐이라도 악연(惡緣)을
버리기가 어렵다. 따라서 자연히 마을 집과 출가하여 사는 것은 그 길이 다르게 되는 것이며 명암흑
백(明暗黑白)이 다른 바이다.」라고 하셨다.

그러므로 옛 어른 말씀에 「밝은 것은 어두운 것을 없애거니와 어두운 것은 밝음을 없애지 못하는
것이다. 밝은 등불은 비록 적지만 능히 큰 어두움을 없앨 수 있다고 하셨다. 이와같이 출가한 사람은
비록 적은 허물을 범했다 하더라도 본래 밝은 마음의 광명을 찾는 힘이 있으므로 어두운 허물이 자
연 소멸될 뿐 아니라 또 출가한 사람은 악업을 짓기가 육지(陸地)에서 배(舟)를 운전 하는것 처럼 쉽
지 않지만 마을 사람은 생활 자체가 허물을 일으키기가 마치 큰 바다에 배를 띄우기 처럼 손 쉬운 것
이다. 또한 반대로 출가한 사람의 도 닦기는 바다에 배를 띄우는 것처럼 쉬우나 마을 사람이 도 닦기
는 육지에서 배를 끌고 가는 것 처럼 어려운 것이다.

배는 비록 같지만 육지인가 바다 인가를 따라 늦고 빠름이 같지 않고 어렵고 쉬운것도 역시 같지 않
은 것처럼 마을집 도시에 사는 것은 나고 죽는 생사법(生死法)에는 물들기 쉽고 부처 이루는 수행은 하

기 어려웁다는 이치를 밝힌 말씀이다.

〔本 文〕

雖有才學이나 無戒行者는 如寶所導而不起行이요 雖有勤行이나 無智慧者는 欲
수유재학   무계행자   여보소도이불기행   수유근행   무지혜자   욕

往東方而向西行이니라 有智人의所行은 蒸米作飯이요 無智人의所行은 蒸沙作飯
왕동방이향서행   유지인소행   증미작반   무지인소행   증사작반

이니라 共知喫食而慰飢腸되나 不知學法而改癡心이니라 行智具備는 如車二輪이요
   공지끽식이위기장   부지학법이개치심   행지구비   여거이륜

自利利他는 如鳥兩翼이니라
자리이타   여조양익

배운 것이 많다 해도 계와 행이 없는 이는 보배 광에 인도해도 가지 않음 그와 같고
부지런히 닦는 이도 슬기로움 없을 때엔 동쪽으로 가려하나 서쪽으로 가게 되며
지혜로운 이 닦는 것은 쌀을 쪄서 밥짓기요 슬기없이 닦는 것은 모래를 쪄 밥 짓기 일세.
사람마다 밥을 먹어 주린 배를 위로 하나 불법 알지 못해 어리석음 못 고치네.
행과 지혜 다 갖춤은 두 바퀴의 수레 같고 자리 타리 함께 함은 두 날개의 새와 같네.

【解題】 導 이끌도, 인도함・가르침・다스침. 東 동녘동・봄동. 方 모질방・모방・방위방. 蒸 많을증・찔증・삼대증, 중다함・수증기 따위의 김이 올라 잠. 米 쌀미・미터미. 飯 밥반・먹을반・기름반.

共 함께공·공경할공·이바지할공. 備 갖출비·예비비·채울비. 車 수레거·수레차·잇몸차. 翼 날개익·지느러미익·처마익.

【講議】 「雖有才學 無戒行者 如寶所導而 不起行 雖有勤行 無智慧者 欲往東方而向西行」이라 함은 비록(雖) 재주와 배움이(才學) 있으나(有) 계행이(戒行) 없는 자는(無者) 마치 보배가 가득한 곳으로 인도해 줘도(寶所導) 따라가 볼 생각도 아니하는 것과 같으며, 비록(雖) 부지런히 닦음이(勤行) 있지만(有) 지혜가 없는 이는(無智慧者) 동쪽으로 가고자 하면서(欲往東方而) 서쪽으로 간다(向西方)는 뜻이고, 「有智人所行 蒸米作飯 無智人所行 蒸沙作飯 共知喫食而慰飢腸 不知學法而改癡心」이라 함은 슬기 있는 사람의(有智人) 행하는 바는(所行) 쌀을 쪄서(蒸米) 밥을 짓는 것이고(作飯) 지혜가 없는 사람의(無智人) 행함은(所行) 모래를 쪄서(蒸沙) 밥을 짓는 것이며 누구나 다 알지만(共知), 불법을 배워서(學法而) 어리석은 마음(癡心) 고칠줄은(改) 알지 못한다(不知)는 뜻이다. 「行知具備 如車 二輪 自利利他 如鳥兩翼」이라 함은 계행과 지혜를(行智) 다 함께 갖추면(具備) 차에(車) 두 바퀴가(二輪) 있는것 같고 자기도 이롭고(自利) 남도 이롭게 하는 것은(利他) 새에게(鳥) 양쪽 날개(兩翼)가 있는 것 같다(如)는 것이다.

재주가 있고 배움이 많다 해도 계행(戒行)이 없으면 몸에 병이 들어 보물 있는 곳을 알기는 해도 갈 수 없는 것과 같다. 예컨대 부모에게 효도를 하는 것은 일만 행의 근본이 되므로 효를 하지 않으면 큰 복을 받을 수 없다. 이때에 효도를 해야 되는 줄은 잘 알지만 그것을 실천해서 효를 하지 않으면 큰 복을 받을 수 없는 줄은 잘 알 것과 같다.

하는 것을 아는 것이 재학(才學)이고 실천하지 못하는 것은 계행이 없는 것과 같다. 반대로 부모에게 효도를 하느냐라고 하기는 하지만 어리석으면 부모의 뜻을 잘 모르므로 아플 때 시원한 옷을 드리지 못하고 아플 때 음식을 드리고 겨울에 시원한 모시 옷을 드리는 것처럼 아무리 정성으로 효도를 부지런히 한다 하더라도 효도가 될 수 없다. 그러므로 이런 경우는 동쪽으로 가지만 도리어 서쪽으로 가는 것이 된다는 뜻이다. 또 출가인의 계율에는 부모에게 효도하라는 명문(明文)이 없다고 하여 자기를 낳아서 길러준 다생의 부모에 대해 불법을 믿든지 안믿든지 나쁜 짓을 하다가 법에 걸려 죽든지 말든지 전혀 도외시하고 일부러 관심조차 가지려고도 하지 않는다면 이것은 지혜스러운 수행인의 태도가 아닌 것이다. 왜냐하면 부처님께서도 당신의 부왕(父王)인 정반왕(淨飯王)이 돌아가셨을 때 후세의 불자들에게 생존하셨을 때에도 불법에 귀의하도록 하셨고 범부들도 하지 않는 부왕의 상여를 손수 메시고 슬퍼하셨으며 효도의 모범을 보여야 한다고 하시며 효도를 지극히 하셨다. 또 경전(經典) 가운데「시방삼세의 부처님도 다 부모에게 효도를 하였기 때문에 그 공덕으로 성불(成佛)하였다」고 말씀하셨으며, 六조대사도 의지없는 그 어머니를 위해 끝까지 보살펴 드린 예가 있다. 이런 일로 미루어 볼 때, 지혜있는 불자라면 아무리 출가를 했다 하지만 부모가 나쁜 길로 떨어진다든지 죽게 된 것을 보고도 모르는척 외면만 하는 것은 지혜있는 수행이라 할 수 없는 것이다. 부모가 아니라 원수진 사람일지라도 나쁜 길을 잘못 간다든지 위급한 일을 당하면 마땅히 자비로 구해주어야 하는 것인데, 하물며 부모겠는가? 이것은 어리석어 불법을 잘 배우지 못한 소치라고 할 수 밖에 없을 것이다. 그렇다고 하여 출가한 몸으로 부모의 살림살이 걱정을 일일이 한다든지 자주 다니며 세속적인 육친의 정을 다시 일으킨다면 이것 또한 불법 닦는 이의 지혜스러운 수행이 아님은 물론이니, 이렇게 되면 마침내 계율을 깨트리게까지 될 것인 때문이다.

그러므로 지혜 있는 사람의 수행하는 것은 쌀을 가지고 밥을 짓는 것 같고 어리석은 사람의 수행은 모래를 가지고 밥을 짓는 것과 같다 한 것이며, 옛 어른들께서 계행을 지키는 것을 우리 몸뚱이의 건전한 다리에 비교했고 지혜는 밝은 눈에 견주었던 것이다. 따라서 참다운 불자라면 부처님의 법문을 배우고 선정(禪定)을 닦아서 지혜를 부지런히 닦는 한편 생명을 바쳐 계행을 철저히 지켜 나가야 할 것이다. 이것을 원효대사께서는 「행과 지혜가 구비하면 차에 두 바퀴가 달린 것 같고 새에게 두 날개가 있는것 같다」고 하셨다. 그것은 마치 눈도 밝고 다리도 건전하여 눈으로 빠질데 안빠질데 잘 보고 길인지 아닌지를 두루 살피면서 튼튼한 다리로 부지런히 가는것이 되기 때문이다. 자기도 이롭고 남도 이롭다(自利利他)는 것은 슬기가 있고 계행이 있어야 자기도 이롭고 남도 이롭게 할 수 있음을 가리킨다.

[本 文]

得粥祝願하되 不解其意하면 亦不檀越에 應羞恥乎며 得食唱唄하되 不達其趣하면
득죽축원 불해기의 역불단월 응수치호 득식창패 부달기취

亦不賢聖에 應慚愧乎아 人惡尾蟲이 不辨淨穢ㄴ달 聖憎沙門이 不辨淨穢니라 棄
역불현성 응참괴호 인오미충 불변정예 성증사문 불변정예 기

世間喧하고 乘空天上은 戒爲善梯니 是故로 破戒하고 爲他福田은 如折翼鳥-負龜
세간훤   승공천상   계위선제   시고 파계   위타복전   여절익조 부구
翔空이라 自罪를 未脫하면 他罪를 不贖이니라 然하니 豈無戒行하고 受他供給이리요
상공   자죄 미탈   타죄 불속   연   기무계행   수타공급

시주 받아 축원해도 그 참 뜻을 모른다면 공양하는 그 정성에 어찌 아니 부끄럽고
공양 얻어 염불하나 깊은 이치 못 깨치면 성현님네 높은 이계 또한 아니 죄스런가.
깨끗하고 더러움을 모르는 버리지를 사람들이 너도 나도 미워하고 싫어하듯
공부하는 사문으로 더러움과 깨끗함을 분별하지 못하는 것 성현님네 미워하네
세상 소란 저버리고 하늘 세상 가는 데는 계 지키는 사다리가 가장 좋은 방편이요,
계 지킴을 못 깨뜨리고 남의 복밭 되려 함은 날개 상한 새가 거북 업고 날음 같네,
자기 죄를 못 벗으면 남의 죄도 못 풀거니 계 지키는 수행 없이 남의 공양 어이 받나.

【字解】 粥 죽죽・팔죽죽, 미음 또는 묽은 죽. 解 풀해・흐트릴해, 육십사괘의 하나. 意 뜻의・마음의
발동・생각・의심을 품음 檀 박달나무단・단향목단, 향나무의 총칭. 唱 부를창・노래창. 達 통할달・달
할달, 꿰뚫음. 趣 주장할취・향할취・뜻취. 慚 부끄러워할참. 부끄러울참. 愧 부끄러워할피,
수치를 느낌. 尾 꼬리미・끝미・별이름미. 蟲 벌레충. 穢 거칠예・더럽힐예・더러울예. 棄 버릴기,
내버림・돌보지 아니함. 喧 떠들썩할헌, 시끄러움・어린애가 그치지 않고 계속 우는 모양. 破 깨질파・가를파. 龜 거북귀, 거북껍데기귀・파충의
리제・기댈제. 故 일고・예고・연고고・죽을고. 梯 사다

【講義】 「得粥祝願 不解其意 亦不檀越 應羞恥乎 得食唱唄 不達其趣 亦不賢聖 應慚愧乎」라 함은 죽을 얻고 곧 시주를 받고서 (得粥) 축원해 주더라도 (祝願) 알지 못하면 (不解) 또한 (亦) 시주에게 (檀越) 뻑뻑이. 당연히 (應) 창피하지 아니하며 (羞恥乎), 밥을 얻고 곧 공양 받고 (得食) 범패를 하지만 (唱唄) 그 취지를 (其越) 통달하지 못하면 (不達) 또한 (亦) 성현님께 (賢聖) 죄스럽고 부끄럽지 아니하냐 (慚愧乎)는 뜻이다. 「人惡尾蟲 不辨淨穢 聖憎沙門 不辨淨穢 棄世間喧 乘空天上 戒爲善梯」라 함은 사람이 (人) 구더기 버러지가 (尾蟲) 깨끗하고 더러운 것을 (淨穢) 분별하지 못함을 (不辨) 싫어하듯이 성인께서도 (聖) 승려·사문이 (沙門) 깨끗하고 더러움을 (淨穢) 분별하지 못함을 (不辨) 미워하시며, 세상의 시끄러움을 (世間喧) 버리고 (棄) 높은 하늘나라에 (空天上) 올라가는 데는 계율이 (戒) 좋은 사다리가 (善梯) 된다 (善)는 뜻이다. 「是故破戒 爲他福田 如折翼鳥 負龜翔空」이라 함은 이런 때문에, 그러므로 (是故) 계를 파하고서 (破戒) 남의 (他) 복밭이 (福田) 된다는 것은 (爲) 날개 부러진 (折翼) 새가 (鳥) 거북이를 (龜) 업고 (負) 허공을 (空) 나는것과 (翔) 같다 (如)는 뜻이며, 「自罪未脫 他罪不贖 然豈無戒行 受他供給」이라 함은 자신의 죄를 (自罪) 벗지 못하고서는 (未脫) 남의 죄를 (他罪) 풀어주지 못한다 (不贖). 그러니 (然) 계행도 없이 (無戒行) 다른 이의 (他) 공양해 주는 것을 (供給) 어찌 (豈) 받겠느냐 (受)는 뜻이다.

계와 지혜를 부지런히 닦아서, 부처님의 참뜻 곧 내 마음을 밝혀서 축원하는 뜻이 무엇이며 중생에게 어떻게 해야 참된 구제가 되는 지를 모르고 입과 몸으로 형식적인 축원만 한다면 이것은 시주하고 불공 드리는 신도들에게 어찌 부끄럽지 않겠느냐는 뜻이며 아무리 범패를 하고 기도를 한다해도 그 본의를 알지 못한다면 속담에 염불에는 잿밥에만 생각이 있다는 속언(俗言)처럼 위선적(僞善的)인 수행과 다를 것이 무엇이겠느냐?는 뜻이었다. 부처님 때에는 멀건 미음으로 끼니를 이을 정도로 겸하(謙下)하는 거룩한 수도 생활이었는데, 이러한 위대한 수행자세를 본 받아서 오늘날까지도 우리나라의 수행사원(修行寺院)에서는 아침에는 죽을 먹고 점심 저녁만 밥을 먹는다. 하루 세때 밥만 먹으면 아무리 육식을 안한다 하지만 그래도 五음(陰=本能)이 치성(熾盛) 해지지 않을까 염려함이고 자고 일어난 속에 부담없는 죽으로 식사를 하여 정신을 좀더 맑게 하자는 뜻이리라. 이 얼마나 거룩한 제도인가? 뜻이 있는 사람이면 저절로 머리가 숙여지지 않을 수 없다. 여기서 더하면 오후불식(午後不食=저녁은 먹지 않는것)까지 하는데, 이렇게 되면 몸은 더욱 깨끗해지고 정신 또한 초인적으로 맑아지게 된다.

그러나 여기 본문(本文)의 뜻은 식사뿐 아니라 일체의 공양 시주를 받는 사문으로서 공부가 투철하지 못했으면「그 얼마나 수치스러우며 죄책(罪責) 스러운 일이냐? 아무쪼록 용맹분투하여 마음을 활짝 밝히라」는 뜻이었다. 한걸음 더 나아가 공부도 제대로 하지 못했으면서 시주에게 부끄러워 하고 성현께 두려워 하며 죄스러워할 줄도 모른다면 그리고 막행막식(莫行莫食)으로 계를 지킬줄도 모르게 되었다면 성현이 이런 사람을 마치 인간이 구데기 같은 버러지가 똥을 더러워 할줄 모르는 것을 끌보기 싫어 하듯이 미워하신다고 했다.

세간에 시끄러움을 저버리고 하늘 위로 올라간다 함은 하늘 나라 곧 천당에 간다는 뜻이 아니라 이 세상의 모든 시비거리·복잡한것·피로움거리들을 초월하여 할일을 다 마친 대장부 곧 생사대사(生死大事)의 인생문제를 다 해결한 걸림 없는 사람이 되는 것을 뜻한다고 봐야 할 것이다.

이렇게 되기 위해서는 계라고 하는 사다리를 타고 올라가지 않으면 안된다. 만일 계를 파계(破戒)했다면 다른 사람을 구제하는 일은 더욱 불가능할 것이다. 그것은 마치 날개가 있는 새도 할수 없는 거북이를 업고 나르는 것과 똑 같이 어려운 일이라는 것이다. 따라서 자신이 깨치지 못했으면 남도 깨우쳐 줄수 없는 것은 자명하다. 그러므로 계 지킴이 없다면 어떻게 시주단월의 공양을 받는 복밭(福田이 될 수 있겠느냐는 것이다.

檀越은 범어로 Danapati라 하며 음으로 옮겨서 다나발저(陀那鉢底)라 하며 번역하여 시주(施主)라 한다. 곧 다나는 베푼다는 뜻이므로 施라 했고 파티는 주인이란 뜻이므로 主라 했다. 그러므로 단월(檀越)이라 하는 단은 다나를 줄인 말이고 월이라 한 것은 가난한 것을 제도하는 공덕으로 건네어 준 다는 뜻으로 건널 월(越)자를 쓴 것이다.

福田이라 함은 복의 밭, 곧 중생이 복을 심을 수 있는 밭이고 터라는 뜻이다. 복이라고 하면 세상 사람들은 잘 먹고 잘 입고 부귀권세(富貴權勢) 누리면서 잘 사는 것만 생각하지만 그러나 이런 복은 정말 참다운 행복을 갖다주는 절대적인 복이 되지 못한다. 그렇지만 이같은 세상의 복도 뜻대로 얻어지는 것이 아님은 말할 것도 없다. 글도 문복(文福)이 있어야만 하고 벼슬도 관복(官福)이 있어야 하며 재물에 대해서는 전생(前生)에 지은 복(福)이 있어야 한다. 작은 부자는 부지런한데 있고 큰 부자는 하늘에 있다(小富在勤大富在天)고 하듯이 아무리 근검·저축을 하여도 큰 부자는 될 수가 없다. 그래서 유가의 선비들도 이런 말을 했다.

「부귀를 만일 지혜로 구할 것 같으면 공자 같은 성인은 소년때에 제후를 받았을 것 아닌가? 세상 사람은 하늘의 뜻을 모르고 부질없이 몸과 마음만 고달프게 하느니」(富貴如將智力求 仲尼年少合封侯 世人不解靑天意 空使身心半夜愁)·그러므로 금생에는 빈궁하게 살지라도 내생에는 부귀(富貴)한 사람이 되려면 금생(今生)에 미리 복(福)을 지어야 할 것이다.

통속적인 복을 짓는데 여덟가지를 든다.「첫째 큰 길에 샘을 파는 것(廣路義井), 둘째 개천에 다리를 놓는것(建造橋梁), 세째 험한 길을 평탄하게 닦아 놓는것(治平險隘), 네째 부모에게 효도 하는 것(孝養父母), 다섯째 불법승(佛法僧) 삼보를 공경하는것(恭敬三寶), 여섯째 병든 사람을 잘 간호하여 주는것(給事病人), 일곱째 가난한 사람 도와 주는것(救濟貧窮人), 여덟째 차별이 없는 큰 법회(法會)를 열어서 여러 사람에게 의복과 음식을 고루 나누어 주는것(設無差大會)」이 그것이다. 이 여덟가지 가운데 어느것이나 자꾸 실천수련하면 내생이나 금생에 복을 얻게 되므로 팔복전(八福田)이라 한다.

석가모니 부처님께서 기원정사(祇園精舍)에 계실때였다. 구석방에서 누구하나 돌봐주는 사람 없이 홀로 앓고 있는 비구에게 부처님께서 손수 죽을 쑤어 주고 약을 달여 주시면서 이렇게 말씀하셨다. 「너는 전생에도 남의 병을 돌보아 주지 않았기때문에 이승에서 너를 돌보아 주는 사람이 없느니라」고. 또 어느때 나는 복과 지혜를 갖춘 자이지만 내생의 작복을 위하여 너를 보아주는 것이 아니니라」고. 또 어느때 늙은 비구가 옷을 꿰매기 위해 바늘에 실을 꿰는데 눈이 어두어서 잘 되지 않으므로 그는 대중에게 「누가 복을 좀 지시요」하고 외쳤으나 아무도 들여다 보는 사람이 없었다. 이때 부처님께서 일부러 들어가시어서 위로하고 바늘 귀를 꿰어 주셨다. 노비구(老比丘)가 황송하여 아뢰었다. 「사람이 이렇게 늙어지면 천대꾸러기가 되오니 너무도 외로워서 못살겠읍니다」하고 한탄했다. 세존께서 말씀하시기를 「사람이 젊었다고 받들고 늙었다고 괄세하는 것이 아니다. 전생애 복을 지은 사람은 늙어도 사람이 많이 따르게 마련이고 복을 짓지 못한 사람은 젊어도 배척을 받느니라. 그러니 너도 내생에 복을 받으려거든 금생부터라도 마음으로 남을 사랑하고 원망하지 말지어다.」고 하시었다.

이와같이 모든 것이 다 복이 아니면 이루어지기 어려우니, 이와 같은 유위법(有爲法)으로 남을 도와 주는 복도 지어야 하겠고 마음을 닦아 깨쳐서 중생을 제도하는 마음의 복을 지으면 더욱 큰 복이 될 것이다. 불교에서 재물이나 몸으로 남을 도와주는 유위법적인 복을 유루복(有漏福)이라 하니 그것은 한계가 있고 정한 것이 있어서 자기가 닦는 것만큼만 받으면 복이 다하기 때문이다. 이에 대해 마음을 깨달아 얻은 복은 무루복(無漏福)이라 하는바 상대세계를 초월한 무위(無爲)의 복이므로 다함이 없기 때문이다. 그래서 금강경(金剛經)에 「한량없는 수의 몸뚱이를 다 바치어 보시를 했더라도 마음을 깨치는 법인 금강경 한 구절을 남에게 가르쳐 준 공덕에 대면 비교해 볼수도 없다」고 하셨던 것이다.

〔本文〕

無行空身은 養無利益이요 無常浮命은 愛惜不保니 望龍象德하야 能忍長苦하고
무행공신 양무리익 무상부명 애서불보 망용상덕 능인장고

期獅子座하야 永背欲樂이니라 行者心淨하면 諸天이 共讚하고 道人이 戀色하면 善神
기사자좌 영배욕락 행자심정 제천 공찬 도인 연색 선신

이 捨離하나리라 四大 忽散이라 不保久住니 今日夕矣라 頗行朝哉ㄴ저 世樂이 後苦
사리 사대 홀산 불보구주 금일석의 파행조재 세락 후고

어늘 何貪着哉며 一忍이 長樂이어늘 何不修哉리요 道人貪은 是行者羞恥요 出家富
하탐착재 일인 장락 하불수재 도인탐 시행자수치 출가부

는 是君子所笑니라
시군자소소

수행 없는 헛된 몸은 길러봐도 이익 없고 덧없는 뜬 목숨은 애껴봐도 소용 없네.
용상의 덕 바라거든 모든 고통 길이 참고 사자의 자리 기하거든 탐욕 쾌락 져버리라.
행자 마음 깨끗하면 모든 하늘 칭찬하고 도인으로 색욕 내면 선신들이 떠나 가네.
四대의 몸 흩어지고 오래오래 못 머물며 오늘 벌써 저녁이라 내일 아침 닥쳐 오네.
세간 욕심 뒷 고생을 어찌하여 탐착하며 한번 참는 낙이 긴데 어찌 아니 닦을손가.

발심수행장

도하는 이 탐을 내면 닦는 이의 큰 창피요, 출가한 이 부자 됨을 군자들이 웃고 보네.

【字解】 罪 허물죄・죄줄죄・범죄・과오・실수・형벌을 과함. 末 끝말・꼭대기말・가루말. 脫 벗을탈・떨어질탈・소홀할탈. 贖 바꿀속・속바칠속. 惜 아낄석・아까울석・애처럽게 여길석. 保 보전할보・도울보. 望 바라불망・우러러불망・보름망. 獅 사자사, 고양이과에 속하는 맹수. 龍 용룡・별이름용. 德 덕덕・복덕. 期 할신. 捨 버릴사・베풀사, 내버림・버려줌・베풀어줌. 散 헤어질산・헤칠산. 今 이제금, 곧・현재. 恥 부끄러움

기다리거든(期) 기약할기. 天 하늘천・임금천・땅의・대 만물의 주재자・상제・하느님. 神 귀신신・혼신・영묘치・욕보일치. 笑 웃을소・웃음소, 기뻐서 웃음. 矣 어조사의, 구의 끝에 쓰이는 조사. 羞 드릴수・부끄러워할수.

【講義】 「無行空身 養無利益 無常浮命 愛惜不保 望龍象德 能忍長苦 期獅子座 永背欲樂」이라 함은 행이 없는(無行) 헛된 몸은(空身) 길러도(養) 이익이(利益) 없고 떳떳함이 없는(無常) 뜬 목숨은(浮命) 애착하여 애껴봐도(愛惜) 보전치 못하리라(不保) 용상의 덕을(龍象德) 바라거든(望) 능히(能) 긴 고통을(長苦) 참고(忍) 사자의 자리를(獅子座) 기다리거든(期) 길이(永) 욕심과 즐거움을(欲樂) 등지라(背)는 뜻이며, 「行者心淨 諸天共讚 道人戀色 善神捨離 四大忽散 不保久住 今日夕矣 頗行朝哉」라 함은 행자(行者)가 마음이 깨끗하면(心淨) 여러 하늘이(諸天) 한가지 칭찬하고(共讚) 도인이(道人) 여색을 생각하면(戀色) 착한 신들이(善神) 버리고 떠난다(捨離)는 뜻이다. 「四大忽散 不保久住 今日夕矣 破行

朝哉 世樂後苦 何貪着哉 一忍長樂 何不修哉」리오 함은 네가지 큰 요소가(四大)가 갑자기(忽) 무너질것이고(散) 오래(久) 머물도록(住) 보전할수 없으며(不保) 오늘도(今日) 다 저물었거니(夕矣) 자못·모름지기(頗) 아침·새벽이(朝) 다가오리(行), 세상의 낙이(世樂) 고통이 뒤하거니, 뒤에 고통이 따르거니(後苦) 어찌(何) 탐할 것이며(貪着) 한번 참으면(一忍) 길이(長) 낙이 오는데(樂) 어찌(何) 닦지 않는가(不修)」라는 뜻이다.

 이 몸뚱이 고기덩어리가 나인 줄 알고 살덩이만을 집착하고 수행한 것이 없다면 마침내는 썩어서 구더기가 끓고 버러지의 요리밖에 될 것이 없으니 이것을 어떻게 허망하지 않다고 믿을수 있겠는가? 만일 그렇게 태평으로 믿고 사는 사람이 있다면 남녀 노소(男女老少) 부귀빈천(富貴貧賤) 가릴것 없이 큰 오산(誤算)이며 가련한 일이다. 그것은 다만 대낮에 술에 만취(滿醉)된 소이로 밖에 볼수 없는 일이다. 아침 먹은 피로 몸뚱이를 유지하여 점심때까지 사는 것뿐 그 피는 저녁이면 곧 썩고 오줌 똥이 되어 배설 된다. 그러는 사이 살과 힘줄과 가죽과 신경세포들이 노폐(老廢)하여 날로 썩어 가고 있지 않은가? 이것을 어떻게 외면하고 몇만년 살듯이 마음 든든하게 생각하는가? 밥술이나 먹을게 있다고 배나 두드리며 태평가(太平歌)를 부른다면 그것은 마치 갓난 아기가 사탕 봉지 하나를 들고 불타는 집안에서 좋다고 춤추는 것과 다를 것이 없다. 덧없는 인생을 읊은 다음의 옛글에서 우리는 무상을 한번 더 실감(實感)할 것이다.

「솟는 해가 길지 못하거니, 지는 핸들 어찌 장구하랴. 청춘도 오히려 죽는 것을, 백발이 하물며 오

래 견딜까.」(日出 猶不久 落日何長久 青春常有死 白髮豈長久)

옛날에 큰 부잣집으로 갓 시집온 며느리가 시어머니에게 할일이 무엇인지를 물었다. 그러나 시어머니는 아무일도 없다고 했다. 그러자 며느리는 「그러면 제가 알아서 급한 일부터 먼저하고 늦게할 일은 뒤에 하겠읍니다」하고는 방에 들어가서 「관세음보살 나무아미타불」의 염불만 열심히 했다. 시어머니는 그 거동을 보고는 「급한 일 먼저 한다더니 겨우 염불이냐? 그런 것은 늙어서 해도 될 일 아니냐?」고 했다. 며느리는 「저는 이것이 더 급합니다. 이슬 같은게 목숨인데 죽음에 무슨 노소가 있겠읍니까 제가 언제 죽을는지 어머님께서 말씀해 주실수 있겠읍니까?」하고 말했다. 그 어머니는 「그렇다면 너보다 내가 더 급하지 않으냐?」하고 물었다. 그러자 며느리는 시어머니에게 설명을 해 주었다. 부귀영화에만 빠져서 이 생에서 내생을 닦지 아니하면 내생에는 큰 불행을 당하게 된다. 금생에 잘 사는 것은 전생에 복을 지은 것이 있었기 때문인데 그러나 그 지은 복을 다 받으면 다시 고생을 하게 되니, 염불을 열심히 하여 아주 타락이 없게 해야 한다는 뜻이었다. 며느리의 말을 들은 시어머니는 그 뒤부터 「천타불·만타불·천보살만보살」하며 염불을 했다. 며느리가 그렇게 하지 말라하면 나는 젊어서 염불 못한 것을 한꺼번에 하는라고 그런다고 했다. 그가 죽을 적에도 방안에 향내가 가득하고 집안에 염불하는 소리가 있었다고 하는 우리나라의 신앙설화(信仰說話) 도 있다.

이 몸뚱이를 허망한 거짓것인줄 모르고 자기의 참된 생명으로 보아서는 안된다는 뜻이었다. 따라서 이 몸뚱이의 괴로움이 있다 해도 수도하는 마음을 늦추지 말고 끝까지 잘 참아서 조사(祖師)의 지위에 나아갈 때까지 길이 견디고 정진(精進)해야 하며, 육체적인 모든 환락과 욕망을 아주 끊어서 여래(如來)의 자리에 오르도록 굳게 맹서하라는 것이다. 수행인(修行人)의 이런 거룩한 마음씨에는 모든 하늘이 다함께 감격하고 칭찬을 아끼지 않지만 만일, 도인으로서 여색(女色)을 탐하면 착한 하늘 신들이 다 나를 버리고 떠난다 했다.

龍象德이란 몸이 내가 아니고 객관의 현상계가 따로 있는 것이 아니며 일체가 마음이라는 원리를 투철(透徹)하게 사무쳐 깨달은 이, 곧 조사(祖師)를 가르킨다. 예컨대 원효대사께서 해골바가지 썩은 물을 잡수시고 마음을 깨쳤다든지, 六조대사께서 금강경(金剛經)의 「객관에 끄달림 없이 마음을 쓰라(應無所住 而生其心)」고 한 경문을 듣고 깨쳤다든지 하는 경지의 어른들을 일컫는다. 용(龍)은 물짐승 중에 왕이고 코끼리는 뭇 짐승 가운데 제일 크기 때문이며, 용이 비를 내리어 뜨거운 열을 식혀주듯이 조사의 법문이 능히 중생의 불타는 번뇌를 식혀 주고 짐승가운데 덕이 높고 무게가 있는 코끼리처럼 생사번뇌에 움직이지 않는다는 뜻으로 한 말이다.

獅子座는 사자의 자리란 말이니 곧 부처님께서 앉으시는 법좌(法座)의 별명(別名)이다. 사자는 뭇 산 짐승의 왕으로서 어느 짐승이나 사자를 한번 보면 다 굴복되지 않는 짐승이 없으며 더우기 침해(侵害)해 보겠다는 생각은 꿈에도 해 볼 수 없고 설사 사자가 죽은 뒤라해도 다른 짐승들이 그 고기를 먹지 못하는 것처럼 부처님도 어떤 번뇌나 마귀가 침범할 수 없음을 뜻한다. 또한 사자가 산중에서 큰 소리로 외치면 뭇짐승들의 뇌신경(腦神經)이 찢어져서 죽을 정도라는 말에 따라 부처님의 설법(說

法)을 사자후(獅子吼)라 한다. 곧 사자의 목구멍에서 나오는 소리란 뜻이니, 八만四천 번뇌와 마왕(魔王)이 부처님 목소리를 들으면 그대로 조복(調伏)된다는 비유이다.

諸天이라 함은 하늘 나라를 뜻하며 하늘나라의 임금님을 뜻한다. 불교에서는 하늘을 범어로 Deva, 제바(提婆)라 음역(音譯)하며 거룩하다, 자재(自在)하다, 최승(最勝=가장 훌륭하다)하다는 뜻이다. 또 천지만물을 주재하는 이·조물주(造物主)·상제(上帝) 등으로 부른다. 열가지 착한 일을 닦아서 남에게 좋은 일을 하고 그 과보(果報)로 받는 복락(福樂)의 세계며 즐거움만이 있고 괴로움은 하나도 없는 세계다. 크게 나누어 욕계천(欲界天=욕심 곧 욕락(欲樂)이 있는 하늘나라), 색계천(色界天=음욕·식욕등의 탐욕은 없지만 아직 물질의 관념을 완전히 여의지 못한 하늘나라), 무색계(無色界=물질적인 관념을 다 여의고 순수한 정신적인 세계의 하늘나라)를 가리키는데, 욕계천에 여섯계층의 하늘이 있고 색계천에 다시 十八천의 계층이 있으며 무색계천에 네계층의 하늘이 있어서 이것을 모두 二十八天이라 한다. 하늘나라에 마다 각각 왕이 있고 많은 신들이 있는데 이들은 항상 선행을 하는 사람들을 좋아하고 보호한다. 특히 불교수행을 철저히 하면 모든 하늘들이 존경하고 보호하지만 만약에 여색을 탐하고 금욕에 사로잡히면 가장 중한 계를 파한 것이며 정법(正法)을 성취하기 어렵다. 그러므로 부처님께서 여색(女色)을 독사처럼 보고 그 살이 몸에 닿으면 뜨거운 불이 닿은 것처럼 여기고 끓는 쇠물이 육신을 태우는 것처럼 여기라고 하셨다.

하늘 신 가운데도 화엄신장(華嚴神將)은 특히 위력(威力)이 크며 생명을 다해 불법을 호위하는 신이니, 원효대사께서 의상대사를 만나러 갔을 적에 천상의 여인들은 화엄신장이 두려워 근접하지 못했음은 앞에서 말한 바 있다. 제석천왕(帝釋天王)은 또 나찰(那刹)로 변신(變身)하여 석존(釋尊)의 아득한 과거 보살 수행시(修行時)에 설법을 해 주어 불법이 끊어진 그 당시 아득한 과거세(過去世)의 부처님 말씀을 듣게 하였으며 그 불심(佛心)이 지극한 석존의 신심에 감동하여 칭찬예경했다. 예전에 도선율사(道詵律師)는 당나라 허주(許州) 출신으로 계율이 청정한 율종(律宗)의 종사(宗師)였고 선(禪)과 천태(天台)·화엄(華嚴) 등에도 조예가 깊은 대덕(大德)이었으며 행이 청정하셨다. 그래서 당신이 누구냐고 물었더니, 「저는 북방 천왕(北方天王)의 아들 장건인데 스님의 도덕이 하두 장하시기에 항상 모시었는데, 스님께서 변소에 다녀오셔서 뒷물을 안하셨으므로 냄새가 나서 가까이 모시지 못해 넘어지셨읍니다」라고 했다. 여 넘어졌는데 갑옷을 입은 한 장군이 그를 부축하였다. 그래서 당신이 누구냐고 물었더니, 「저는 북방 천왕(北方天王)의 아들 장건인데 스님의 도덕이 하두 장하시기에 항상 모시었는데, 스님께서 변소에 다녀오셔서 뒷물을 안하셨으므로 냄새가 나서 가까이 모시지 못해 넘어지셨읍니다」라고 했다.

출가한 도인으로서 욕심을 끊고 부지런히 닦지는 못할망정 탐욕을 한층 더 내고 부자를 피하면 출가의 본의를 저버린 것이므로 남의 웃음거리가 될뿐 아니라 큰 업보를 받는다. 대개 출가인으로 돈을 탐하면 죽어서 큰 구렁이가 된다는 실화(實話)가 많다.

전북 남원읍(南原邑) 교룡산(蛟龍山)에 대복사(大福寺)라는 절이 있다. 이 절은 신라 진성여왕(眞聖女王) 때의 창건으로 교룡사가 본 이름이었는데 이조때 대복(大福)이란 아전으로 인하여 대복사(大福寺)로 바뀌었다. 그는 원래 포악한 성격에 당시 불교를 배척하던 사회였으므로 절에 오면 행패를 마구 부리고 사중기물(寺衆器物)을 부수고 했지만 아무 거리낌이 없었다. 그러나 그 부인은 마음씨가 어질고 불심(佛心)이 돈독하여 지성으로 기도와 불공을 했다. 어느날 교룡사의 비구니 스님이 와서 가사불사(袈裟佛事)에 동참하라 하여 가사 한벌을 단독 시주하기로 했다. 그리고 그는 가사불사가 있는 동안 매일같이 절에 다니며 열심히 기도를 했다. 남편 대복은 어느날 밖에서 며칠 일을 보고 집으로 돌아가는 길목에 신천교(新川橋) 다리를 건너던 중이었다. 갑자기 사람도 안 보이는데 「대복아, 대복아」하고 자기 이름을 부르는 소리가 있었다. 다리 밑을 내려다 보니 대들보 굴기의 큰 먹 구렁이가 「네가 대복이 아니냐」하고 부른다. 그는 놀라서 기절할뻔 했는데 그는 원래 담력이 있는 사람이라 정신을 간신히 차리고 나니 그 구렁이가 이렇게 말을 한다. 「나는 본시 교룡사 입구에 살던 사람인데 불법을 욕하고 三보의 물건을 많이 헐고 훔친 업으로 구렁이가 된지 一〇〇년이 되었네. 자네도 나와 같이 될 것이 틀림 없으니 아내를 따라서 교룡사를 다시 중창해 주면 나도 다시 사람으로 태어나고 너도 구렁이 보를 받지 않을 것이니 명심하게」했다. 그러나 그는 집에 와서 아내는 없고 친구들이 「자네 아내는 바람이 나서 절에만 다닌다」고 수다떠는 말을 듣고 분이 나서 곧 교룡사로 달려갔다. 몇번이나 탁하고 소리만 날뿐 아내 중에 아내를 만나 명궁(名弓)의 그 솜씨로 아내의 머리를 쏘았다. 는 죽지 않으므로 이상한 생각이 들어 아내의 말을 듣기로 했고 마침 그날이 가사불사 회향법회이어서 함께 올라 갔다. 대복의 아내가 시주한 가사를 나누어 주는 차례가 되어 나가보니 그 속에서 화살 촉 두개가 올라 왔다. 그리하여 자기의 죄를 참회하고 대복사를 다시 건립하였다고 한다.

또 옛날 어느 깊은 산중의 절에서 어린 상좌(上座)를 데리고 있던 한 스님은 성월주(星月珠)라는 값진 단주(短珠)를 가지고 있었다. 그 절 밑에 작은 토굴(土窟)에 살고 있는 스님이 또한분 있었는데 그는 항상 윗 절의 스님이 가지고 있는 성월주를 탐내고 있었다. 그러든 어느날 어린 상좌가 급히 달려와서 자기스님이 죽었다고 알려 왔다. 아랫절의 스님은 올라가서 일을 처리해 주는 척하고 성월주를 내놓으라고 해서 가지고 가 버렸다. 그리고 어린 상좌가 우리 스님 성월주를 달라고 하면 너는 어려서 가지고 있으면 안된다고 잡아떼었다. 그러나 오랜 세월이 흘러가도 어린 상좌는 자꾸 성가스럽게 굴므로 하루는 가파른 낭떠러지에 끌어 밀어 버렸다. 그는 정신을 잃고 떨어지다가 오래된 칡넝쿨에 걸렸고 갑자기 꿈속에서 돌아가신 자기 스님이 나타났다. 그리고는 이렇게 당부했다.

「상좌야, 내가 많은 시주(施主)를 받아서 절을 중창하지 못하고 그 돈을 한 보따리는 마루 밑에, 한 보따리는 광밑에 묻어 놓았으니 너는 곧 그 절을 중창해 다오. 너는 놀래지 말고 나를 보아라. 나는 그 죄로 큰 구렁이가 되었고 몸뚱이의 비늘 사이에는 작은 뱀들이 성가시럽게 하니 이것은 돈을 낸 시주들이다. 무서워 하지 말고 내 등에 뛰어 내려라. 그러면 내가 너를 절까지 데려다 줄 것이다」라고.

어린 상좌는 꿈을 깬 뒤 그대로 절 중창을 잘 하고 회향법회를 하는 날. 성월주 가진 스님도 와서 참회하고 단주를 내 놓았다. 그날밤 상좌는 또 꿈을 꾸었다. 「밝는 날 석유 낭떠러지에 있는 죽은 구렁이를 불살라 다오. 너의 덕택으로 이제 나와 시주들이 다 함께 뱀의 몸을 벗었다」고 하여 그대로 했다는 설화(說話)가 있다. 하여튼 출가인으로 三보의 재물을 탐내어 사취(私取)하면 이와같이 큰 구렁이가 된다는 말은 옛부터 그 실례가 많이 있어 왔다고 한다.

제三절 늙은 몸은 못 닦는다.

[本 文]

遮言이 不盡이어늘 貪着不己하며 第二無盡이어늘 不斷愛着하며 此事無限이어늘 世事不捨하며 彼謀無際어늘 絕心不起로다 今日不盡이어늘 造惡日多하며 明日無盡이어늘 作善日少하며 今年不盡이어늘 無限煩惱하며 來年無盡이어늘 不進菩提로다

차언부진 탐착불이 제이무진 부단애착 차사무한 세사불사 피모무제 절심불기 금일부진 조악일다 명일무진 작선일소 금년부진 무한번뇌 내년무진 부진보리

막는 말이 많은건마는 탐착함을 못 끊으며 이 다음이 한 없는데 애착함을 못 버리나. 이런 일이 무한한데 세상 일을 못 끊으며, 저 많은 꾀 끝 없거늘 끊을 마음 못내는가. 오늘이란 하루 하루 다할 날이 없겠거늘 악을 짓고 죄를 행해 날로 날로 더해 가며 내일이란 많은 내일 다할 수가 없겠거늘 착한 일을 하는 것은 날로 날로 적어 가며 금년이란 일년 일년 다할 때가 없겠거늘 번뇌라는 생사 마음 한량없이 계속하고 내년으로 미는 마음 그칠 때를 전혀 몰라 보리심을 일으키어 정진할 줄 모르도다.

【字解】 盡 다할진・다진. 第 집제・차례제, 주택・순서. 斷 끊을단・조각단・결단단, 절단함. 限 한정할・기한한, 경계・정도・한정. 彼 저피・그피・저쪽피. 謀 꾀할모・물을모. 絕 끊을절・뛰어날절. 造 지을조・넣을조・떠조.

【講義】 「遮言不盡 貪着不已 第二無盡 不斷愛着 此事無限 世事不捨 彼謀無際 絕心不起」라 함은 막는 말곧 변명할 말이(遮言)다함 없거늘(不盡) 탐착하는 것을(貪着) 막지 않으며, 끝이지 않으며(不已), 다음 다음 하고 미는 것(第二) 다함 없거늘(無盡) 애착하는 마음(愛着) 여의지 못하네 (不斷). 이런 일이(此事) 한 없는데 세속의 일을(世事) 버리지 못하며 (不捨) 저 꾀(彼謀)가 없거늘, 끝 없거늘(無際) 끊어버릴 마음(絕心) 일으키지 못하도다(不起)」라는 뜻이며, 「今日不盡 造惡 日多 明日無盡 作善日少 今年不盡 無限煩惱 來年無盡 不進菩提」라 함은 오늘만 한번 한다는 생각(今日) 다할 날 없는데(不盡) 악행을 짓는 것은(造惡) 날로 적게 하며 (日少) 날이 많으며(日多) 내일 내일하고 미는 내일(明日) 이 한 없는데 착한 일 하는 것은(作善) 날로 적게 하며(日少) 금년이(今年) 다하지 못하는데(不盡) 한 없이(無限) 번뇌하고(煩惱) 내년 내년하고 미는 내년(來年)이 끝없는데(無盡) 보리 곧 깨달음에(菩提) 나가지 않는가?(不進)하는 뜻이다.

한번만 더하고 이번에만 술을 먹고 다음부터는 안해야 겠다. 오늘 저녁만 노름을 하고 내일부터는 절대로 하지 않겠다는 유의 헛맹세, 핑계하는 마음을 나무랜 것이다. 오늘은 착한 일을 못했지만 내일에 하면 된다, 금년에는 별로 정진한 일이 없지만 내년에 열심히 용맹정진하여야 겠다고 미루는 마음씨를 말한다. 이런 마음씨를 한탄하는 다음과 같은 게송이 있다.

「오늘은 이 일을 경영하고 내일은 저 일을 만든다. 괴로움 안돌보고 즐겨하다가 아지 못하는 사이 죽음의 도적 닥치네.」(今日營此事 明日造彼事 樂着不觀苦 不覺死賊至)

또 이런 비유 설화가 있다. 어떤 사람이 처음에 잘 살적에는 친한 사람도 많고 나에게 잘해주는 것 같았는데 사업을 실패하고 거지 신세가 되니 친한 사람 가까운 친척까지 모두다 나에게 잘해 하염 없이 산길을 가다가 비를 만나 어느 동굴에 몸을 피하게 됐다. 요행인지 불행인지 그 굴속에서 큰 돌함(石函)을 하나 발견하여 큰 기대를 걸고 열어 보았다. 뜻밖에 값진 금은 보화가 하나 가득이었다. 그는 기뻐서 어쩔줄 모르며 그 금을 몇 몫으로 나누어 한 몫은 집짓고 한 몫은 장가들고 한 몫은 땅을 산다는 등 중얼거리며 비그치기를 기다렸다. 그런데 난데 없이 칼든 도적이 나타나서 「못타령은 다음에 하고 내 칼이나 받아라」하면서 목을 치고 금은보화를 다 빼앗아 갔다는 이야기다.

이것은 우리 인간이 온갖 죄를 지면서 피땀 흘려 돈량이나 벌어 놓으면 무슨 일을 하고 어떤 사업을 벌리고 하며 한 없는 욕심으로 골몰하게 된다. 그렇지만 그런 욕심을 다 설계하기도 전에 덧없는 세월이 인생의 목숨을 빼앗아 가는 것에 비유한 이야기다. 도적은 신속한 세월을 뜻한다. 이것을 두고 읊은 다음과 같은 게송이 있다.

「흰말 금채찍에 채색도 새로울 땐 친하지 않은 이도 억지로 친한척 하더니 한번 말이 죽고 황금이 다 없어지니 친한 이도 도리어 모르는척 달아나네.」(白馬金鞭彩色新 不因親者强來親 一朝馬死黃金盡

(親者還回陌上人)

〔本 文〕

時時移移하야 速經日夜하며 日日移移하야 速經月晦하며 月月移移하야 忽來年至
시시이이 속경일야 일일이이 속경월회 월월이이 홀해년지
하며 年年移移하야 暫到死門하나니 破車不行이요 老人不修라 臥生懈怠하고 坐起亂
년년이이 잠도사문 파거불행 노인불수 와생해태 좌기란
식이니라 幾生不修어늘 虛過日夜하며 幾活空身이어늘 一生不修오 身必有終하리니 後
식 기생불수 허과일야 기활공신 일생불수 신필유종 후
신은 何乎아 莫速急乎며 莫速急乎ㄴ저
신 하호 막속급호 막속급호

시간 시간 흘러가서 낮과 밤이 잠깐 가고 날과 날이 재빨라서 훌쩍 한달 되며.
달과 달이 계속하여 문득 일년 닥쳐오고 해와 해가 거듭하여 언뜻 죽음 닥쳐오네.
부수어진 저 수레는 움직일 수 바이 없고 잠깐 사이 늙어지면 수도인들 할 수 있나.
낮과 밤에 드러 누워 게으름만 피게 되고 힘을 내어 앉아 봐도 어지럽고 정신없네.
몇몇 생을 닦지 않고 낮과 밤을 헛 보내며 헛 몸살기 몇 해인데 이 한생을 닦지 않나
이 몸둥이 멀지 않아 죽을 것이 명백한데 닦지 못한 이 내 몸을 다음 생에 어이할까 생각하면 생각

수록 급하구나 급하구나.

【字解】 移 옮길이, 장소를 옮김·사물을 변경시킴. 速 빠를속·부를속, 신속함·초청함·초래함. 晦 그믐회. 老 늙을로·나이를 많이 먹음. 急 급할급·재길급·서두를급.

【講義】 「時時移移 速經日夜 日日移移 速經月晦 月月移移 忽來年至 年年移移 暫到死門」이라 함은 시간 시간 때와 때가(時時) 옮기고 옮기고 옮기어 흘러가서(移移) 낮과 밤이, 하루 하루가(日日) 옮기고 옮기고 옮기어(移移) 보름 그믐, 한달 한달이(月月) 지나가서, 옮기고 옮기어 지나가서(移移) 한해가 다가옴도(年至) 홀연히 오고, 번쩍 오고 한달, 한해 두해(年年) 옮기고 지나가서(移移) 죽음의 문턱에(死門) 잠깐인데, 다다랐네, 어언 닥쳐왔네(暫到)라는 뜻이며, 「破車不行 老人不修 臥生懈怠 坐起亂識 幾生不修 虛過日夜 幾活空身 一生不修」라 함은 깨어진 수레 부서진 차(破車) 갈수 없고(不行) 늙어지면(老人) 닦을 수 없어(不修) 눕고만 싶고(臥) 게으름만(懈怠) 부려진다. 나오고(生) 억지로 힘을 내어 앉아봐도(坐) 어지러운 알음알이 아런 한 번뇌 망상이(亂識) 일어날 뿐이다(起). 몇생을, 많은 생을(幾生) 못닦지 않으면서(不修) 낮과 밤을 하루 하루(日夜) 헛 보내며(虛過) 헛되이 살기를, 몸 닦지 않으면서 살려고(幾活) 일생동안 이 세상에서(一生) 반드시(必) 마치는 날, 끝나는 날이 있을 것이니 「身必有終 後身何乎 莫速急乎」라 함은 몸뚱이는(身) 반드시(必) 마치는 날, 끝나는 날이 있을 것이니 莫速急乎」라 함은 일생(來生)은 (後身) 어찌 할 것이냐(何乎). 바쁘고(速) 급하지(急) 않으며(莫) 바쁘고(速) 급하지(急)

아니하랴(莫) 하는 뜻이었다.

무상(無常)은 찰나고 사람의 목숨은 순간에 매여 있다(無常利那·人命須臾), 또 나무가 고요하고자 해도 바람이 그치지 아니하고 자식이 효도를 하려 해도 부모는 이미 이 세상에 없다(樹欲靜而風不止 子欲養而親不在)라는 말과 같이 공부하는 것도 이 일에 끄달리고 이리저리 집착하다 보면 세월이 지나가고, 이미 늦어서 하고 싶어도 되지 않는다. 요컨대 번뇌 망상의 집착을 끊지 않고서는 안된다. 이 몸을 금생에 닦지 않으면 백천만겁에 불법 만나기가 어려우니 어떻게 시간을 허송세월(虛送歲月)만 할 수 있겠는가? 1분 1초의 시간을 아끼고 목숨처럼 여겨야 한다. 청나라(淸) 세종(世宗)인 순치황제(順治皇帝)의 출가시(出家詩)에 이 세상의 덧없음을 노래한 대목이 있다.

「천하가 총림이요 쌓인 것이 방이로세, 대장부 가는 곳에 먹는 것 걱정하랴. 황금과 백옥만 귀한 것이 아니다. 오직 가사를 얻어 입기가 어렵도다.」(天下叢林 飯似山 鉢盂到處 任君餐 黃金白璧 非爲貴 唯有袈裟 披最難)

「백년 동안의 세상 일은 하루밤 꿈이요 만리의 이 강산은 한판의 바둑놀음이다. 우임금이 아홉고을 다스리고 탕임금이 길을 닦았으며 진시황은 여섯나라 삼키었고 한고조 새터 닦네. (百年世事 三更夢 萬里山河 一局棋 禹疏九州 湯代傑 秦吞六國漢登基)

이 세상의 모든 것은 꿈과 같을 뿐아니라 실제가 꿈인 것이다. 조신대사(調信大師=신라스님)는 잠깐 조는 동안 자신이 평소 그리던 군수의 딸을 만나 늙어 백발이 되도록 산 꿈을 꾸었다. 그는 이 꿈을 깨고는 그 여자에 대한 미련이 다 없어졌고 공부에 전념했다. 꿈을 꾸는 사람은 꿈이 꿈인 줄 모르고 엄연한 현실로 착각한다. 그래서 소금은 꿈에도 짜고 불은 뜨겁게 느끼는 것이다. 이것은 꿈꾸는 사람의 생각이 곧 불은 뜨겁고 소금은 짜다는 생각이고 꿈속에 있는 소금은 실제로 짤수 없다.

이와 같이 현실도 우리가 생각으로 존재하는 것이며 절대적인 존재가 아니라는 것이다.

그래서 원효대사께서 「마음이 생기면 가지가지 법이 생기고 마음이 꺼지면 갖가지 법이 다 없어진다」(心生則種種法生 心滅則種種法滅)고 하신 것이니, 마음을 어서 깨치라는 뜻으로 급하고 급하다고 재촉하셨던 것이다. 마음을 늦추어 하루 이틀 미루어 두기만 해서는 곧 늙음이 침범해 오므로 이렇게 되면 공부할 마음이 있어도 이미 때가 늦는다. 몸이 괴롭거나 너무 즐거우면 수도가 되기 어려운 때문이다. 보조국사(普照國師)께서 마음 닦는 요결(修心訣)을 밝히신 것이 있는데 그 일부를 다음에 소개하여 마음 깨칠 결의를 새로이 하는데 도움이 되게 하려 한다.

「육신은 헛된 거짓것이니 생이 있고 멸함이 있지만 참 마음은 허공과 같아서 끊이지도 않고 변하지도 않는다. 그러므로 뼈와 살은 무너지고 흩으러져서 불로 돌아가고 바람으로 돌아 가지만 한 물건은 신령하여 하늘을 덮고 땅을 덮는다.」고 하셨도다. 슬프다, 요즈음 사람들은 어리석어서 자기 마음이 참부처인줄 모르고, 자기 성품이 참법인줄 모르며 법을 구함에 멀리 성인에게 미루고 자기 마음을 살피지 않는도다. 만일 「마음 밖에 부처가 있고 성품 밖에 법이 있다고 고집한다면 이같은 사람은 비록 티끌처럼 많은 세월이 지나도록 몸을 태우고 피를 뽑아 경을 쓰고 하루 한끼만 먹고 팔만대장경을 줄줄 외우며 온갖 고행을 한다 하더라도 모래로 밥을 짓는 것과 같이 수고롭기만 할 것이다. 자기 마음을 알면 수많은 법문과 한량 없는 진리를 구하지 않아도 얻게 되는 것이다」라고 하셨다.

自警文

자경문

野雲比丘述
야운비구술

一、제명 해설(解題)

① 줄거리(大義)

자경문(自警文)이라 함은 「스스로 경계하는 글」、「자신을 꾸짖는 글」・「스스로 잘못을 뉘우치고 반성하여 스스로를 일깨우고 경책하는 글」이란 뜻이다. 곧 자기자신의 본래 면목 자기 마음이 본래 밝은 부처인줄 몰랐던 허물을 크게 반성하고 자기 부처를 찾는 일에 조금이라도 소홀할까 마음이 본래 밝은 부처인줄 몰랐던 허물을 크게 반성하고 자기 부처를 찾는 일에 조금이라도 소홀할까 경책(警策)하라는 뜻이다. 또 이제까지 몸뚱이가 나인 줄 잘못 알고 있었던 착각 곧 주관 객관이 벌어져 있는 현실의 객관세계를 참으로 있는 실존(實存)인줄로 잘 못 알고 있었던 범부(凡夫) 중생으로서의 생각을 반성하고 오직 마음이 참 나이며 현상계는 다만 마음의 그림자인줄을 알아 매진하라는 뜻이다. 또한 몸과 입과 뜻으로 짓는 열가지 악, 이른바 신구의(身口意) 三 업(業)으로 짓는 十악을 반성하고 이 十악을 뒤집어 열가지 착한 일을 하는 十선행(善行)을 부지런히 할 수 있도록 경책하자는 것이다.

이와 같이 자기 스스로를 경책하는 글을 명잠(銘箴)・좌우명(座右銘)・식심명(息心銘)・자잠(自箴)・자계(自誡)라 하기도 하고 혹은 출가잠(出家箴)・심경(心鏡)・구감(口鑑) 등으로 부른다. 자경문류의 예를 몇가지 들면 다음과 같다.

長蘆宗頤禪師의 自警文・洞山良介和尙의 自誡・天台智圓法師의 自誡・藍谷法信法師의 自警錄・禪月大師의 座右銘・大唐慈恩法師의 出家箴・慈雲遵式懺主의 善神등을 들수 있다.

이같은 자경문은 예밖에도 더욱 많은 글이 있지만 일일이 조사하여 예거할 수 없으나, 본 야운화상의 글처럼 간결하고 지극한 정요(精要)를 담은 글은 드물다고 평가되어 온다.

② 내용분류

본문은 먼저 주인공(主人公)을 불러 일깨운 총설격(總說格)의 경각문(警覺文)이 있고 본론격인(本論格)인 자계문(自誡文)으로서 열가지를 들었고 끝으로는 결론격(結論格)으로서 용맹정진(勇猛精進)을 당부한 내용으로 되어 있다. 다음에 두번째의 본론에 해당하는 열가지 자계(自誡)를 소개한다.

一, 검소한 의식(軟衣美食 切莫受用). 二, 탐식을 내지 말것(自財不吝 他物莫求). 三, 언행의 근신(口無多言 身不輕動) 四, 친우의 선택(但親善友 莫結邪朋) 五, 수면의 조절(除三更外 不許睡眠) 六, 겸손과 하심(切莫妄自尊大 輕慢他人) 七, 재색의 경계(見財色 必須正念對之) 八, 세속적인 교제의 금지(莫交世俗 令他憎嫉) 九, 남의 허물 보지 말라(勿說他人過失) 一〇, 마음을 평등하게 하라(居衆中

心常平等)의 열가지가 그것이다

③ 유포(流布)

총 일천 구백 팔십칠자인 이 자경문은 원효대사의 발심수행장(發心修行章)· 보조국사의 계초심학인문(誡初心學人文)과 동일하게 유포(流布)된듯 하다. 이 三본을 합본(合本)하여 「초발심자경문(初發心自警文)」이란 이름으로 사미과(沙彌科)의 교재로 써어 왔다.

二、 저자 야운화상(著者 野雲和尙)

① 신라의 야운(新羅野雲)

본 자경문(自警文)의 저자 야운화상(野雲和尙)에 대해서는 자세한 전기(傳記)가 없는데다 신라(新羅)의 야운과 고려의 야운 두 분이 다 유명한 분들이어서 옛부터 二설이 있어 왔다. 그러나 서지학적(書誌學的)으로는 고려의 야운설이 유력하다.

신라의 야운은 본래 금강산(金剛山)의 선인(仙人)이었는데, 원효대사의 법문을 훔쳐들은 것이 발단되자 당시 자기의 도력(道力)이 천하에 제일이라고 자부하던 그는 신통(神通)으로 원효대사와 겨루었으나 패하게 되자 원효대사에게 귀의하여 제자가 되었다고 한다. 그런데 야운 당시에는 아직 선법(禪法)이 우리나라에 유입(流入)되기 전이므로 본 자경문에 조사관(祖師關)의 어구(語句)가 나오는 것으로 보아 고려의 야운을 유력시하게 된 것이다.

그런데 여기서 간과(看過)해서 안될 일은 신라에 선의 유입이 아주 없었던 것은 아니라는 점이며 야운은 六조혜능(慧能)대사와 같은 시대의 인물이므로 주인공(主人公)이나 조사관(祖師關) 정도의 어구는 능히 인용할 수도 있지 않을까 보일뿐 아니라, 고려의 야운이라면 대선장(大禪丈) 나옹(懶翁)화상의 상족(上足)으로서 역시 유명한 선승(禪僧)인데 본 자경문(自警文)의 문장내용으로 보아 너무나 선지(禪旨) 내지 임제종지(臨濟宗旨)를 천명하지 않았고 조사(祖師)의 어구도 인용한 것이 없지 않은 가 느껴 진다.

두분의 저서나 어록(語錄) 같은 것이 남아 있었다면 비교해 참고할 수 있을 것인데 유감스럽게 그런 고증(考證)도 할 수 없고보니, 이제 짧은 이 한편의 글만 가지고 논증(論證)하게 되었으므로 다만 고려의 야운설(野雲說)이 더 유력하다고 할 뿐인 것이다.

② 고려의 야운(高麗野雲)

다음에 고려의 야운화상에 대해 말하고자 한다. 휘(諱)는 각우(覺牛)이며 야운은 그 호(號)이다.

그 전기(傳記)에 대해서는 자세히 전해 오는 것이 없고 다만 나옹(懶翁) 화상의 제자임은 확실하다.

나옹화상은 선의 오묘한 심지(心地)를 깨달은 고려말기의 큰스님이었다. 그러므로 야운화상의 전기를 알아보는 대신 나옹화상의 행적을 더듬어 보는 것도 한 방법일 수 있다. 제자는 반드시 스승의 영향을 가장 많이 받는 것이기 때문이다.

③ 스승 나옹화상(懶翁和尙)

나옹화상은 1320년에서 1376년 사이에 생존했고 속성은 아씨(牙)로 懶翁은 호이고 당호는 강월헌(江月軒)·법명은 혜근(惠勤)이다. 20살에 이웃의 친구가 죽는 것을 보고 출가하여 공덕산 묘적암의 요연선사(了然)에게 중이 되었다. 처음에 절에 갔을때 요연선사는 「여기 온 것은 어떤 물건이 왔는가?」하고 물었다. 「말하고 듣고 하는데 보려 해도 볼 수 없고 들으려 해도 들을수 없으니 다른데 가서 물어라.」 그뒤 양주 회암사에서 四년동안 좌선(坐禪)하여 깨달은 바가 있었다. 그뒤 중국에 가서 유명한 지공선사(指空)를 찾았으며 많은 선지식을 두루 찾아 법의(法衣)와 불자(拂子)를 받는등 1358년에 귀국했다. 여러 곳에서 법을 설했고 오대산에 들어갔으며 (1360년) 왕사(王師)가 되고 대조계선교도총섭 근수본지 중흥조풍 복국우세 보제존자(大曹溪禪敎都總攝 勤修本智 重興祖風 福國祐世 普濟尊者)의 호를 받았다.

④ 함허(涵虛) 스님과의 서신(書信)

나옹화상당시 같은 도반(道伴)이었던 유명한 무학대사(無學)의 제자 함허득통(涵虛得通) 선사가 야운선사(野雲禪師)에게 보낸 다음과 같은 시(詩)가 있다.

강월헌(나옹화상) 난간 앞에는 강달이 희고 야운의 당 위에는 구름과 달 빛이 서로 만나는 곳에 한 방에 허공을 머금어 스스로 편안하도다.

(江月軒上江月白 野雲堂上野雲閑 雲光月色交輝處 一室含虛體自安)

함허선사는 무학 대사의 제자로서 야운선사와 교분(交分)이 있었던듯 하고 특히 무학대사는 나옹화상과 동시대의 거물급 선장(禪丈)으로서, 중국에 가서도 같은 지공화상(指空)에게 참배한바 있으며 귀국해서도 서로 왕래가 있었다고 한다. 그러나 나옹화상이 다소 선배인듯 하다.

그러므로 나옹화상의 제자인 야운선사와 무학대사의 제자인 함허득통과는 서로 교분이 있을 것은 자연스러운 일이라 하겠다. 그러나 함허화상은 원각경소(圓覺經疏)와 금강경오가해설의(金剛經五家解說誼)등 경소(經疏)에도 손을 댔는데 비해 야운은 전혀 선(禪)과 수행에만 전력했던 것 같다.

앞에서 보아 온것처럼 나옹화상이 一三五八년에 중국에서 돌아오기 전은 행각(行脚) 시대였으므로 제자를 두었을 것 같지 않고 그 뒤 오대산(五台山)에 들어 갔을 때로 추정한다면 아마도 나옹화상의 제자가 된 시기는 一三五八년 뒤 나옹화상 四○세 가까운 때로 짐작된다. 또 야운스님은 함허당(涵虛堂)과의 편지내용등이 있었던 것으로 보아 상호 교분(交分)이 있었을 것으로 추측할 수 있지만, 함허당은 一三七六년 一四三三년 사이에 계셨던 분으로 나옹화상이 입적(入寂)했던 당년에야 출생했다. 그러므로 야운화상은 나옹화상보다는 한 二○년내지 三○년 뒤, 함허당 보다는 십여년 내지 二○여년 전의 사람이라 할 수 있다.

선사에 대한 유일한 기록이라 할 수 있는 한 글귀가 해인사판(海印寺板) 책머리에 겨우 전해 오고 있다.

『뜻이 험준한듯 그 의기는 고상하고 한가하도다. 노함을 나투어 삿됨을 항복받는 힘을 갖추었고 자비를 열어 인도하는 따뜻함이 있으니, 큰 스님의 높은 덕을 지닌 야운 선사시여 세(門庭嶮峻 意氣高閑 現忿怒具折邪之相 開慈悲有引導之容 名賢大德野雲牛禪師)』. 이상의 글귀로 볼때 선사는 세속의 명리(名利)에 급급한 당시 교계의 타락상을 외면하고 오로지 수행에만 전념한 고매한 성품의 소유자로서 일체의 번뇌시비를 쉬었기 때문에 門庭嶮峻 意氣高閑이라 했음을 알 수 있다. 또한 불법과 어그러지는 삿된 법에는 전혀 타협하는 일이 없이 노한 모습으로 사정없이 굴복하는 엄한 성품과 또한 불법으로 이끌을 때는 자비로운 따뜻함으로 포용하는 큰덕이 있었으므로 現忿怒具折邪之相 開慈悲有引導之容이라 했던 것이다. 이로써 볼때 야운스님은 (고려말기의 대선장(大禪丈) 나옹대화상의 법제자(法弟子)다운 선객(禪客)이었으며 확실히 높은 경지의 선지(禪旨)를 터득한 선사(禪師)이었으리라 짐작된다.

제1절 머리말

[本文]

主人公아 聽我言하라 幾人이 得道空門裏어늘 汝何長輪苦趣中고 汝自無始已來
주인공 청아언 기인 득도공문리 여하장륜고취중 여자무시이래

로 至于今生히 背覺合塵코 墮落愚癡하야 恒造衆惡而入三途之苦輪하며 不修諸善
지우금생 배각합진 타락우치 항조중악이입삼도지고륜 불수제선

而沈四生之業海로다 身隨六賊故로 或墮惡趣則極辛極苦하고 心背一乘故로 或生
이침사생지업해 신수육적고 혹타악취즉극신극고 심배일승고 혹생

人道則佛前佛後로다 今亦幸得人身이나 正是佛後末世니 嗚呼痛哉라 是誰過與아
인도즉불전불후 금역행득인신 정시불후말세 오호통재 시수과여

雖然이나 汝能反省하야 割愛出家하며 受持應器하고 着大法服하야 履出塵之逕路하
수연 여능반성 할애출가 수지응기 착대법복 이출진지경로

고 學無漏之妙法하면 如龍得水요 似虎靠山이라 其殊妙之理는 不可勝言이니라
학무루지묘법 여룡득수 사호고산 기수묘지리 불가승언

주인공아 나의 말을 들으라. 얼마나 많은 사람들이 공한 법 가운데서 도를 얻었거늘 그대는 어찌하

여 고통의 세계에서 길이 윤회하는가?

그대가 끝없는 옛날부터 금생에 이르기까지 깨달음을 등지고 번뇌에만 끄달리어 어리석음에 떨어져서 항상 온갖 악업을 지으므로 三악도의 굴레에 빠졌으며, 모든 선을 닦지 않으므로 四생의 업 바다에 잠기었도다.

몸뚱이는 여섯가지 도적을 따르므로 악한 세계에 떨어지면 신고가 지극히 많고 마음은 一승을 배반하므로 혹 사람의 세계에 태어나더라도 부처님 나시기 전이나 뒤가 되는도다. 이제 다행히 사람 몸을 얻었지만 이때가 부처님 가신 뒤의 말세이니 슬프고 애닯도다. 이것이 누구의 허물인가?

그렇지만 그대가 능히 반성하여 애정을 끊어 버리고 출가해서 바루를 들고 큰 법복을 입고 티끌세상을 뛰어 나오는 지름 길을 밟아 번뇌의 샘이 없는 묘법을 배운다면 용이 물을 얻은듯 하고 범이 산에 들어간듯 하니 그 뛰어난 묘한 도리는 이루 다 말할 수 없느니라.

【字解】 公 공변될공·주인공, 공평 무사함 공동 자기가 섬기는 사람. 裏 안리·속리, 의복의 안쪽 내부. 汝 너여·이하의 사람에 대한 호칭. 于 어조사우·할우. 沈 잠길침·정성침·성심. 賊 도둑적. 前 앞전·나갈전·앞으로 나와 대항하는 사람·앞서 이끔. 極 용마루극·극진할극, 거리가 멂·극도에 이름. 反 돌이킬반, 그전으로 돌아감·누워서 이리저리 구름. 割 가를할·빼앗을할, 칼로 베어 끊음. 손해를 끼침. 器 그릇기·그릇으로 여길기, 용기 또는 기구. 중히 여김. 服 웃복·일복·다스릴복, 의복 맡은 직무. 처리하여야 할일·바로 잡아 처리함. 漏

샐루·번뇌루·틈으로 흐름·비쳐 나옴·유실함·번뇌의 이칭. 妙 묘할묘·젊을묘, 신묘함·불가사의지함. 殊 빼어날수·다를수, 베어 죽임·틀림. 함 나이가 스물 안짝임. 似 같을사·흉내낼사. 虎 범호·고양이과에 속하는 맹수의 하나. 靠 기댈고·의지함.

【講義】 주인공아(主人公), 나의 말을(我言) 들으라.(聽)· 몇 사람이(幾人) 공한 문 속에서(空門裏) 도를 얻었는데(得道) 너는 어찌하여(汝何) 비롯 없는 데서부터 오면서(無始已來) 이 생에(今生) 이르기까지(至于) 모든 깨달음을 등지고(背覺) 티끌 세계에 합하고(合塵) 어리석은 곳에(愚痴) 항상(恒) 모든 악만(衆惡) 지어(造) 三도의(三道之) 고통 세계의 바퀴 도는데(苦輪) 떨어져서(隨落) 들어갔으며(入) 모든 선을(諸善) 닦지 않고(不修) 네가지 생명계의(四生之) 업 바다에(業海) 빠졌도다.(沈) 몸이(身) 여섯가지 도적을(六賊) 따르므로(隨故) 혹(或) 악도에(惡趣) 떨어지면(隨則) 지극히 쓰리고 극히 아팠으며 마음은(心) 일승을(一乘) 등졌으므로(背故) 혹(或) 사람의 세상에(人道) 태어나면(生則) 부처님 계시기 전이고 부처님 계시기 뒤로다.(佛前佛後) 이제 또한(今亦) 다행히(幸) 사람의 몸을(人身) 얻었지만(得) 정히 바로(正) 이(是) 부처님 뒤의(佛後) 말세로구나.(末後) 슬프고 슬프도다(嗚呼痛哉) 이 (是) 누구의(誰) 허물인가.(過與) 비록 그러나(雖然) 너는 능히(汝能) 반성하여(反省) 사랑을 끊고(割愛) 출가하여(出家) 부처님 바루를(應器) 받아 가지고(受持) 큰 법복을(大法服) 입고서(著) 티끌 세계를 뛰어 나오는(出塵之) 지름 길을(逕路) 밟아 넘은 샘이 없는 상대세계를 뛰어 넘은(無漏) 묘한 법을(妙法) 배우면(學) 마치(如) 용이(龍) 물을 얻음과(得水) 같고(如) 흡사(似) 범이(虎) 산에 의지한

것과 (靠山) 같으니 (似) 그 (其) 뛰어나고 묘한 이치를 (殊妙之理) 가이 (可) 말로 다하지 (勝言) 못하니라 (不).

主人公은 내 몸, 내 정신의 주인공인 마음 곧 참다운 나, 본래의 나임을 뜻한다. 주인 (主人) 이라 하면 물건의 주인, 집의 주인을 뜻하며 노예의 임자를 뜻한다. 그러나 중생들은 몸뚱이를 나로 삼고 눈 귀·코·혀·몸둥의 감각기관으로 마음을 삼아서 생각이 나인 줄 알기 때문에 참 주인이 누구며 참다운 나가 누구인 줄을 모르고 있으므로 마음을 부르기 위한 대명사로 주인공이라 한 것이다. 몸뚱이는 결국 물질적 요소로 이루어진 하나의 물체에 불과하기 때문이고 생각은 주인공이 있고 생각이 나온 바탕이 있을 것이기 때문이다. 五官이든 신경세포든 더구나 근육이나 혈액 (血液) 같은 것은 하나의 물질이고 생명이 없는 죽은 것이므로 그것이 모든 생명활동의 주관이 될수 없고 나의 주인이 될수는 더욱 없는 것이다. 그러므로 이것을 자동차와 운전수에 비긴다. 자동차는 몸뚱이고 물질적인 죽은 것이며 자동차가 가고 서고 보는 것은 다 그 안에 운전수가 있기 때문이다. 이와같이 사람도 몸뚱이의 눈으로 보고 귀로 듣고 발로 가는 것이 아니라 자세히 알고 보면 우리에게 마음이 있어서 마음이 가고 마음이 보고 듣는 것이란 뜻이다. 따라서 몸뚱이의 주인공은 곧 마음이고 나의 참 면목도 곧 마음이다.

서양 사람들은 흔히 「나는 생각한다. 그러므로 나는 존재한다」고 하지만, 그러나 「참나」는 생각이 전부터 있는 본래의 주인공이어야 한다. 생각은 마음에서 나온 피조물 (被造物) 일뿐 그것이 곧 생명의 본체일 수는 없고 사상·지식이 곧 나일 수는 없기 때문이다.

그러므로 야운(野雲) 화상도 역시 이 참나인 주인공 곧 마음의 본바탕을 불러 일깨우려는 뜻으로 주인공아 한 것이다. 유명한 선종(禪宗)의 창종주(創宗主)라 할 수 있는 제육조(第六祖) 혜능대사(慧能)는 그의 첫 설법상(說法床)에서 첫 사자후(獅子吼)로써 「선지식이여, 마음을 깨끗히 하고 마하반야바라밀을 생각하라」(善知識 總淨心 念摩訶般若波羅密)고 제일성(第一聲)을 토하시었다. 그런데 여기서 선지식이라 함은 우리의 자성(自性) 가운데 누구나 갖추고 있는 청정본심(淸淨本心) 그대로의 마음자리를 가르킨다. 선지식이란 말은 본래 불법의 바른 뜻을 두루 알고 수행이 높은 이를 일컫는 말이었지만 불법의 바른 뜻이란 곧 마음을 깨쳐야만 바로 들어가는 법이므로 주인공과 같은 뜻으로 쓰어지게 된 것이다.

그래서 六조대사는 이어서 「선지식이여、보리의 자성이 본래 청정하니 이 마음만 그대로 쓰면 바로 그것이 부처를 이룬 것이니라」(善知識 菩提自性 本來淸淨 但用此心 直了成佛) 여기서 보리자성이라 함은 우리 각자의 마음자리를 말하는 것인바, 이 자리는 본래 청정하니 이 마음만 그대로 쓰면 부처라는 뜻이다. 그래서 六조대사의 四대법손(代法孫)으로 선종(禪宗)을 크게 일으킨 황벽희운선사(黃檗希運)는 우리의 주인공(主人公)·보리자성·마음자리를 이렇게 말했다.

「근본 바탕인 청정한 마음은 항상 스스로 둥글고 밝아서 두루 비추고 있는데 세상 사람들이 깨닫지 못하고 보고 듣고 분별하고 아는 것으로 마음을 삼아서 그것으로 덮어 씌워 있기 때문에 밝고 오롯한 본체를 보지 못하는도다」(此本源淸淨心 常自圓明遍照 世人不悟祗認見聞覺知爲心 爲見聞覺知所覆 所以不覩精明本體)라고 했던 것이다.

많은 사람들이 이 마음자리를 밝혀서 부처를 찾고 도를 성취했는데 너만 왜 아직도 생사번뇌의 六도중생을 못 면하였느냐? 고 자신을 강열하게 자책(自策)하는 뜻으로「幾人 得道空門裏 汝何長輪苦趣中」이라 한 것이다.

空門이라 함은 불교를 뜻한다. 불교는 공사상(空思想)으로 근본을 삼기 때문에 공문이라 한다. 그래서 출가한 사람을 공문자(空門子)라고도 한다.

苦趣라 함은 고통의 세계 곧 지옥・아귀・축생 같은 공포와 고통이 극심한 세계에 사는 중생들을 일컫는다. 또 無始라 함은 무한한 시간을 뜻하니 곧 시작(始作)이 없는 아득한 과거로부터 무한한 기간을 뜻한다 (一三五페이지참조) 塵이라 함은 띠끌세계・생사번뇌의 세계를 뜻한다. 苦輪이라 함은 지옥・아귀・축생등의 고통의 세계를 돌고 돌므로 괴로움의 윤회(輪廻), 고의 바퀴가 구루는 것 같다는 뜻으로 고문(苦輪)이라 한 것이며, 四生이라 함은 중생이 천상・인간・아수라・지옥・아귀・축생의 六도(道) 세계를 윤회하며 태어날때 그 출생하는 법이 대개 네가지이므로 일컬어진 이름이다. 곧 알로 나는 새, 닭등의 난생(卵生)과 사람・소・말처럼 태로 낳는 태생(胎生)・모기처럼 물기가 있는데 의지해서 태어나는 습생(濕生)・귀신・하늘・소・말처럼 지옥처럼 화하여 마음으로 나는 화생(化生)이 그것이다. 역시 六도중생을 일컬는 말이지만 그 태어나는 법에 따라 네가지로 나누었기 때문에 四生이라 한 것이다.

본래 구족하고 두루 밝은 마음을 등지고 (背覺) 경계의 객관세계가 실제로 존재하는 것인 줄로 착각했기 때문에 (合塵) 거기에 끄달려 모든 악업을 짓고 三途 四生의 업바다에 빠진다는 뜻이었다. 그러므로 六祖대사의 다섯째 제자 가운데 한 분이셨던 남양혜충국사(南陽慧忠國師)께서도 「보고 듣고 분별하는 알음알이로 불성을 보려는 자들이 우리 종을 아프게 하는구나? 실로 불법은 견문각지(見聞覺知)를 떠나서 있다(苦哉 吾宗喪失 苦以見聞覺知見佛性者 法離見聞覺知)고 소위 선법(禪法)을 닦아 견성성불(見性成佛) 하겠다는 사람들마저 자기 본 바탕자리는 본래 청정하게 구족해 있음을 등지고 경계에 끄달려 견문각지(見聞覺知=알음알이) 만을 일삼느냐고 질책하셨던 것이다.

六賊은 六塵(塵)・六境(境)을 뜻하니 객관세계를 일컫는다. 곧 눈으로 보는 물체의 모양과 빛깔(色)・귀로 듣는 소리(聲)・코로 맡는 냄새(香)・입으로 아는 맛(味)・몸으로 닿이는 촉각(觸)의 대경(對境)인 이치(法)가 그것이다. 이 여섯가지는 우리의 눈・귀・코・입・몸・뜻(眼耳鼻舌身意)의 여섯 도적이란 뜻으로 六적(賊)이라 했다.

一乘의 一은 성불(成佛)하는 유일(唯一)한 교란 뜻이고 승(乘)은 수레나 배에 탄다는 뜻이다. 그래서 일승(一乘)을 일불승(一佛乘)이라고도 한다. 고해(苦海)에 빠져 있는 중생들을 불타의 교법에 실어서 열반(涅槃)의 저 언덕에 옮겨준다는 뜻이다. 법화경방편품(法華經方便品)에 「시방불국토에 오직 일승의 법이 있을뿐 이승도 없고 三승 또한 없나니라」 했으며, 승만경(勝鬘經)에는 「일승은 가장 수승한 절대의 승(第一義乘)이라」했다. (二一七페이지 불이법조 참조요망) 그래서 野雲선사는 우리가 불법을 깨치기 어려운 말법(末法) 시대에 태어나는 것도 다 마음이 일승법(一乘法)을 등졌기 때문이라 통박했고 이 얼마나 괴로운 일이며 이 얼마나 큰 허물이냐고 했던 것이다.

佛後末世라 함은 부처님이 오셨다 가신지 오래되어 부처님의 정법(正法)은 약하고 삿된 마법(魔法)이 강한 세상이란 뜻이다. 부처님께서 가신지 처음 五백년동안은 불법을 깨닫고 해탈하는 도인이 많은 때이므로 정법시대(正法時代)라 하고 그뒤 一천년은 교법과 수행(修行)은 있지만 도를 깨달아 해탈하는 증과(證果)·증도(證道)가 없는 때이므로 상법시대(像法時代)라 한다. 이 말법이 존속하는 시간은 만년동안이라 하는데, 정법·상법·말법의 三시의 년대에 대해서는 반드시 일정하지는 않는다.

應器는 출가인이 항상 지니고 다녀야 할 여섯가지 물건 가운데 하나인 바루(鉢盂)를 가르킨다. 범어(梵語)로 pata 곧 「발다라」라 하니, 응수공양(應受供養)의 그릇이란 뜻이다. 「응수공양」은 사람이 하늘의 공양을 능히 받을 만한 공덕이 있는 분이란 뜻이니 곧 부처님을 일컬으며 부처님의 공양기(供養器)를 뜻하는데, 뒤에는 불제자들의 밥을 받는 그릇 곧 바리때를 응기 응량기(應量器)라 했다.

無漏妙法이라 함은 새는 법(有漏法)이 아닌 묘한 법임을 뜻한다. 샌다(漏) 함은 여섯가지 기관인 눈·귀·코·입·몸·뜻으로 객관을 상대하여 허물을 속출한다는 말이니, 번뇌의 다른 이름이라 하겠다. 그러므로 샘이 있는 법은 세속적인 법·현상계의 모든 원리를 총칭하는 말이며 또한 나고 죽고 길고 짧고 좋고 나쁘고 등의 대립모순의 세계의 원리인 상대법이므로 유루(有漏)라 하며 유위법(有爲法)이라 한다. 이에 대해 무루(無漏)는 생사를 초월하고 탐진치(貪嗔痴) 등의 번뇌를 여읜 경계를 뜻한다. 범어로 ANasrava라 하며 무위(無爲)의 세계·해탈·열반의 경계를 가리킨다. 만일 여섯 기관인 육근(六根)으로 번뇌를 누출(漏出)하면 결국은 三악도로 떨어지게 되는 때문이며, 이와 반대로 六근에 의한 허물을 새게 하는 일이 없어지면 三악도에 떨어지지 않을 것이니 그러면 그것은 곧 해탈이 되는 때문이다.

그런데 무루에도 두가지 구별이 있다. 소승의 무루와 대승의 무루가 그것이다. 소승의 무루는 여섯가지 육근(六根)으로 번뇌를 일으키지 않고 아무 생각도 없는 단절의 상태를 뜻한다. 이것을 불교에서는 공에 떨어졌다, 없는데 떨어졌다(落空) 고도 한다. 대승의 무루는 번뇌 가운데서 번뇌를 떠나고 있는 것을 그대로 두고 없는 도리에 계합하는 무루를 뜻한다. 그러므로 소승의 무루는 자기 자신만이 무루의 법을 터득하여 세상을 도피하는 것이고 대승의 무루는 자신의 생사번뇌를 여읠뿐 아니라 생사번뇌의 중생세계에 들어가서 샘이 없는 무루의 법을 실천하고 펴는 무루의 법을 뜻한다 하겠다. 따라서 소승의 그것은 생사차별의 세계를 도피해서 억지로 얻는 무루의 경계고 대승의 그것은 생사차별 속에 있으면서 생사차별을 여읜 경계를 뜻한다.

또 묘법(妙法)이라 함은 있는 것도 없는 것도 아닌 법이기 때문에 이름한 것이다. 예컨대 우주 현상계의 모든 것은 겉으로 보기에는 다 그대로 있는 것 같지만 그러나 자세히 따지고 보면 있다가 곧 없어지는 덧없는 법이고 그 실체가 없는 거짓 법이므로 있는 것이 아니고 없는 것이다. 그러면 우주의 근본원리는 아무것도 없는 법이란 것뿐인가 하면 그것도 또한 아니다. 없으면서 있고 있으면서 없는 도리로 있는 법이기 때문에 묘법(妙法)이라 했던 것이다. 출가해서 수도하는 것은 대승의 무루의 경계를 체득하고 묘법을 성취하는 데 있는 것이니 그 얼마나 거룩하고 위대한 일이냐는 뜻이었다.

〔本 文〕

人有古今이언정 法無遐邇하며 人有愚智언정 道無盛衰하나니 雖在佛時나 不順佛
인유고금　　　법무하이　　　인유우지　　　도무성쇠　　　　　수재불시　　불순불

教則何益이며 縱値末世나 奉行佛教則何傷이리요 故로 世尊이 云하사대 我如良醫
교즉하익　　　종치말세　　봉행불교즉하상　　　　고　　세존이　　운　　　아여량

하야 知病設藥하노니 服與不服은 非醫咎也며 又如善導하니 導人善道라도 聞而不行은
　　　지병설약　　　복여불복　　비의구야　　우여선도　　　도인선도　　　문이불행

非導過也라 自利利人이 法皆具足하니 若我久住라도 更無所益이라 自今而後로 我
비도과야　　자리이인　　법개구족　　　약아구주　　　갱무소익　　　자금이후　　아

諸弟子 展轉行之則如來法身이 常住而不滅也니라하시니 若知如是理則但恨自不修道
제제자　전전행지즉여래법신　상주이불멸야　　　　　　약지여시리즉단한자불수도

언정 何患乎末世也리요 伏望하노니 汝須興決烈之志하며 開特達之懷하고 盡捨諸緣
하환호말세야 복망 여수흥결렬지지 개특달지회 진사제연
하고 除去顚倒하며 眞實爲生死大事하야 於祖師公案上에 宜善叅究하야 以大悟로
제거전도 진실위생사대사 어조사공안상 의선참구 이대오
爲則하고 切莫自輕而退屈이어다
위칙 절막자경이퇴굴

사람은 옛사람 지금 사람이 있지만 법에는 멀고 가까움이 없으며, 사람에게는 어리석고 슬기로움이 있지만 도는 성함하고 쇠퇴함이 없느니라. 비록 부처님이 계신 때라 하더라도 부처님의 가르침을 따르지 아니하면 무슨 이익이 있으며, 아무리 말세를 만났다 할지라도 부처님의 가르침을 받들어 행한다면 무슨 해로움이 있겠는가?

그러므로 세존께서 말씀하시기를,

「나는 훌륭한 의사와 같이 병을 알아서 약을 주나니 먹고 먹지 않는 것은 의사의 허물은 아니며, 또한 친절한 길잡이와 같이 좋은 길로 사람을 인도하지만 듣고서 가지 않는 것은 인도하는 이의 잘못이 아니니라. 자기도 이롭고 남도 이롭게 하는 법이 원래 다 구족해 있거니 내가 오래 세상에 머물러 있는다 하더라도 별다른 이익이 더 없을 것이니라. 이제 나의 온 제자들이 이 법을 펴고 널리 행하면 여래의 법신이 항상 머물러 있고 없어지지 않으리라」고 하셨다.

만일 이같은 진리를 알았다면 다만 스스로 도닦지 못하는 바를 한탄할지언정 어찌 말세임을 근심하리오? 바라노니 그대는 모름지기 결단심과 맹렬한 뜻을 세우고 크게 통달하는 회포를 열어서 세상의 모든 인연을 버리고 뒤바뀐 소견을 없애며 참으로 생사의 큰 일을 위해 조사의 화두를 잘 참구하여 큰 깨달음을 철칙으로 할 것이며 부디 스스로 가볍게 여겨 물러서지 말지어다.

【字解】 遐 멀하·어찌하, 요원함·먼데. 邇 가까울이, 거리가 짧음·관계가 밀접함·통속적임. 盛 성할성, 물건을 담는 그릇·광대한 모양·번영하는 모양. 衰 쇠할쇠, 약하게 여김·세력이 없어짐. 만날치·당할치. 奉 받들봉·바칠봉, 두 손으로 공경하여 듦·하명 받음·드림. 咎 허물구·재앙구·미워할구. 恨 한할한·뉘우칠한. 患 근심환·재앙환, 걱정·고통·고난·환난. 望 바라볼망·엿볼망·원망할망. 먼데를 봄·몰래봄·원함. 興 일흥·느낄흥, 성하여짐·감동함·좋아함. 値 값치·결·결코결. 烈 세찰렬·군셀렬·아름다울렬, 화세가 강함·미덕이 있음. 特 숫소특·하나특·일일이 특. 懷 품을회·따를회·편안히할회. 捨 버릴사·베풀사, 내버림. 顚 머리전·꼭대기전·엎드러질전·미칠전. 倒 넘어진도·거꾸로할도, 엎드러짐·상하전후의 위치가 반대로 됨. 實 열매실·참으로실·겨울실·진실로·지냄. 宜 옳을의·마땅할의·화목할의. 究 궁구할구·미워할구·연구함·서로 위하는 모양.

【講義】 사람은(人) 옛날 사람·지금 사람이 (古今) 있지만(有) 진리에는 (法) 멀고 가까움이 곧 옛날 진리와 요사이 진리가 (遐邇) 따로 없다(無)·또 사람은(人) 어리석은 사람, 슬기로운 사람이 (愚智) 있

지만(有) 도에는(道) 성하고 쇠함이(盛衰) 없다(無). 따라서 비록(雖) 부처님이(佛) 세상에 계실 때라 하더라도(在時) 부처님의 가르침을(佛敎) 쫓지 않는다면(不順則) 어찌 이익하며(何益) 비록(縱) 말세를(末世) 만났다 하더라도(値) 부처님의 가르침을(佛敎) 받들어 행한다면(奉行) 어찌 상하랴(何傷) 그러므로(故) 세존께서(世尊) 말씀하시기를(云),

「나는(我) 훌륭한 의사와(良醫) 같아서(如) 병을 알아(知病) 약을 베푸노니, 약을 주지만(設藥) 먹고(服與) 안먹는 것은(不服) 의사의 허물은(醫咎) 아니다(非也). 또(又) 훌륭한 길잡이와(善導) 같아서 사람을(人) 좋은 길로(善道) 이끌어 주지만(導) 듣고서(聞而) 가지 않는 것은(不行) 길잡이의 허물이(導過) 아니니라(非也). 나도 이롭고(自利) 남도 이롭게 하는(利人) 대승의 큰 법이(法) 다(皆) 구족해 있으니라(具足). 만일(若) 내가(我) 오래(久) 머문다 하더라도(住) 다시 더(更) 이로울 바가 없느니라(無所益). 이제부터(自今) 이 뒤에는(而後) 나의(我) 모든(諸) 제자들이(弟子) 법을 굴리고 펴서(展轉) 행한다면(行之則) 부처님의(如來) 진리의 몸이(法身) 항상 머물러서(常住而) 멸하지 않으리라(不滅也)」

하셨으니, 만일(若) 이같은 이치를(如是理) 안다면(知則) 다만(但) 스스로(自) 도를 닦지 못함을(不修道) 한탄할지언정(恨) 어찌(何) 말세임을(末世) 근심하겠는가?(患乎也), 엎드려 바라노니(伏望) 너는 모름지기(汝須) 결정코 열렬한 뜻을(決烈之志) 일으키고(興) 특히 통달한 뜻을(特達之懷) 열어서(開) 모든 인연을(諸緣) 다 버리고(盡捨) 뒤바뀐 생각을(顚倒) 없애어(除去) 진실로(眞實) 나고 죽는 큰 일을(生死大事) 위해(爲) 조사의(祖師) 공안 위에, 화두에 대해(公案上) 마땅히 잘(宜善) 찬구하여(粂究) 큰 깨달음으로(以大悟) 법칙을 삼고, 목표를 세우고(爲則) 부디(切) 스스로(自) 가벼이 여겨(輕) 물러서지(退屈) 말지어다(莫).

역사의 흐름에 따라 세속의 풍속·사상조류는 변할 수 있지만 사람의 근본 마음인 본래 청정한 부처자리는 예나 지금이나 변하지 않는다. 본래의 마음자리 곧 도에는 멀고 가까운 것도 없고 쇠하는 것도 길고 짧은 것도 없고 친하고 성긴 것도 없으니 이런 것들은 다 상대법이며 생사법(生死法)이고 일승(一乘)의 불법이 아니고 마음의 바른 법이 아니기 때문이다. 그래서 신심명(信心銘)에, 「생각으로 미치는 곳 아니며 알음알이로 헤아릴 수 없나니, 참다운 진리의 법계는 남도 없고 자기도 없도다」(非思量處 精識難測 眞如法界 無他無自)라 했고, 「급하게 서로 응하려거든 둘 없는 이치를 오직 말하노니 둘 아닌 것은 다 같아서 포용하지 않음이 없도다.」(要急相應 唯言不二 不二皆同 無不包容)이라 했다.

이 말은 마음의 본체·진리는 아무리 따지고 따져 보아도 이해되지 않는 것이니, 현대의 서양 사람들처럼 무엇을 사고하고 추구해서 혹은 연역법(演繹法)으로 혹은 귀납법(歸納法)으로 삼단논법(三段論法)의 사고형식을 빌어서 분석하고 추리하여 얻어지는 것이 아니란 뜻이다. 생각생각 이어지는 분별심(分別心)으로 미치지 못하며 생각과 말과 글이 모두 끊어진 자리이다. 모양과 양질(量質)로 이루어진 것이 아니기 때문이다. 여기서 정(精)이라 함은 감정을 말하는 것으로 남을 미워하고 사랑하는 것뿐만 아니라 생각하고 느끼는 모든 것을 정이라 했다. 식(識)은 우리의 六근이 객관의 경계를 따라 분별을 내는 알음알이를 말한다. 그러므로 이 정과 식은 본래부터 아무 분별 없이 청정미묘한 마음 자리와는 비교될 수 없다는 것이다. 마음자리는 온 우주의 근본이고 생명의 본체이니 마음을 떼어 놓고 따로 불법이 나 망상(妄想)을 내지 않는 때나 다 그 마음은 조금도 변함 없다. 마음을 떼어 놓고 따로 불법이 있는 것도 아니다. 이 마음은 변하지 않는 마음이며 선이니 악이니 남자니 여자니의 차별이 없고 본래 평등한 자리이므로 남도 나도 없다고 한 것이다.

이 마음자리를 떠나서 생각이 나올 수 없고 주관 객관이 벌어질 수도 없지만 그것은 한 마음에서 나온 것이기 때문에 실상은 둘이 아니다. 그런데 둘이 아닌 하나면 하나도 아닐 것이 틀림 없다. 그러므로 마음에 들어서고 보면 부처도 중생도 없고 극락세계도 지옥도 아니며 극락세계가 곧 사바세계 이고 사바세계이면서 그대로 극락인 것이다. 모든것이 마음에 포용(包容)돼 있다. 마음 안에 들어 있다는 뜻이다.

마음의 법이 본래 이런 것인데 어떻게 옛날과 지금이 다를 수 있고 도가 성했다 쇠했다 하겠는가? 오직 자기가 하기에 달려 있으니 마음의 결심만 굳게 먹고 불법을 따라 열심히 받들어 수행하면 마음 을 깨달아 도를 성취할 것이다. 비유하면 부처님도 훌륭한 의사와 같고 길잡이와 같아서 친절히 깨닫 는 길을 가르쳐 준 것일 뿐 본인이 잘 배워서 닦지 않으면 안된다는 것이었다.

祖師公案이라 함은 공정한 문안(文案)이란 뜻이다. 본래 공부안독(公府案牘)이란 말에서 공과 안을 딴 것인데 공부안독은 관공서의 문서 명령서란 뜻을 가진 말이다. 이것은 모든 사건의 잘 잘못을 판정하는 표준이 되므로 엄정하여 변할 수 없는 철칙임을 뜻한다. 선종(禪宗)의 조사(祖師)가 마음을 깨달은 기연(機緣)이었거나 또는 학인(學人)을 깨달음으로 인도하기 위해 마음을 깨달은 조사가 주는 참선(叅禪)의 과제를 일컫는다. 또 이것에 의해 학인의 깨치고 못깨친 것을 판정하기도 하므로 공안이라 이름했다. 이 공안을 화두(話頭)·고칙(古則)이라고도 하는데 선문(禪門)에는 이 공안의 수가 모두 천칠백이나 된다고 한다. 그 몇가지를 들면 첫째 무엇이 가고 오고 생각하는가? 「이것이 무엇인가?」하고 참구하는 것을 시십마(是什麽)라 한다. 또 유명한 조사인 조주스님은 「개도 불성이 있느냐?」는 물음에 「없다」고 대답했는데 이것을 「구자무불성」(狗子無佛性)이라 하여 다 유명한 화두가 되었다. 이 같은 선문의 화두는 반드시 말에 의거하지 않고 몸짓이나 큰 소리를 내는 등으로도 포현된다. 그래서 몽뚱이로 때리는 것을 방(捧)이라 하고 「악」하고 소리치는 것을 할(喝)이라 한다.

[本文]

惟斯末運에 去聖時遙하야 魔强法弱하고 人多邪侈하야 成人者少하고 敗人者多하며 智慧者寡하고 愚癡者衆하야 自不修道하고 亦惱他人하나니 凡有障道之緣은 言之
유사말운 거성시요 마강법약 인다사치 성인자소 패인자다 지혜자과 우치자중 자불수도 역뇌타인 범유장도지연 언지

不盡이라 恐汝錯路故로 我以管見으로 撰成十門하야 令汝警策하노니 汝須信持하야
부진 공여착로 아이관견 찬성십문 영여경책 여수신지

無一可違를 至禱至禱하노라 頌曰 愚心不學增憍慢이요 癡意無修長我人이로다 空腹
무일가위 지도지도 송왈 우심불학증교만 치의무수장아인 공복

高心如餓虎요 無知放逸似顛猿이로다 邪言魔語肯受聽하고 聖敎賢章故不聞이로다 善
고심여아호 무지방일사전원 사언마어궁수청 성교현장고불문 선

道無因誰汝度리요 長淪惡趣苦纏身이니라
도무인수여도 장륜악취고전신

오직 이 말법시대에 성인이 가신 지 오래여서 마는 강하고 법은 약해졌고 많은 사람들이 잘못되었나니, 남을 옳게 지도하는 이는 적고 남을 그르치는 이가 많으며 슬기로운 이는 드물고 어리석은 이만 있도다.

제 스스로만 도를 닦지 않을 뿐 아니라 다른 사람까지도 괴롭히나니 무릇 도에 장애되는 인연을 이루 다 말할 수 없도다.

그대가 길을 어길까 염려되어 내 좁은 소견으로 열가지 문을 가려내어 그대에게 경책하노니, 그대는 모름지기 믿고 지니어서 하나도 어김 없기를 지극한 마음으로 빌고 비노라. 게송을 말하리라.

미련하여 안 배우면 교만만 늘고 어리석어 안 닦으면 아상만 크네. 든것 없이 거만한건 주린 범 같고 무지하고 방탕함은 넘어진 원숭이일세.

사악한 소리 마구니 말 곧잘 들어도 성현님네 가르침에 귀 안 기울여 선도 인연 없는 그대 누가 건지랴? 악도에 깊이 잠겨 고에 얽히네.

【字解】 惟 오직유·생각컨대유·단지 유독. 斯 이사·어조사사, 찍어 쪼갬·무의미의 조자. 遙 멀요·아득할요·요원함·멀리 떨어져서. 弱 약할약·어릴약·침노할약. 侈 사치할치·오만할치·많을치. 敗 패할패·무너질패·썩을패. 寡 적을과·나과, 수효가 적거나 세력이 미약함·왕후의 자칭. 惱 괴로와할뇌·괴롭힐뇌, 고민함·괴롭게함. 凡 범상할범·속계범·무릇범, 대략·보통임·대저 대저 다할진, 모다 없어짐·끝남·힘을 다 들임. 恐 두려워할공·으를공·아마공·무서워함·공갈함. 盡 다할진, 모다 없어짐·끝남·힘을 다 들임. 警 경계할경·사변경, 주의함·변고. 策 대책책·직첩책, 종이가 없던 옛날에 글 씨를 쓰던 댓조각·사령서. 憍 빌도, 불신에 기도함. 增 불을증·늘릴증·더욱증·증가함·더욱더 한층 더. 憍 씩씩할교·교만할교·귀애할교, 기운찬 모양·거만함·총애함. 慢 게으름만·느릴만·방자할만, 나태함·더딤·방종함.

【講義】 성인이 가신 지가 오래여서(遙) 마구니는 강하고(魔强) 법은 약하며(法弱) 사람들은(人) 사치가 많아져서(多邪侈) 사람을 만들어 주는 이는(成人者) 적고(少) 사람을 그르치는 이는(敗人者) 많으며(多) 지혜로운 자는(智慧者) 적고(寡) 어리석은 자는(愚痴者) 많아서(象) 자기도(自) 도를 닦지 아니하고(不修道) 다른 사람도(他人) 또한 괴롭히나니(亦惱) 무릇·대저(凡) 도에 장애되는(障道之) 인연이(緣) 있음으므(有) 말로(言之) 다하지 못하리라(不盡) 네가(汝) 길을 그르칠까(錯路)

두려우므로(恐故) 내가(我) 작은 소견으로(管見) 가지고의 문을(十門) 지어, 만들어(撰成) 너로 하여금(令汝) 경책케 하노니(警策) 너는 모름지기(汝須) 믿고 가져서(信持) 한 가지라도(一) 가히(可) 어김이(違) 없기를(無) 지극히 빌고(至禱) 지극히 비노라(至禱)。 게송으로 이르노라。

어리석은 마음 배우지 않으면(愚心不學) 교만만 늘고(增憍慢) 어리석은 뜻으로 닦음 없으면(癡無修) 나다 너다 하는 상만 자라네。(長我人) 빈배에 마음만 높은 건(空腹高心) 굶은 범과 같고(如餓虎) 아는것 없이 방일하면(無知放逸) 미친 잔나비 같도다。(似顚猿) 삿된 말과 마구니의 말은(邪言魔語) 받아 듣기 즐겨 하고(肯受聽) 성인의 가르침·어진이의 글은(聖敎賢章) 짐짓 듣지 않도다(故不聞)。 선도에 인연 없으면(善道無因) 누가 너를 제도하리(誰汝度) 길이 악취에 빠지면(長淪惡趣) 괴로움이 몸에 얽히도다(苦縲身)。

현겁경(賢劫經) · 대지도론(大智度論) 등에 의하면, 지구나 우주는 역시 물질로 이루어진 세계이므로 생멸(生滅)을 면할 수 없고 따라서 일정한 시간이 지나면 점차 무너지게 된다는 것이다. 그런데 지구뿐 아니라 사람들의 수명(壽命) · 정신작용 · 생활복력(生活福力) 등이 항상 변화하는 가운데 주기적(週期的)인 법칙에 따른다는 뜻이다. 사람의 나이가 최고로 많을 때는 八만四천살이나 되어 五백살이 되어야 시집가고 장가가며 복이 많아서 먹고 입는 것을 저절로 얻으며 사람의 마음이 지극히 착하고 어질다. 그러나 백년에 한살씩 줄어서 나이가 점점 줄어지면 그에 따라서 수명도 복력도 줄어지고 마음씨도 점차 나빠지기 시작한다. 이렇게 해서 백살이하로 나이가 내려가면 사람들의 마음씨는 악해 자기 시작하게 되고 삿되게 흐른다. 따라서 착한 마음씨로 살아나가기가 어렵게 되는데 이렇게 해서 나이가 열살까지 내려가면 마음은 더욱 나빠져서 극악무도(極惡無道)하게 된다. 그러다가 열살에서부터는 다시 백년에 한살씩 늘어나기 시작한다. 마음도 점차 착해지기 시작하고 복도 수명도 늘기 시작하여 八만四천세에 다시 이르게 된다고 한다. 이렇게 한번 올라가고 한번 내려 가는 것을 一소겁(小劫)이라 한다.

그런데 부처님께서 이 세상에 출현하실 때는 사람의 나이가 백세가 못될 때는 말세가 되어 불법의 교화를 받을 수 없는 때이므로 출현하시지 않는다고 한다. 또 수명이 주는 감겁(減劫) 때에만 출현하시고 수명이 늘어나고 있는 증겁(增劫) 때에는 출현하시지 않으니 수명이 늘어나고 있는 증겁때에는 사람들이 五욕락(欲樂)에 도취하기를 좋아할 뿐 도를 닦을 마음이 없기 때문이라 한다. 그래서 야운 선사도 성인이 가신지 나쁜 말법(末法)에 마구니는 강하고 법은 약하다고 한 것이며 옳은 사람이 되도록 지도하는 이는 적고 나쁜 길로 사람을 빠뜨리는 이가 많아서 삿되고 악한 무리들이 횡행하여 자신만 버릴뿐 아니라 다른 사람까지 공부할 수 없게 방해를 하는 수도하기가 어려운 때라고 한탄했던 것이다.

我人 게송에 「미련한 마음으로 배우지 않으면 교만만 늘고 어리석은 남만 자란다」고 한 나라는 생각과 남이라는 생각 곧 주관·객관을 뜻한다. 배우면 배울수록 나와 남만 자란다는 생각과 남이라는 생각 곧 주관·객관을 뜻한다. 배우면 배울수록 겸손하게 되고 마음을 닦으면 닦을수록 마음이 텅 비고 환하게 열린다. 반대로 배우지 못한 어리석은 사람은 내가 남보다 못한데가 없다는 생각·내가 왜 남에게 지겠느냐는 교만심만 늘게 마련이다. 또한

수양이 없는 사람이면 일수록 이것은 내것이니 좋게 하고 저것은 남의 것이니 아무렇게나 하자는 생각이 많고 내 것은 조금도 양보할 수 없다는 식의 대립 관념이 강하다. 이것을 아상(我相)·인상(印相)이라 한다. 아상은 곧 물질로 이루어진 몸뚱이와 생각하는 정신으로 나를 삼는다. 그러나 몸뚱이는 죽은 물질이니 나일 수 없다. 생각 또한 주관과 객관이 벌어진 상태에서 육안인 눈으로 객관인 물질을 보고 느끼어지고 분별된 마음이며 드는것 맛보는 것이 다 그렇다. 그 가운데 어떤 마음도 정확하게 변하지 않는 생각·지식은 없으며 나라고 끄집어 낼만한 생각은 없다. 때로는 좋았던 것이 어느때는 싫어지고 희다고 봤던 것이 다음에 검어지기도 한다. 따라서 이렇게 덧없이 변하는 생각이나 지식을 나라고 할 수는 없다. 어떤 지식·사상을 나라고 한다면 무슨 주의 무슨 사상이 다 내가 되어야 할 것이 아닌가? 내 얼굴이 잘 났으니 나는 잘났다. 나는 힘이 굳세니 내가 제일이다. 나는 아는 것이 많으니 훌륭하고 나는 적어도 사상가·철학가니 남보다 뛰어났다는 식의 잘난체하는 생각 「나」라는 생각이다 「아상」(我相)이다. 그러나 따지고 보면 그런 나는 허망한 것이고 실제로 있다고 할 수 없는 것이다.

「남이란 생각」을 인상(人相)이라고 하는데 「나」라는 주관을 세웠으므로 「남」이라는 객관이 생길 것은 필연적(必然的)이다. 그러나 일단 주관 객관을 세우고 나는 잘났고 너는 틀렸다, 나는 좋고 너는 싫다는 등의 차별을 내고 상대관념을 세우면 이것이 곧 생사의 현상계에 떨어진 것이며 유루(有漏) 유위(有爲)의 상대세계에 빠져서 중생의 번뇌에 속박되고 마침내 三악도에 떨어지게 되는 것이다. 내가 없으면 남은 따라서 없는 것인데 실다운 것이 아닌 없는 것을 있는 것으로 잘못 알고 집착하여 번뇌를 일으키고 업을 지었기 때문이다.

野雲禪師는 닦지 않았으면서 잘난체 하는 꼴은 굶주린 호랑이가 기세만 뽐내려는 것 같고 아는 것 없이 허랑방탕하게 노니는 모양은 자빠진 원숭이처럼 볼품 없고 가련하다고 했고 도는 스스로 닦아야 하는 것이며 누가 보아 주느냐고 되는 것이 아니니, 닦지 않고 번뇌에만 끄달려 가다 보면 악도에 떨어져서 무한한 고를 받을 것인데 어떻게 하려고 게으름만 피우느냐고 게송으로 경책하셨다. 그리고 이하에 열가지의 부문으로 나누어 일상(日常)의 수행자세 내지 규범으로서 명심하도록 경책했다.

二、좋은 옷・좋은 음식 멀리 하라

[本文]

其一은 軟衣美食을 切莫受用이어다 自從耕種으로 至于口身히 非徒人牛의 功力 多重이라 亦乃傍生의 損害無窮이어늘 勞彼功而利我라도 尙不然也온 況殺他命而活己를 奚可忍乎아 農夫도 每有飢寒之苦하고 織女도 連無遮身之衣온 況我長遊手어

今生에 未明心하면 滴水도 也難消니라 頌曰 菜根木果慰飢腸하고 松落草衣遮色身
금생 미명심 적수 야난소 송왈 채근목과위기장 송락초의차색신

이어다 野鶴青雲爲伴侶하고 高岑幽谷度殘年이어다
야학청운위반려 고잠유곡도잔년

니 飢寒을 何厭心이리요 軟衣美食은 當恩重而損道오 破衲蔬食은 必施輕而積陰이라
기한 하염심 연의미식 당은중이손도 파납소식 필시경이적음

하염심 당은중이손도 파납소식 필시경이적음

첫째, 좋은 옷과 맛 있는 음식을 받아 쓰지 말라.

밭 갈고 씨 뿌리는 일로부터 입과 몸에 이르기까지 한갖 사람이나 소의 공로가 많을뿐 아니라 또한 적은 벌레들의 상해도 한량 없도다. 남을 수고롭게 하여 나를 이롭게 하는 것도 오히려 할 수 없는 일인데 하물며 다른 생명을 죽여서 내 몸만 살리는 일을 어찌 차마 하겠는가.

농부도 매양 굶주리고 추운 고통이 있고 베짜는 여자도 늘 가릴 옷이 없는데 하물며 나는 길이 손을 놀리거니 어찌 주리고 추움을 싫어 할 수 있으랴?

부드러운 옷과 맛 있는 음식은 은혜만 지중하여 도에 손해가 되고 떨어진 옷과 나물밥을 먹는 것은 시주의 은혜가 가벼우므로 반드시 음덕을 쌓느니라.

금생에 이 마음 밝히지 못하면 한 방울 물도 소화하기 어려우니라. 게송을 말하리라.

풀뿌리로 주린창자 위로해 주고 솔옷 지어 몸을 가리고

들의 학과 푸른 구름 벗으로 삼아 높은 산과 깊은 골에 해를 보내리.

【字解】 軟 부드러울연, 무름・약함・의지가 굳지 아니함. 美 아름다울미・맛남미・기릴미
窮 궁할궁・다할궁・궁할궁, 깊이 연구함・있는 힘을 다 들임・다 없어짐・막힘. 勞 수고할로・노고
할로, 공로・힘들임・고달픔. 尙 오히려상・숭상할상, 높일상・지울살・살해함. 殺 죽일살・지울살・살해함. 노
문대어 없앰・어세를 강하게 하는 조사. 奚 종해・어찌해, 노복・의문사・반어・어찌・하라.
농・힘쓸농. 寒 찰한・궁할한, 추움・간담이 선뜩함. 農 농사
함・재물을 써 없앰. 衲 기울납・승복납, 옷을 기움. 蔬 푸성귀소・날소. 積 쌓을적・주름적・옷의 주
름. 陰 음기음・그늘음・몰래음. 滴 물방울적・방울 떨어질적. 消 사라질소・녹일소・분석
학・흴학, 섭근류에 속하는 큰 새・우모가 흰 모양. 殘 해칠잔・잔인할잔. 鶴 두루미

【講義】 부드러운 옷과 (軟衣) 맛 있는 음식을 (美食) 간절히 꼭 (切) 받아 쓰지 (受用) 말지어다 (莫).
밭갈고 씨뿌리는 (耕種) 것으로 부터 (自從) 입과 몸에 (口身) 이르기까지 (至于) 한갓 (徒) 사람과 소의
(人牛) 공력이 (功力) 많고 무거울 (多重) 뿐 아니라 (非) 또한 이에 (亦乃) 곁 생물의 (傍生) 손해됨이
(損害) 다함 없거늘 (無窮) 수고한 (勞) 저 공이 (彼功) 나를 이롭게 하는것도 (利我) 오히려 (尙) 그렇
게 못할 일인데 (不然也) 하물며 (況) 다른 목숨을 (他命) 죽여서 (殺而) 자기를 살리는 것을 (活己) 어찌
가히 (奚可) 차마 하겠는가? (忍乎) 농부도 (農夫) 매양 (每) 굶주리고 추운 (飢寒之) 피로움이 (苦) 있고
(有) 베짜는 부여자도 (織女) 연하여 (連) 몸을 가리울 (遮身之) 옷이 (衣) 없거든 (無) 하물며 (況) 나는 (我
길이 (長) 손을 놀리거니 (遊手) 주리고 추움을 (飢寒) 어찌 (何) 마음에 싫어하랴 (厭心). 부드러운 옷 (軟

衣) 맛있는 음식은(美食) 마땅히 은혜가 무거워서(恩重) 도를 덜고(損道) 떨어진 옷(破衲) 나물밥(蔬食) 은 반드시(必) 시주의 공이 가볍고(施輕) 음덕을 쌓으리라. (積陰) 금생에(今生) 마음을 밝히지 못하면(未明心) 한방울 물도(滴水) 소화시키기 어렵도다(難消). 게송을 말하리라. (頌曰) 풀뿌리 나무열매(菜根木果) 주린 창자 위로하고(慰其腸) 송락과 풀옷으로(松落草衣) 몸뚱이를(色身) 막을지어다(遮). 들 학과(鶴野) 푸른 구름으로(靑雲) 짝을 삼고(爲伴侶) 높은 메뿌리와(高岑) 그윽한 골짜기에서(幽谷) 남은 해를 보낼찌어다(度殘年).

우리가 먹는 음식은 거개가 땅에 재배를 해서 얻어야 한다. 따라서 농촌(農村)의 농부들이 갈고 뿌리고 매고 거두어 들여야 하며 방아 찧고 운반하고 하는 과정을 거쳐야 한다. 한걸음 더 나아가서 생각하면, 농사를 지을 수 있는 한 사람의 농부가 있기까지는 그 어머니가 낳아서 길러서 가르쳐야 하고 병들면 약주고 보살펴 주며 추우면 입히고 더러우면 씻어 주고 이렇게 온 정성과 공을 다해서 청년이 될때까지 길러야 한다. 그러고 나면 다시 농사하는 일을 배워야 한다. 이렇게 二〇년이상의 말할 수 없는 노고와 자본과 정성을 들여서 얻어진 많은 농부들의 협력과 다시 몇해동안 길들이고 먹이고 가꾸고 일을 가르친 소등의 힘이 합해져서 밭갈고 씨뿌릴 수 있으며 일년동안 끊임없는 땅과 피가 얽혀져서야 비로소 한 알의 곡식을 얻을 수 있는 것이다.

그러므로 우리가 매일매일 편안히 앉아서 받아 먹는 한 그릇 밥의 공로는 이루다 말할 수 없는 것이다.

이런 것들을 생각하면 특히 시주(施主)의 배푸는 공양만을 받고 사는 수행자의 신분으로서 하는 일 없이 맛있는 음식으로 배부를 것만 생각한다면 수도와는 이미 십만 八천리로 멀어져 가는 것이며 더우기 술 고기까지 막행막식(莫行莫食)을 서슴 없이 한다면 수행인이란 이름은 너무나 격에 맞지 않는다 하겠다. 맛 있는 것 배부르게 먹는 편안한 생활속에서는 도리어 굳센 발심을 기대할 수 없고 용맹한 정진력을 일으키기 어렵다. 주리고 추운 것을 이겨내는 가운데 큰 수행력(修行力)을 쌓을 수 있고 뭇 사람이 존경할 수 있는 의지·어떤 경계에도 흔들리지 않는 초인적(超人的)인 마음의 힘을 성취할 수 있을 것이기 때문이다.

농사를 짓고 사업을 경영하기 위해서는 사람의 수고만 소비되는 것이 아니라 수많은 축생들까지 살상(殺傷)을 당하게 마련이다. 밭갈고 김매다 보면 버러지가 짤려 죽고 밟혀 죽으며 곡식을 보호하기 위해서 해로운 많은 버러지들을 잡아 죽이기까지 하며 더욱 현대의 농업은 살충제(殺虫劑)를 뿌리는 등의 일로 엄청난 량의 살생(殺生)이 감행되는 것은 필연적인 것이다. 그러므로 우리가 먹고 입는 일상 생활을 위해서 얼마나 놀라운 수고와 얼마나 많은 생령(生靈)들이 희생되었는가를 알수 있다. 그래서 부처님은 부왕(父王)을 따라 농사 짓는 광경을 보다가 버러지들이 상해되고 날짐승들이 달려들어 쪼아 먹는 등의 참혹한 현상을 목도하시고는 약육강식(弱肉强食)의 현실을 덧없게 느끼어 출가수행 할것을 더욱 굳건히 결심했다고 한다. 버러지 미물(微物) 쯤이야 좀 죽인들 어떠랴 하지만 육도중생(六道衆生)의 윤회(輪廻)를 알고 보면 미물의 살생을 결코 소홀히 볼 수는 없다. 이조 임진왜란(壬辰倭亂)당시 승군(僧軍)을 일으켜 왜군(倭軍)을 격퇴하는데 절대의 공헌을 한 서산(西山)·사명(泗冥) 두 스님사

이에 있었던 다음과 같은 이야기로도 알 수 있다. 사명스님이 서산 스님 밑에서 선(禪)을 닦고 있을 무렵이었다고 한다. 아직 사명스님은 숙명통(宿命通)을 하기 전이었다. 숙명통이란 자기에 대해서 뿐아니라 모든 중생의 과거·현재·미래 곧 금생·내생·전생 일을 다 아는 지혜가 열린 것을 말한다. 때마침 큰 흉년이 들어서 사중(寺中)의 많은 대중이 먹고 수행할 일이 큰 걱정이었다. 수제자인 사명대사와 함께 걱정하시던 중 하루는 사명대사에게 당시 묘향산(妙香山) 일대에서 큰 갑부였던 모인을 만나 보라 하셨다. 그 사람이 시주만 한다면 대중들의 양식은 어렵지 않겠지만 서산대사 당신이 가셔는 성공할 수 없다고 하시었다. 이에 사명대사는 항의했다. 「큰 스님께서 가셔서 안되는 일을 소승이 간다는 것은 더욱 안될 일」이라고 극구 사양했다. 그러자 서산대사는 그러면 함께 가보자고 하셨다. 그리하여 두 스님은 그 시주의 집앞에 이르러 서산대사가 앞으로 나서며 주인을 찾았다. 그러나 주인은 사랑방의 큰 문을 열고 내려다 보더니 큰 소리로 호통만 쳤다. 당시는 불교를 배척하는 사회였으므로 할 수 없었다. 서산대사는 사명대사에게 이렇게 말씀하셨다.

「이런 대접을 하는데 어떻게 시주를 말하겠나? 며칠 후에 그대가 가 봐야지 나는 안되겠네.」

「큰 스님께서도 안되셨는데 제가 가면 더구나 되겠읍니까?」하고 반대했으나, 큰 스님의 말씀이 여러번 계셨으므로 며칠 후에 사명스님 혼자 갔다. 그런데 이번에는 뜻밖에 환영을 해주었고 시주도 많이 받았다. 사명스님은 서산스님께 그 까닭을 물었다. 서산스님은 그 내력을 이렇게 말씀하셨다. 과거 몇백년전 고려때 서산스님은 한문서당에 접장(接長=수제자)이었고 사명스님은 그 차석이었다. 가

울철이 되어 학동(學童)들을 데리고 산으로 소풍을 가게 됐다. 그때 앞에 가던 접장 서산스님은 지팡이로 길가에 있던 큰 버러지를 때려 죽였다. 맨 뒤에서 총찰(總察)하며 따라가던 사명스님은 버러지가 꿈틀거리는 것을 보고 불쌍한 생각이 들어 그것을 흙으로 덮어 주며 가엾게 생각했다. 그 버러지는 몇생을 지내다 전생에 심어 논 복이 있어서 이제 사람으로 태어나 큰 부자가 되었으며 그때의 일이 인연이 되어 서산대사를 보자마자 대로하여 해하려 했고 사명 대사에게는 잘해 주었다는 말씀이었다.

이렇게 볼때 비록 미물의 살생이라 하지만 경시할 수 없음을 알수 있고, 또한 농부의 노역중의 살상은 우리와 직접 관계가 없다고 할는지 모르지만 그 모든 업보(業報)에 대하여 사회인 전체가 연대적으로 책임 지지 않으면 안되는 것이다. 따라서 수행인이라면 자기의 잘못뿐만 아니라 모든 사람의 과오까지라도 다 자신의 잘못으로 받아 들여 참회하고 뉘우칠 줄 알아야 할 것이다.

三、 재물을 탐하지 말라

〔本 文〕

其二는 自財를 不惜하고 他物을 莫求어다 三途苦上에 貪業이 在初요 六度門中
그이 자재 불인 타물 막구 삼도고상 탐업 재초 육도문중

行檀이 居首니라 慳貪은 能防善道요 慈施는 必禦惡徑이니라 如有貧人이 來求乞이어
행단이 거수 간탐 능방선도 자시 필어악경 여유빈인 내구걸
든 雖在窮乏이라도 無悋惜하라 來無一物來오 去亦空手去라 自財도 無戀志어든 他物
수재궁핍 무인석 내무일물래 거역공수거 자재 무연지 타물
에 有何心이리오 萬般將不去요 唯有業隨身이라 三日修心은 千載寶요 百年 貪物은
유하심 만반장불거 유유업수신 삼일수심 천재보 백년 탐물
一朝塵이니라頌曰 三途苦本因何起오 只是多生貪愛情이로다 我佛衣盂生理足커늘 如
일조진 송왈 삼도고본인하기 지시다생탐애정 아불의우생리족 여
何蓄積長無明고
하축적장무명

둘째, 자기 재물 아끼지 말고 남의 재물 구하지 말라.

三도의 괴로움 위에는 탐욕이 첫째가 되고 六도의 문 가운데는 보시를 행하는 것이 머리가 되느니라.
아끼고 탐하면 착한 길을 막게 되고 자비로 베풀음은 악한 길을 막으리라.
만일 가난한 사람이 와서 구걸하거든 비록 곤란하더라도 아끼지 말아야 하느니라. 올때도 한 물건
도 없고 갈때 또한 빈 손으로 가리니, 자기 재물에도 그리는 뜻이 없어야 하는데 하물며 남의
재물에 어찌 마음을 둘 수 있으리요.
만가지를 하나도 가져 가지 못하고 오직 업만 따를 뿐이니, 三일동안 닦은 마음은 천년의 보배가
되고 백년동안 탐한 재물은 하루 아침의 티끌이로다. 게송을 말하리라.

三惡道의 근본원인 어디서 왔나
다생동안 탐욕애정 그것이었네,
가사바루 불법대로 만족하거니
어찌하여 쌓고 몽아 무명기르나.

【字解】 悋 아낄인, 인색함. 檀 박달나무단·단황목단. 途 길도·진흙도·칠할도, 도료 같은 것을 바름. 初 처음초·시초·근본 처음에. 惜 아낄석·애처롭게여길석, 소중히 여김·탐냄·가엾이 여김. 乞 빌걸·구할걸·거지걸. 將 장차장·도울장·갈장·동반할장. 盂 사발우·진이름우, 음식을 담는 그릇·사냥할 때의 진형의 이름. 寶 보배보·옥새보 전하여 소중한 사물·제왕의 인. 載 실을재, 가득할재, 수레에 적재함·가득히 됨. 禦 막을어, 방어함·정지시킴·방해함. 蓄 쌓을축·모을축·기를축.

【講義】 자기 재물을(自財) 아끼지 말고(不悋) 남의 물건을(他物) 구하지 말라(莫求), 삼도의 고통 위에(三途苦上) 탐내는 업이(貪業) 처음에 있고(在初) 여섯가지 제도하는 문 가운데(六度門中) 보시를 행하는 것이(行檀) 머리에 있도다(居首) 간탐하는 것은(慳貪) 착한 도를(善道) 능히 막고(能防) 자비로서 베풀음은(慈施) 악한 길을(惡徑) 반드시 막으리라(必禦). 만일(如) 가난한 사람이(貧人) 빌고(乞) 와서 구하는 이가(來求) 있거든(有) 비록(雖) 궁핍한 처지에(窮乏) 있더라도(在) 아낌이 없어야 하리라(無悋惜) 올때에(來) 한물건도 없이(無一物) 왔고(來) 갈 적에도 또한(去亦) 빈손으로(空手) 가느니라.(去) 자기 재물도(自財) 생각할 뜻이 없거늘(無戀志) 타인 물건에(他物) 어찌 마음이 있으랴(有何心). 만가지를(萬般) 가지고(將) 가지 못하고(不去) 오직(唯) 업만(業) 몸을 따름이(隨身) 있을 뿐

이다(有) 삼일간 마음을 닦음은(三日修心) 천년의(千載) 보배요(寶) 백년동안 재물 탐함은(百年貪物) 하루 아침 티끌이로다(一朝塵). 게송으로 말하리라(頌曰). 삼도의(三途) 괴로움의 근본은(苦本) 무엇을 인연하여(因何) 일어나는가?(起) 다만(只) 여러 생에(多生) 탐하고(貪) 사랑하는(愛) 뜻이(情) 이것이 로다.(是) 우리 부처님의(我佛) 옷과 바릿대 만으로도(衣盂) 사는 이치가(生理) 만족하거늘(足) 어찌 하여(如何) 쌓고 몽아(蓄積) 무명만(無明) 기르겠는가?(長)

사람이 죄업(罪業)을 짓는 가장 큰 원인은 탐욕 때문이다. 무엇이든 마음에 들기만 하면 소유하려 하고 하나를 가지면 둘을 갖고 싶어 하고 다시 셋을 쌓아두려는 것이 누구나 가지고 있는 욕심이다. 이것을 축적본능(蓄積本能)이라 하는데 이 욕망을 채우기 위해 유사이래 생존경쟁(生存競爭)의 이름으로 흘린 피는 헤아릴 수 없이 많을 것이다. 부모 형제간에도 의가 상하고 다투는 것은 다 이때문이다.

그러므로 모든 죄악의 첫쩨가 되는 것이 탐업(貪業)이라 했다.

業은 범어(Karma) 몸·입·뜻으로 짓는 말과 동작과 생각을 말하며 또는 그런 짓거리를 하므로써 생긴 힘을 말한다. 그 가운데 몸이나 입으로 짓는 업은 행동으로 옮기어 외부에 나타나는 업이고 생각으로 짓는 뜻으로만 정하고 행동으로는 나타나지 않은 업이다. 업이라 하면 일반적으로는 악업(惡業)만을 가르키는 것의(意=뜻) 三업이라 한다. 업에는 살생(殺生) 도둑질·사음(邪婬) 거짓말·악담·성내는 마음 탐하는 도 역시 선업(善業)이다. 악업에는 살생(殺生) 도둑질·사음(邪婬) 거짓말·악담·성내는 마음 탐하는 심욕 등의 열가지를 필두로 하여 많은 나쁜 짓이 있고 선업에도 열가지 착한 일을 비롯하여 많은 선행

(善行)이 있다. 十선(善)은 十악(惡)을 뒤집은 반대의 행이 그것이다. 업을 지어 그 과보(果報)로 받는 것을 업보(業報)라 한다.

업보사상은 곧 불교의 인과론(因果論)과 이명동의(異名同義)의 술어라 하겠다. 인과론이란 나쁜 짓을 하면 나쁜 결과를 받는 것, 곧 콩심은데 콩이나는 것처럼 어떤 결과란 우연히 오는 것이 아니라, 반드시 그렇게 되지 않으면 안될 원인이 있어서 그렇게 됐다는 매우 과학적인 이론이다. 그러므로 열가지 악을 지었으면 거기에 상응하는 나쁜 과보를 내생이든 받아야 한다는 것이다. 반대로 열가지 착한 일을 했으면 반드시 복을 받고 좋은 과보를 받게 된다는 것이다. 이것은 권선징악(勸善懲惡)을 하기 위해 도덕적 교훈으로만 하는 이야기가 아니고 불교에 있어서는 과학적이고 철학적이며 절대적인 뜻을 갖는다. 부처님 생존 당시 가미니(迦彌尼)란 승려가 부처님께 이렇게 여쭈었다. 「바라문은 스스로 잘 난체 하고 하늘을 섬깁니다. 그들은 사람이 죽으면 마음대로 하늘 나라에 태어나게 한다 합니다. 부처님께서도 중생들이 죽고 나면 천당에 태어나게 해 주십시오.」「가미니야, 어떤 사람이 살았을때 게을러서 정진하지 않고 생명을 죽이고 도적질하고 사음을 하고 거짓말하고 삿된 소견을 가지고 온갖 나쁜 짓을 했다고 하자. 그런데 이 사람이 죽을때에 많은 사람들이 몰려와서 「당신은 살아서 악업(惡業)만 했으니 그 인연으로 죽은 뒤에 천당에 태어나십시오」하고 축원한다면 이 사람이 천당에 태어난다고 생각하느냐」「그럴수 없읍니다」「그렇다. 비유하면 깊은 연못에 어떤 사람이 큰 돌을 넣었는데 마을 사람이 모여서 「돌이여 떠 올라 오라」고 아무리 축원을 하더라도 무거운 돌이 떠오를 수 없는 것과 같다. 이와같이 나쁜 업은 곧 젊은 업이니 그 과보로 천상에 날수 없고 반드시 나쁜 세상에 떨어지리라.」

「또 가미니야, 어떤 사람이 부지런히 정진하고 묘한 법을 닦고 선업(善業)을 지었다면, 죽을때 여러 사람이 당신은 정진했고 묘법을 행했고 선업을 많이 지었으니 그 인연으로 죽어서 지옥(地獄)에 떨어지십시오」하고 저주했다고 해서 이 사람이 과연 지옥에 떨어지겠느냐?」「그러하지 않습니다.」「그러하다. 선한 업은 흰 업이니 비유컨대 기름병을 깨트려서 물에 던지면 병조각은 갈아 앉지만 기름은 다 물위로 떠오름과 같으니라. 이와같이 목숨이 다한 육신(肉身)은 흩어져 까마귀·까치가 갈아 앉을 쪼아 먹고 여우 승냥이가 뼈를 갉아 먹지만 그러나 마음의 업식(業識)만은 항상 믿음에 쌓이고 정진과 보시(布施)와 지혜에 싸여 저절로 위로 올라가 좋은 곳에 나느니라」라고 하시었다.

이런 것이 다 업보(業報)의 소이다. 그런데 오늘 나쁜 일을 했다고 즉시 그 보를 받고 지금 착한 일을 했다고 해서 즉시 복을 받느냐 하면 꼭 그런 것은 아니고 선악의 과보를 받는 시기는 일정하지 않다. 그 업의 정도와 당사자의 인연 인과 관계에 따라 다음의 세가지로 받는 시기가 다르다.

첫째는 순현업보(順現業報)니 금생에 지어서 금생에 당장 받는 업보를 말하고 둘째는 순생업보(順生業報)니 금생에 지어 내생에 받는 업보며 세째는 순후업보(順後業報)니 금생에 업을 짓고 三생이후 언제 받을지 모르지만 하여간 받기는 받는 업이다. 그래서 세번째의 순후 보를 부정업(不定業)이라고도 한다.

六度는 여섯가지 수련법(修鍊法)이니, 대승불교에서 가장 중시하는 여섯가지 수행덕목(修行德目)이다. 여섯가지란 ① 보시바라밀(布施波羅蜜)·② 지계바라밀(持戒波羅蜜)·③ 인욕바라밀(忍辱波羅蜜)·④ 정진바라밀(精進波羅蜜)·⑤ 선정바라밀(禪定波羅蜜)·⑥ 지혜바라밀(智慧波羅蜜)이 그것이다.

① 보시바라밀은 단나바라밀(檀那波羅蜜) 범어 DaNa paramita라 하며 남에게 나의 것을 주는 수행이다. (一七一페이지 참조)

② 지계바라밀은 시라바라밀(尸羅波羅蜜) 범어로 Sila Paramita라 하며 계를 지키는 수행을 일컫는다. 三四·三五·四六~六九·一四八페이지 참조.

③ 인욕바라밀은 군제바라밀(羼提波羅蜜) 범어로 Ksanti Paramita라 하며 참고 견디는 수행을 일컫는다. 一四八·一四九·二九二페이지 참조.

④ 정진바라밀은 비리야바라밀(毘梨耶波羅蜜) 범어의 Virya Paramita라 하며 정진(精進) 근(勤)이라 번역한다. 악법(惡法)을 용감하게 끊고 선법(善法)을 부지런히 닦는 수행. (一四九페이지 참조.

⑤ 선정바라밀은 선나바라밀(禪那波羅蜜) 범어 Phyana-paramita라 하며 사유수(思唯修)·정려(靜慮) 정도(定度) 정도피안(定到彼岸)이라 번역하며 생각을 닦고 마음을 한곳에 몰아 산란하지 않게 하므로 삼매(三昧)를 닦는 수행. (一四二·一四九·一五〇페이지 참조.

⑥ 지혜바라밀은 반야바라밀(般若波羅蜜) 범어 Prajna-paramita라 하며 지도도피안(智度到彼岸)이라 번역한다. 마음이 밝아져서 우주와 인생의 실상(實相)을 비추어 보는 지혜를 일컫는다. (一〇〇·

一○一・一四二페이지 참조)

行檀은 단나(檀那)를 행한다는 뜻이니 곧 보시바라밀(布施波羅蜜)이란 뜻이다. (○○페이지 ○○페이지 참조) 三악도의 업보중에 탐업이 가장 무거운데, 탐업을 다스리기 위해서는 보시바라밀을 부지런히 해야 하기 때문에 보시를 六도 문중에 제일 큰 수행으로 손꼽는다고 한 것이다. 또한 출가인으로 탐욕(貪欲)을 기르는 것은 곧 무명(無明)을 기르는 것이라고 결론 지었다. 세속 사람이라 해도 지나친 욕심은 안되는데 하물며 출가인의 경우이겠는가? 재가한 불자라면 생계(生計) 유지를 위해도 자녀의 교육을 위해 사업을 경영해야 하고 부모와 조상을 받드는 일・손님을 접대하는 일등이 있으므로 정당한 노력에 의한 수입을 도모해야 한다. 그래서 부처님께서도 재가불자는 부지런히 사업을 하여 사업이 번창하도록 하여 가족의 부양・일가 친척의 접대 불쌍한 사람을 돕는 자선사업과 불법을 위한 일에 각각 나누어 쓰도록 하라고 하셨던 것이다. 그러나 출가인이라면 부처님의 바루 하나면 걸식(乞食)을 하여 수행할 수 있고 시주공양(施主供養)으로 수행할 수 있으므로 또다시 재물을 욕심낼 아무 이유가 없다는 뜻이다. 만일 조금이라도 탐심(貪心)을 내면 그것은 다름아닌 생사의 근본인 무명(無明)을 기르는 것 밖에 아무것도 아니라는 뜻이다.

無明은 생사의 근본인 근본번뇌를 일컫는다. 범어로 Avidya라 했는데 본래 생사가 없고 선악이 없는 마음 자리를 알지 못하는 깨달음의 광명을 등진 근본적인 어두움이란 뜻이다. 이 무명이 근본원인이 되어 탐심을 일으키고 애욕(愛欲)을 일으키며 어리석은 마음이 싹이 터서 온갖 죄업을 짓게 된다는 것이다. 따라서 번뇌의 근본·생사의 근본·중생 살이의 뿌리가 된다. 그러므로 견성성불(見性成佛)을 한다는 것은 곧 이 무명을 끊어 없애고 마음을 밝혔다는 외에 다른 뜻은 없다.

四、말을 삼가하라

〔本 文〕

其三은 口無多言하고 身不輕動이어다 身不輕動則息亂成定이요 口無多言則轉愚
그삼   구무다언   신불경동   신불경동즉식란성정   구무다언즉전우

成慧니라 實相은 離言이요 眞理는 非動이라 口是禍門이니 必加嚴守하고 身乃災本이
성혜   실상   이언   진리   비동   구시화문   필가엄수   신내재본

니 不應輕動이니라 數飛之鳥는 忽有羅網之殃이요 輕步之獸는 非無傷箭之禍니라 故
  불응경동   삭비지조   홀유라망지앙   경보지수   비무상전지화   고

로 世尊이 住雪山 六年을 坐不動하시고 達磨居少林 九歲를 黙無言하시니 後
  세존   주설산 호대 육년   좌부동   달마거소림 하사 구세   묵무언   후

來參禪者ᄂ들 何不依古蹤이리요 頌曰 身心把定元無動하고 黙坐茅庵絶往來어다 寂
래참선자   하불의고종   송왈 신심파정원무동   묵좌모암절왕래   적

寂寥寥無一事하고 但看心佛自歸依어다
적요요무일사   단간심불자귀의

세째, 입은 말을 적게 하고 몸은 가벼이 하지 말라·

몸을 가벼히 움직이지 않으면 어지러움을 쉬고 선정을 이루게 되고, 입에 말이 많지 않으면 어리석음을 돌려 지혜를 이루느니라. 참 바탕은 말을 떠났고 참 이치는 움직이지 않느니라. 입은 이 화의 문이니 반드시 엄숙히 지켜야 하고 몸은 재앙의 근본이니 마땅히 가볍게 움직이지 말지어다. 자주 나르는 새는 문득 그물에 얽히는 재앙이 있고 함부로 돌아다니는 짐승은 화살에 상하는 재화가 없지 않으니라. 그러므로 세존께서는 설산에 계시면서 六년동안이나 앉아서 움직이지 않으셨고, 달마께서는 소림굴에서 九년동안을 아무 말 없이 지내셨거니, 후세의 참선하는 자가 어찌 옛 자취를 의지하지 않겠는가. 게송을 말하리라.

몸과 마음 정에 묶어 움직임 없고 떼집에서 왕래를 말라.

적적하고 고요하여 한일도 없이 마음부처 찾아보고 의지할진져.

【字解】 災 재화재·재앙재, 화난. 飛 날비, 공중에 떠서 감. 羅 그물라·비단라·드믈라. 網 그물망 물고기 새등을 잡는 기구. 殃 재앙앙·해칠앙, 주로 하늘이나 신명이 내리는 재화. 歲 해세·나이세·일년. 步 걸음보·운수보·여섯자보, 발걸음·운명. 禍 재화화·재앙·재난을 내림. 後 뒤후, 배면·끝·말미·장래·나중. 把 잡을파·묶음파, 손으로 움켜쥠. 묶어 놓은 덩이. 茅 떠모·띳집모. 庵 암자암. 寂 고요할적, 적적함. 寥 쓸쓸할료·횡할료, 적막함. 공허함. 歸 돌아갈귀·보낼귀·붙좇을귀, 온 길을 감·물건을 줌·따름.

【講義】 입에는 (口) 말이 많은 것을 (多言) 없이 하고 몸은 (身) 가벼이 움직이지 말라 (不輕動). 몸을 가벼이 움직이지 아니하면 (身不輕動則) 어지러움이 쉬고 (息亂) 선정을 이루고 (成定) 입에 많은 말을 없애면 (口無多言則) 어리석음을 굴려서 (轉愚) 지혜를 이루리라 (成慧). 진실한 상은 (實相) 말을 여의였고 (離言) 참다운 이치는 (眞理) 움직이지 않느니라 (非動). 입은 (口) 이 (是) 재화의 문이니 (禍門) 반드시 더욱 (必加) 엄하게 지키고 (嚴守) 몸은 이에 (身乃) 재앙의 근본이니 (災本) 응당 (應) 가벼이 움직이지 (輕動) 말지어다 (不). 자주 나는 (數飛之) 새는 (鳥) 홀연히 (忽) 벌려 놓은 그물의 (羅網) 재앙이 있고 (有), 가볍게 걸어다니는 (輕步之) 짐승은 (獸) 화살에 상하는 (傷箭之) 화가 (禍) 없지 아니하니라 (非無). 그러므로 (故) 세존께서 (世尊) 설산에 계시면서 (住雪山) 六年동안 (六歲) 앉아서 움직이지 않으셨고 (坐不動), 달마께서 (達磨) 소림에 계시면서 (居少林) 九년 동안이나 (九歲) 잠자코 말이 없으셨거니 (默無言), 뒤에 오는 (後來) 참선하는 자가 (叅禪者) 어찌 (何) 옛 자취를 (古蹤) 의지하지 않겠는가 (不依). 계송으로 말하리라 (頌曰). 몸과 마음 (身心) 잡아 정하여 (把定) 움직임이 없이 하고 (無動) 몌집에 (茅庵) 묵묵히 앉아 (默坐) 왕래를 끊을지어다 (絕往來). 고요하고 그윽하여 (寂寂寥寥) 한 일도 없고 (無事) 다만 (但) 마음의 부처를 (心佛) 보고 (見) 스스로 귀의할지어다 (自歸依).

공부를 하는 요결은 무엇보다도 번뇌를 적게 하고 흔들리는 마음을 선정으로 붙들어 마음의 본바탕을 밝히자는데 있다. 그러기 위해서는 먼저 계를 지키어 몸과 마음이 흔들리지 않게 한 뒤 선정 닦는 일을 게을리하지 말아야 한다. 그런데 말을 많이 하고 몸을 자주 움직이다 보면 결국 번뇌를 일으키는 근원이 되고 계를 깨뜨리고 공부를 저버리어 잘못될 우려가 있다. 마음자리는 본래 말이나 생각으로 드러나는 것이 아니며 움직이는 것은 다 변하는 것이며 변하는 것은 곧 생사법(生死法)이고 진여(眞如)의 참된 이치가 아니기 때문이다. 그래서 신심명(信心銘)에 「말이 많고 생각이 많으면 도리어 상응하지 못하고 말과 생각이 끊어지면 통하지 않는 곳이 없느니라」(多言多慮 轉不相應 絶言絶慮 無處不通)라고 했다. 진리는 아무리 철학적으로 종교적으로 따져보아도 이론에만 그칠 뿐 실제로 체득할 수는 없고 드러날 수도 없다는 뜻이며, 오히려 생각을 많이하면 점점 마음의 본바탕과는 거리가 떨어지게 된다는 뜻이다. 그러므로 생각을 여의고 나면 부처의 성품이 늘어나기 쉬운 것이다. 그러나 그렇다고 해서 아무 생각 없이 고요하게만 있으면 곧 마음을 깨친 것이냐 하면 그렇게 간단하기만 한 문제는 아니다. 여기서 불성(佛性)을 자세히 언급할 수는 없지만 그러나 잘못 이해가 돼서도 안되겠기에 신심명의 한 구절을 더 소개하기로 한다.

「움직임을 쉬어서 그침으로 돌아가면 그침이 오히려 더 큰 움직임이 되나니 오직 양쪽 끝에 머물거늘 어찌 한가지 씨앗을 알겠는가?」(止動歸止 止更彌動 唯滯兩邊 寧知一種)

번뇌를 끊는다 하여 억지로 단번에 쉬려고 하면 더 시끄러워진다. 또 선정(禪定)에 든다 하여 아무것도 없는 공(空)한 가운데 빠져서 「생사도 없고 번뇌도 없는 적멸이 여기였구나. 참 좋구나」하고 애착하면 이것 역시 참된 적멸이 아니며 참 면목(眞面目)을 본 것도 아니다. 그러므로 열반락(涅槃樂)에도 생사고(生死苦)에도 머무르지 말아야 참 열반을 얻는다는 뜻이었다.

하여튼 말이나 생각에 따라가지 말고 몸가짐은 있어서도 경솔하게 움직이는 것은 진리에 접근하는 태도가 아니라는 뜻이다. 그러므로 부처님께서는 설산에 六년 동안 삼매에 드셔서 움직이지 않으셨으며, 달마대사께서는 소림굴(少林窟)에서 九년 동안 벽을 향하고 앉아서 바깥 경계를 등지고 사람을 대해 말을 하지 않으셨으니 이를 본받아 오직 몸과 마음을 붙들어 깊은 신정을 닦고 고요와 고요 속에 한 일도 없는 경계에 들어가 마음의 부처를 스스로 발견하라 했던 것이다.

達磨는 선종(禪宗)의 개조(開祖)로서 동토(東土)의 초조(初祖)이지만 인도의 법통으로는 二八대 조사(祖師)가 된다. 부처님께서 마하가섭존자(摩訶迦葉尊者)에게 법을 전하셨으므로 마하가섭존자를 一조(祖)로 하여 二八대가 되기 때문이다. 출생년대는 확실치 않으나 남인도 향상국(香象國)의 제三왕자로 태어났고 제二七조 반야다라(般若多羅)의 법을 받았으며 뒤에 중국에 들어와서 (五二○년 양무제 〈梁武帝〉 보통 元년) 양무제를 만났으나, 기연(機緣)이 맞지 않아 소림굴(少林窟=洛陽 崇山)에 들어가 九년 동안 벽을 향해 앉아서 참선만 했으나 허락치 않으므로 면벽바라문(面壁婆羅門)이라 별명했다. 신광(神光)이 달마를 찾아와 법을 구했으나 밤새도록 눈을 맞고 밖에서 기다리다 새벽에 나오는 대사에게 팔을 베어 구도(求道)의 신표(信表)로 바치니 가상히 여겨 제자될 것을 승낙하고 혜가(慧可)라 이름했다. 뒤에 달마의 오묘한 법을 깨달음에 가사와 바리를 전해 주어 二조를 삼았다.

五、 벗을 바로 사귀라

[本文]

其四는 但親善友하고 莫結邪朋하라 鳥之將息에 必擇其林이요 人之求學에 乃選
기사 단친선우   막결사붕   조지장식   필택기림   인지구학   내선
師友니 擇林木則其止也安하고 選師友則其學也高니라 故로 承事善友를 如父母하고
사우 택림목즉기지야안   선사우즉기학야고   고 승사선우 여부모
遠離惡友를 似寬家니라 鶴無烏朋之計어니 鵬豈鷃友之謀리오 松裏之葛은 直聳千尋
원리악우   사원가   학무오붕지계   붕기안우지모   송리지갈 직용천심
이요 茅中之木은 未免三尺이니 無良小輩는 頻頻脫하고 得意高流는 數數親이어다 頌
   모중지목   미면삼척   무량소배 번번탈   득의고류 삭삭친   송
曰住止經行須善友하야 身心決擇去荊塵이어다 荊塵掃盡通前路하면 寸步不離透祖
왈주지경행수선우   신심결택거형진   형진소진통전로   촌보불리투조
關이니라
관

넷째, 착한 벗을 친하고 사악한 벗은 맺지 말라.

새가 장차 쉬려함에 반드시 그 숲을 가리며 사람이 배움을 구함에 스승과 벗을 가리나니 숲을 잘 가

리면 그 휴식이 편안하고 스승과 벗을 잘 가리려면 그 학문이 드높으니라. 그러므로 착한 벗 섬기기를 부

모 받들 듯하고 악한 벗은 원수처럼 멀리 여길지어다. 학은 까마귀 같은 새와는 벗하려는 생각이 없

거니 붕새들과 벗할 마음이 있겠는가? 소나무 틈 속에 자라는 칡은 천 길을 곧게 솟아오

르고 잡초 가운데 있는 나무는 석 자를 넘지 못하나니 어질지 못한 소인배는 빨리빨리 떼어 버리고 뜻

있는 고상한 무리는 자주자주 친해야 하느니라. 게송을 말하리라.

가고 서고 언제라도 착한 벗 친해 몸과 맘에 가시덤불 쓸어내어서

가시티끌 모두 쓸어 앞길 열리면 한 발짝 안 옮기고 관문 뚫으리.

【字解】 朋 벗붕・메붕, 친구・무리. 擇 가릴택, 고름・선택함・차별함. 選 따라갈준, 따라감・좇아

감. 遠 멀원・멀리할원, 시간 또는 거리가 길거나 멈・깊음. 烏 까마귀오・걸을오・탄식하는 소리.

鵬 붕새봉・상상의 큰 새, 한번에 구만리를 난다 함. 鷦 뱁새초・뱁새. 謀 꾀할모・물을모, 책략을

세움・계획함, 상의함. 葛 칡갈・갈포갈, 콩과에 속하는 산의 식물・칡의 섬유로 짠 베. 聳 솟을용,

높이 솟음. 尋 잦을심・물을심・탐색함・질문함. 尺 자척・길이척, 길이의 단위. 頻 급할빈・자주빈,

위급함・나란히함・잇달아. 透 뚫투・환할투, 도약함・환히 비침.

【講義】 다만(但) 착한 벗을(善友) 친하고(親) 사악한 벗을(邪朋) 믿지 말지어다(莫結). 새도(鳥之)

장차 쉴 적엔(將息) 반드시(必) 그 수풀을(其林) 고르고(擇) 사람이(人之) 배움을 구하는 데(求學) 이에

(乃) 스승과 벗을(師友) 가릴 것이다(選). 수풀을 고른즉(擇林木則) 그 쉬는 것이(其止也) 편안하고(安

스승과 벗을(師友) 가린즉(選) 그 배움이(其學也) 높을 것이다(高). 그러므로(故) 착한 벗(善友) 받들어 섬기기를(承事) 부모처럼 하고(如父母) 나쁜 친구(惡友) 멀리 여의기를(遠離) 원수진 집처럼 하라(似冤家) 학은(鶴). 까마귀와 벗하기를 꾀하는 일이(烏朋之計) 없거니(無) 붕새가(鵬) 어찌(豈) 뱁새와 벗하기를 도모하리요(鷦友之謀). 소나무 사이에 뻗친 칡은(松裏之葛) 천길을 곧게 솟아오르고(直聳千尋) 떠 가운데 나무는(茅中之木) 석자를 면치 못하나니(未免三尺) 어질지 못한(無良) 소인의 무리는(小輩) 번번이 벗어나고(頻頻脫) 뜻을 둔(得意) 고상한 사람은(高流) 자주자주 친할지어다(數數親). 게송으로 말하리라(頌曰). 머물고 그치고 거니는 데(住止經行) 모름지기(須) 착한 벗과 친하고(善友) 몸과 마음을 가리어 결단해서(身心決擇) 하여 가시와 티끌을 버릴지어다(去荊塵). 가시와 티끌을(荊塵) 다 쓸어 없애면(掃盡) 앞길이 통하면(通前路) 한 걸음도(寸步) 여의지 않고(不離) 조사관 뚫으리(透祖師關).

총림(叢林)의 다른 이름이 다 이 말은 나무 숲처럼 불자들이 많이 모여서 잘 자라고 있음을 뜻한다. 나무가 하나만 있으면 구부러지기도 하고 바람이 불면 넘어질 염려가 있지만 나무가 많이 들어서서 숲을 이루면 구부러지는 나무는 하나도 없이 꼿꼿하게 솟아오르는 것과 같다는 것이다. 이와같이 수도를 하는 사람들은 스스로의 발심과 수행 정진이 필요한 것과 아울러 스승과 도반의 선택은 수행을 해 나가는 실제에 있어서 가장 중요한 과제가 된다. 그 중에도 좋은 스승을 만나느냐 못만나느냐 하는 것은 큰 수도자가 되느냐 못되느냐 하는 열쇠가 된다고 해도 과언이 아니다. 위대한 스승 밑에는 반드시 위대한 인물이 나오고 큰 스승 없이 큰 위인이 나온 예는 찾아보기 힘든 일이기 때문이다. 또한 일상의 수행생활을 함께 하고 있는 도반(道伴)의 선택 역시 중요하다. 세속의 생활에서라면 친구와 접촉이 아무리 많다 하더라도 집에서 잠자고 밥먹는 시간에는 떨어지게 되고 각자의 개인생활을 하는 시간도 상당히 많지만 출가수행에 있어서는 먹고 자고 배우고 수련하는 하루 온종일의 생활을 도반과 함께 하는 것이므로 그 관계가 더욱 중요하다고 하겠다. 물론 출가 승려에게도 가끔씩 만나는 스승이나 도반이라 해도 다 그러므로 착한 벗은 부모처럼 섬기고 나쁜 벗은 원수처럼 여기어 멀리멀리 여의라 했다. 도를 닦고 마음을 깨치는데 스승이 얼마나 중요하고 사람이 바르게 살고 나쁘게 사는데 친구의 영향이 얼마나 큰가 하는 데 대한 이야기가 있다.

五祖스님 문하에 학행(學行)이 뛰어나서 대중의 덕망이 높았던 신수대사(神秀)라고 하는 대덕(大德)이 있었다. 그러나 五祖스님은 대중의 여망을 뒤엎고 그의 법을 일개 나뭇군 출신의 혜능행자(惠能行者)에게 전해 주었다. 그 뒤 신수대사의 문중에서는 六祖대사를 무식하다고 멸시하는 비방을 하곤 했다. 신수대사는 「그렇지 않다. 내가 따르지 못할 점이 있으니 너희 중에 가장 총명한 지성(志誠)이 六祖의 회상(會上)에 가서 법을 듣고 외워다가 나에게 와서 가르쳐 달라」했다. 지성이 혜능대사에게 뵈우니 너의 스승이 어떻게 대중을 가르치시더냐?」하고 물으셨다. 「마음을 머물러(住心) 고요함을 관하라(觀靜) 하시고 길이 앉아 공부만 하고 눕지 말라(長坐不臥) 하십니다.」「마음을 머물러 고요함을 관하는 것은 이것이 병이니 선이 아니며 앉기만 하여 몸을 구속하기만 함은 또한 이치에 이익함이 무엇이냐? 나의 게송을 하나 들으라」하시고는 다음의 게송을 읊으셨다.

「살아서는 앉지 눕지 못하고 죽어서는 누워서 앉지 못하니 한 덩이 냄새 나는 뼈덩이가 어떻게 공과를 이루리오」(生來坐不臥 死去臥不坐 一具臭骨頭 何爲立功課).

이에 지성이 깨닫는 바 있어 두번 절하고 사뢰었다. 「제자가 신수스님 처소에서 九년동안이나 도를 배웠으나 깨달음을 얻지 못했는데 이제 화상의 한 말씀 듣는 마음에 들어 맞았나이다. 제자가 나고 죽는 일이 크오니 대자비로 다시 가르쳐 주시옵소서」라고. 六조대사의 제자가 되어 마침내 四十三 대 제자 가운데 꼽히게까지 되었다. 이것은 신수대사와 같은 위대한 대덕이면서도 제자 지성의 마음을 열어 주지 못했는데 六조대사는 법문 한번으로 그의 마음자리를 드러나게 했다. 그것은 六조대사께서 는 마음을 뚜렷이 깨달아 마음의 진리를 소리가 나도록 흔들어 보일 수 있었지만 신수대사는 아무리 학 행은 거룩했지만 아직 마음의 바탕을 뚜렷이 드러내 보일 수 없었기 때문이다. 이것은 곧 스승의 차이 인것이다. 신수대사와 같은 대덕의 경우에도 이러하니 그렇지도 못한 범상한 처지에서 이끄는 지도는 그 얼마나 책임이 중대한 것인지 짐작하고 남음이 있다. 그러므로 스승의 선택은 절대적인 관문이 아 닐 수 없다.

과부여인과 그의 하인과의 사이를 공부하는 비유로 들어 말씀하신 부처님의 법문(法門)이 있다. 『옛날에 돈많은 과부가 있었는데 그는 성격이 온화하고 겸손하며 웃음 띤 얼굴로 항상 자비하여 모 든 사람들의 칭찬이 자자했다. 그런데 그에게는 젊은 여자 하인이 한 사람 있어서 그 내조의 공이 컸다. 여자 하인은 이렇게 생각했다. 「마님이 덕이 많고 어진 사람으로 평판이 높아가니 그분이 선천적으로 착한 분인지를 시험해 보리라」고 그리고는 일도 잘 안하고 주인의 뜻을 자주 거슬렸다 그랬더니 주인은 좋던 얼굴에 나쁜 빛이 일어나고 욕설이 나오기 시작했다. 그녀는 「옳지 네가 이제는 나의 시험대에 올랐구나」하고 점점 더 어긋나는 행동을 했다. 그랬더니 어질던 과부는 마침내 성격이 거치러지고 악독한 여자로 변했다」고 한다. 이것은 여주인과 같이 환경에 따라 좋은 사람이 되기도 하고 나쁜 사람이 되기도 하는 예를 들어 말씀한 비유이고 액운과 불행 같은 아무리 어려운 역경(逆境)에서라도 참고 견디며 선행(善行)을 하고 불법(佛法)을 끝까지 잘 닦아야 한다는 뜻으로 하신 말씀이었다. 그러나 우리는 이 설화의 내용으로 보아 함께 지내는 도반(道伴)의 영향이 얼마나 큰 것인가를 아울러 짐작할 수 있으리라 믿는다.

祖師關은 조사의 경지에 들어가는 관문이란 뜻이니, 곧 화두(話頭)·공안(公案)에 의한 참선(參禪)을 통해 조사선(祖師禪)의 도리를 터득하는 것을 뜻한다. 조사선은 문자(文字)나 의리(義理)에 따라 이해하는 것이 아니라 마음으로 마음에 전하는(以心傳心) 달마조사의 교외별전(敎外別傳)의 법을 터득하는 것을 뜻한다. 예컨대 선종(禪宗)의 五대종 가운데 하나인 위앙종(潙仰宗)의 개산조(開山祖)인 앙산조사(仰山祖師)가 그의 제자 향엄지한(香儼智閑)에게 말하기를 「내가 너에게 평생 공부한 지식을 묻지 않는다. 네가 어머니 뱃속에서 나오기 전 본분사(本分事)를 말해 보아라」 했다. 이에 향엄스님은 말하지 못하고 앙산스님에게 말씀해 달라 했다. 그러나 스님은 말하지 않고 앉았다. 이에 향엄스님은 가지고 있던 서책(書册)을 다 태워 버리고 남양 혜충국사(慧忠)의 유적지에서 깨달음을 얻었다. 그리고 「화상님의 은혜 부모보다 더 크옵니다. 저에게 미리 말씀하셨던들 오늘이 있었겠읍니까?」하고 목욕 하고는 자기 스님 계신 쪽을 향해 절한 뒤 게송을 지어 바쳤다.

「한번 쳐서 아는 것 다 잊었네, 거짓으로 닦아 알지 못하리. 얼굴을 움직여 옛길을 보이니 초연한 기틀에 떨어지지 않노라. 곳곳에 종적 없으니 소리와 빛이 위의를 잃네, 도를 달한 자상상의 기틀이라고 만하네. (一擊忘所知 而不假修知 動容揚古路 不隨悄然機處 處無踪跡 聲色忘威儀 諸方達道者 咸言上上機)

이상은 앙산화상의 제자인 향엄선사가 조사관을 뚫은 예인데, 비록 향엄이 앙산을 떠나서 조사의 경지를 깨달았다고는 하지만 그러나 깨달을 수 있도록 지도한 것은 앙산 화상에게 있었음을 잊어서는 안된다.

六、잠을 적게 자라

〔本 文〕

其五는 除三更外에 不許睡眠이어다 曠劫障道는 睡魔莫大니 二六時中에 惺惺起
기오 제삼경외 불허수면 광겁장도 수마막대 이륙시중 성성기

四威儀內에 密密廻光而自看하라 一生을 空過하면 萬劫에 追恨이니
사위의내 밀밀회광이자간 일생 공과 만겁 추한

疑而不昧하며
의이불매

無常은 刹那라 乃日日而驚怖요 人命은 須臾라 實時時而不保니라 若未透祖關인댄
무상 찰나 내일일이경포 인명 수유 실시시이불보 약미투조관

如何安睡眠이리요 頌曰睡蛇雲籠心月暗하니 行人到此盡迷程이로다 箇中拈起吹毛
여하안수면 송왈수사운롱심월암 행인도차진미정 개중염기취모

利하면 雲自無形月自明하리라
리 운자무형월자명

다섯째, 삼경 외에는 잠자지 말라.

 아득한 옛부터 도에 방해되는 일은 졸음의 마보다 더 큰 것이 없으니 하루 열 두시간 중에 또렷하게 의식을 일으켜서 흐리지 말며, 앉거나 서거나 눕거나 다니거나 끊임없이 광명을 돌이켜 스스로 마음을 살피라, 일생을 헛되이 보내면 만겁을 두고 한이 될 것이다. 덧 없는 세월이 찰라 나날이 놀랍고 두려워할 일이며 사람의 목숨은 잠깐이니 실로 때때로 보존할 수 없느니라. 만일 조사의 관문을 터득하지 못하였다면 어찌 편하게 잠잘 수 있으랴. 계송을 말하리라.

졸음의 뱀 구름되어 마음 달 덮어 길 가는 이 여기 와서 어릿거리네.
이 가운데 보배 칼날 높이 쳐들면 구름 자취 사라지고 달만 밝으리.

【字解】 曠 빌광·밝을광, 공허함·환함. 吳 잠깐유, 잠시. 威 위엄위·거동위, 권위·예모 있는 거동·세력·위협함. 保 도울보·지킬보, 보증을섬·보좌함. 程 기
 蔦 놀랄경·겁내어 떠듦, 놀라게 함. (籠) 새그릇롱·새장롱 箇 낱개·이개, 셀때에 쓰는 말. 拈 집을점, 손가락으로 집
 둥정·집의 기둥. 불교에서는 념이라 읽음.

【講義】 삼경을 제한 시간에는(除三更外) 잠자는 것을(睡眠) 허락해서는 안된다.(不許) 아득하게 오랜 겁으로(曠劫) 도를 장애하는 것은(障道) 졸음의 마구니보다(睡魔) 더 큰 것은 없으니(莫大) 하루 열 두시간(二四時間) 가운데(二六時中) 또렷이 깨어서(惺惺) 의심을 일으키고(起疑) 흐리지 말라(不昧). 네가지 위의 속에(四威儀內) 빽빽히 항상 잠시도 끊임 없이 자세하게(密密) 광명을 돌이켜서(廻光而) 스스로 보라(自看) 한평생을(一生) 헛되이 지내면(空過) 만 겁에(萬劫) 한이 따르리라(追恨). 덧없는 세월은(無常) 실로(實) 때때로(時時) 날마다 날마다(日日) 놀랍고 두려우며(驚怖) 사람의 목숨은 잠깐이니(人命須臾) 실로 어떻게(如何) 편안히 잠잘 수 있으랴?(安睡眠) 계송으로 말하리라(頌曰). 못했다면(未透) 어떻게(如何) 편안히 잠잘 수 있으랴?(安睡眠) 만일(若) 조사의 관문을(視關) 뚫지 졸음의 뱀(睡蛇) 구름처럼 가려서(雲籠) 마음 달을 어둡게 하네(心月暗). 가는 사람(行人) 여기에 이르러(到此) 모두다 길을 미혹하도다(盡迷程). 이 가운데(箇中) 날카로운 칼을(吹毛利) 빼어 들면(拈起) 구름이 스스로(雲自) 흔적 없어지고(無形) 달빛 스스로 밝으리라(月自明).

三更이라 함은 저녁 九시에서 새벽 三시까지를 일컫는다. 이것은 요사이 시간으로 풀이하면 六시간이 되지만 옛날의 一시간은 요사이 二시간에 해당하므로 三경이라 한 것이다. 그러므로 절에서는 지금도 九시에 잠자는 신호를 해서 새벽 三시가 되면 도량석(道場席)하는 목탁소리와 함께 잠자리에서 일어나게 된다.

二六時라 함은 九九의 곱하기 법으로 표현한 문장이니 二六은 十二이므로 十二시간이란 뜻이다. 옛날의 십이시간은 요사이 이십사시간에 해당하며 곧 하루 종일이란 말이 된다. 그러므로 하루 종일 또렷또렷이 깨어서 의심을 일으키고 참선만 하라는 말이며 四威儀는 앉고·서고·눕고·걷고 하는 네가지 몸가짐이란 뜻이니, 가만히 있거나 어떤 행동을 하거나 하는 일체의 거동을 가리킨다. 곧 밥을 먹거나 변소를 가거나 누구하고 대화를 하거나 어떤 일을 하거나 경문(經文)을 하거나 예불을 하거나 신도가 와서 불공(佛供)을 하거나 일체처 일체시(一切處一切時) 어느곳 어느때나 자기 자성, 자기 마음을 끊임없이 돌이켜 보라는 뜻이었다.

이상은 다 참선의 화두 드는 법으로 자책한 글이다. 화두를 들고 참선을 잘 하려면 첫째 크게 믿고 (大信) 크게 의심하고 (大疑) 크게 분발하는 (大忿) 마음이 있어야 한다. 마음이 곧 부처인 도리를 철저히 믿는 것을 대신(大信)이라 하고 이 마음을 깨쳐서 생사대사(生死大事)를 해결하겠다고 용맹한 분발심을 내는 것이 대분(大忿)이며, 그러기 위해서는 화두를 들고 참선을 해야 하는데 화두를 잘 들려면 화두의 뜻을 사무쳐 의심할 줄을 알아야 하므로 이것을 대의(大疑)라 한 것이다. 예컨대 조주 스님의 구자무불성(狗子無佛性)의 화두를 하려면 부처님께서는 일체함령(一切含靈) 곧 모든 생명이 다 불성(佛性)이 있다고 하셨는데 조주스님은 왜 개에게 불성이 없다고 하셨을까? 하는 의심이 철저하지 않으면 최후 구경의 올바른 참선이 될 수 없기 때문이다. 그래서 하루 이십사시간 또렷이 깨어서 골돌히 의심하고 졸거나 흐려서 매하지 말라 했던 것이다.

그런데 하루 종일 깨어서 참선만 하라 했으니 이런 말은 과학적으로 맞지 않는 매우 불합리한 생각이라고 의심할 수도 있을 것이다. 사람이 만일 잠을 제대로 자지 않으면 몸에 피로가 쌓여서 얼마 안 가 죽고 말 것이기 때문이다. 우리가 잠을 잔다는 것은 낮동안 활동함으로써 생긴 피로 독소(疲勞毒素)를 제거하기 위해서 잠을 자지 않으면 안된다는 것이 과학적인 이론이다. 쥐 두 마리를 이용하여 이것을 시험해 본 결과 잠을 마음껏 자고 일어난 쥐에게 전기 쇼크 등을 주어 며칠동안 한숨도 잠을 못자게 한 쥐의 피를 뽑아서 주사해 주면 잘 놀던 쥐가 곧 깊은 잠을 보게 된다. 이것은 잠을 못 잔 쥐의 핏속에는 피로독소가 꽉 차 있기 때문이라 한다. 그런데 이 피로독소를 없애려면 잠을 자는 방법 외에 별다른 수가 없다. 그러나 잠을 잔 결과 피로가 회복되는 과정을 살펴 보면 반드시 많은 시간을 자야 하는 것이 아니고 얼마나 깊은 잠 곧 숙면(熟眠)을 하느냐가 문제된다. 숙면을 한다면 두세 시간만 자더라도 대부분의 피로를 회복시킬 수 있으며 일반적인 통계로도 四시간 만 자도 八○푸로 이상의 피로가 풀리며 四시간 뒤에 자는 잠은 일종의 꾀잠 곧 얕은 잠에 불과하다는 것이다. 옛 어른들이 여섯시간만 자도록 마련한 제도가 얼마나 적절한 규칙인가를 알 수 있다. 특히 새벽에 일어나도록 함으로써 맑은 공기로 맑은 정신을 가다듬을 수 있도록 한 데는 깊은 뜻이 있음을 알 수 있다. 새벽이야말로 신령한 정신이 움직이는 하루 중 가장 귀중한 시간이기 때문이다. 세속의 일을 도모하는 경우에도 아침 이른 시간에 기획한 일이 가장 건전하고 능률적이며 이상적이란 옛 어른들의 가르침을 들을 수 있을 뿐 아니라 누구나 몸소 체험해서 잘 아는 일이다. 하여튼 사람이 잠을 꼭 자야 하는 것이 현실이지만 그러나 그렇다고 해서 잠을 자는 것이 절대 불가결적인 것만은 아니다. 그것은 정신 이상이 된 광인(狂人)의 경우를 보더라도 곧 알 수 있다. 보통 사람은 十日二十日 이상 잠을 안자면 곧 피로에 쌓여 생명을 잃을 것이지만 광인은 한달 이상 먹지도 자지도 않는데 육체의 힘은 보통 사람보다 더 많은 때문이다. 그러므로 잠을 자지 않더라도 반드시 죽는 것은 아니고 그 정신의 자세가 더 문제가 되고 있음을 알 수 있다.

정진을 많이 해서 정신이 통일된 삼매의 경계에 들면 마치 개구리가 몇 달 동안이라도 동면(冬眠)을 할 수 있는 것처럼 정신의 활동작용이 쉬는 상태로 된다. 따라서 이런 상태에서는 일반 사람들이 깊은 잠을 자는 것과 다름 없이 피로는 회복되는 것이다. 그러나 우리가 잠자는 것과 다른 것은 정신이 또렷이 깨어 있다는 사실이다. 그러므로 선정삼매(禪定三昧)에 들면 정신은 또렷이 깨어 있으면서 깊은 숙면을 한 이중(二重)의 생리적 효과를 거두는 것이라고 생각된다. 이런 경우에는 나라는 생각도 없이 먹고 자는 것도 잊은 채 긴 시간을 잠깐처럼 보내게 된다. 따라서 잠을 안 잔다고 해서 생명이 위태롭거나 잠이 부족하여 병 같은 것이 생길 염려도 없게 된다. 또한 비록 삼매는 얻지 못했다 하더라도 깊은 선정을 닦기 위해 잠을 안 자고 용맹 정진하는 것은 신체의 건강을 해치는 것이 아니며 설사 일시적으로는 잠이 해로왔다 하더라도 강력한 정신력을 얻고 나면 몸도 단련되고 하여 결코 심신(心身)에 해로움이 없을 것은 확실하다. 특히 선정을 닦는 것은 삼매를 성취하는 것이고 삼매로 하면 그것은 오매일여(寤寐一如) 곧 깨어 있는 것이나 잠자는 것이 둘이 아니어서 항상 깨어 있고 잠자는 것이 없는 경지를 체험하는 것이다. 그래서 초학자(初學者)들은 六시간 이상 잠자서는 안 되고 용맹정진을 하는 사람이면 잠을 몰아내고 二四시간 화두에 전념하라고 하셨던 것이니 속된 관념으로 함부로 부정적인 비판을 삼가해야 할 것이다.

吹毛利란 칼날이 날카로와서 털을 대기만 해도 잘라지는 정도의 보검(寶劍) 이름이다. 수도하는 사람이면 누구나 선정(禪定)을 성취해야만 성공을 하는 것인데, 선정 곧 오매일여의 경지에 들려면 먼저 잠을 없애야 하므로 그것이 제일 큰 마장(魔障)이라 한 것이다. 그러므로 옛 선사들은 수마(睡魔)를 쫓기 위해 몇십길 절벽 위에 앉아서 잠깐만 졸면 떨어져 죽게 되는 아슬아슬한 곳에 앉아 잠을 쫓으며 정진했고, 또한 턱 밑에 칼을 세워 놓고 졸음이 와서 고개만 까닥하면 목에 비수가 뚫고 들어가는 무서운 상황 아래서 정진하여 졸음을 이겨냈다고 한다.

七, 오만 부리지 말라

〔本 文〕

其六은 切莫妄自尊大하고 輕慢他人이어다 修仁得仁謙讓이 爲本이요 親友和友敬
기육 절막망자존대   경만타인   수인득인겸양   위본   친우화우경
信이 爲宗이니라 四相山이 漸高하면 三途海ㅣ 益深하나니 外現威儀는 如尊貴나 內
신   위종   사상산   점고   삼도해   익심   외현위의   여존귀 내
無所得은 似朽舟니라 官益大者는 心益小하고 道益高者는 意益卑니라 人我山崩處에
무소득   사후주   관익대자   심익소   도익고자   의익비   인아산붕처

無爲道自成하나니 凡有下心者는 萬福이 自歸依니라 頌曰憍慢塵中藏般若 我人
무위도자성   범유하심자   만복이 자귀의   송왈교만진중장반야 아인
山上長無明이라 輕他不學蹣跚老하면 病臥辛吟限不窮이니라
산상장무명   경타불학용종로   병와신음한불궁

여섯째, 자기만 높이고 남을 업신여기지 말라.

어짊을 닦고 얻는 데는 겸손하고 사양함이 근본이 되고 벗을 친하고 화합하는 데는 공경하고 믿음이 으뜸이 된다. 네가지 고집하는 신이 점점 높아지면 三도의 고해가 더욱 깊어지나니 밖으로 나타나는 위의는 높고 귀한듯 하지만 안으로는 얻은바 없어 썩은 배와 같도다. 너나 나나 하는 산이 무너지는 곳에 함이 없는 도가 스스로 이루리니 무릇 마음을 낮출줄 아는 이는 일만 복이 스스로 돌아와 의지하나니라. 계송으로 말하리라.

교만이란 티끌 속에 반야는 묻혀만 가고 내다 너다 하는 산 위에 무명은 자라만 가네.
남을 업수히 여기고 배우지 않아 비틀비틀 늙어진 뒤에 병들고 신음하며 한탄만 끝 없네.

【字解】 讓 겸손할양·넘겨줄양. 爲 할위·삼을위, 행함·위하여 피함. 朽 썩을후, 부패함. 舟 배주. 선박·물에 뜀. 卑 낮을비, 높지 아니함·신분이 천함. 崩 무너질붕·죽을붕, 산 같은 것이 무너짐·멸망함.

【講義】 망령되게(妄) 스스로를 높이고, 크게 하고(尊大) 다른 사람을(他人) 가볍게 여기는 짓을(輕

慢) 부디 하지 말라(切莫) 어진 것을 닦아(修仁) 어진 것을 얻는 데는(得仁) 겸손하고 사양함이(謙讓) 근본이 되고(爲本) 벗을 친하고(親友) 벗과 화목하는 데(和友) 공경하고 믿는 것이(敬信) 으뜸이 되느니라(爲宗). 네가지 고집하는 산(四相山)이 점점 높아지면(漸高) 삼악도의 바다가(三途海) 더욱 깊어지나니(益深) 밖으로(外) 위의를(威儀) 나타냄은(現) 존귀한 것 같지만(如尊貴) 안으로(內) 얻은것 없음이(無所得) 썩은 배와 같으니라. (似朽舟) 벼슬이(官) 더욱(益) 큰 이는(大) 마음을(心) 더욱(益) 적게 하고(小) 도가(道) 더욱 높은 이는(益高者) 뜻을 더욱 낮출 것이니라(意益卑). 남이다 나다 하는 산이(人我山) 무너지는 곳에(崩處) 함이 없는 도가(無爲道) 스스로 이루어지리라(自成) 무릇(凡) 생각을 낮게 갖는 마음이 있는 자는(有下心者) 만가지 복이(萬福) 스스로 돌아와 의지하느니라. (自歸依 계송으로 말하리라(頌曰). 교만한 티끌 가운데(憍慢塵中) 반야를 감추게 되고(藏般若) 내다 너다 하는 산위에(人我山上) 무명만 길음이로다(長無明) 다른이를 가벼히 하여(輕他) 배우지 아니하고(不學) 비틀 비틀 몸만 늙으면면(躘踵老) 병들어 누어(病臥) 신음하고(辛吟) 한걸음 나아가 유의할 것을 비틀 몸만 늙으면면(躘踵老) 병들어 누어(病臥) 신음하고(辛吟) 한걸음 나아가 유의할 것을 한탄이 다함 없으리라(恨不窮).

자신을 낮추고 겸양하는 것은 인격을 함양하는 기본 강령이라 하겠다.

은 그것이 처세(處世)를 위해 꾸며서 하는 태도로서가 아니라 진실로 남을 존경하고 자신을 낮추는 것이어야 한다. 무학대사(無學)는 이성계(李成桂)와의 저 유명한 대화에서「자기 마음이 부처면 모든 사람을 다 부처로 보고 자기 마음이 도야지라면 모든 것을 다 도야지로 밖에 보지못한다」고 했다. 그러므로 자기 자신이 진실에 충실한 사람이라면 남에게도 똑같이 진실하게 되고 남의 훌륭한 점을 보고 존경하게 되는 것이다. 특히 불법을 수행하는 사람이라면 자기의 모든 것을 다 바쳐서 남을 위해 봉사하고 남을 받들어야 될 것이니 단순한 사양이 아니고 단순한 존경이나 믿음이 아니다. 참된 성품 속에는 나라는 생각, 남이라는 생각이 마음속에 조금이라도 있어서는 안되기 때문이다. 하물며 내것 내 것 하고 탐착하거나 남을 업신여기는 마음씨를 가진다면 이것은 진정한 의미에서 마음을 닦는 불자라 고 할 수는 없다.

四相山은 나다·남이다·중생이다·오래 살겠다는 아상(我相)·인상(人相)·중생상(衆生相)·수자상(壽者相)의 네가지 관념을 뜻한다. 불교수행의 목표는 이 네가지 관념을 없애는 데 있다. 이 네가지 생각이 붙어 있는 한 해탈(解脫)은 성취할 수 없을때문이며 견성성불(見性成佛)은 요원한 일이기 때문이다. 나라는 생각은 구체적으로 어떤 내용을 가리키는가? 첫째는 몸뚱이를 나라고 생각하는 것 곧 자기 얼굴이 어떻게 생겼고 몸매가 어떻고 우리 아버지 어머니의 아들이라는 등의 육체를 자기로 생각한다. 그러나 육체는 아침 먹은 피로 점심 때까지 살고 점심 먹은 피로 저녁까지 살며 저녁먹은 피로 밤을 산다. 따라서 이 몸뚱이는 다달이 나날이 시간시간이 변하고 있다. 또한 몸뚱이를 이루고 있는 피와 근육과 신경 골격 등은 다 따지고 보면 한날 물질에 불과하다. 그러므로 세상 사람들이 내다 내다 하고 내세우면서 모두 제잘난 멋에 살고 그 나를 위해 온갖 죄악까지 저지르고 하지만 사실 따지고 보면 아무것도 아닌 돌이나 흙을 나라고 믿고 죽은 물질이 나일 수는 없다. 따라서 죽은 물질이 나일 수는 없다. 또 사람들은 우리의 정신을 가지고 나라고 한 것에 불과하다. 또 사람들은 우리의 정신을 가지고 나라고 한다. 그러나 우리의 정신작용도 시시

각각으로 변하여 어느 한 생각도 나라고 붙들어 내세울 만한 것은 없다. 아침에는 국수가 먹고 싶었는데 점심때가 되면 밥이 먹고 싶고 떡을 받아 놓고 나면 다시 빵이 먹고 싶은 것이 우리들의 생각이다. 문자 그대로 갈대와 같이 변한다. 어떤 마음이 생겼다가(生) 그 생각이 얼마동안 있다가(住) 차차 변해지다가(異) 마지막에는 그 생각이 없어진다(滅). 이것을 생주이멸(生住異滅)이라고 한다. 이렇게 한 생각만 변하는 것이 아니라 굵은 생각 가는 생각 무수한 생각들이 복합적으로 일어났다 꺼지고 이어 또다시 무수한 다른 생각들이 꼬리를 물고 일어나는 것이 현실인데 우리들은 굵은 생각만 인식하고 있을 뿐이다. 그러면 그 가운데 어느 생각을 가리켜 나라고 할 것인가? 이 생각이 나라고 지적하려고 하는 순간 이미 그 생각은 엄밀히 따지면 변질하여 흘러간 과거의 생각이 되고 말기 때문이다. 따라서 몸뚱이나 정신이나 그 어디서도 나를 찾을 수 없고 실제로 나란 없는 것이다. 이 없는 나를 있는 것인 줄 잘못 알고 제 잘난 체하며 나를 내세워 나 하나만 잘 살려고 하다 보면 온갖 죄업이 두터워져서 三악도에 깊이 빠지게 마련인 것이다.

남이란 생각(人相)은 나란 생각(我相)에 대한 상대적인 생각이다. 내가 있으면 반드시 남은 따라오게 마련인 때문이다. 그래서 나와 남을 대립시켜서 내가 남보다 잘났다는 둥의 생각을 갖는다. 중생이란 생각(衆生相)은 살림살이에 대한 애착이다. 남보다 잘 입고 잘 살아야겠다는 생각, 남이 하니 나도 해야 한다는 생각, 좋은 일은 자기에게 돌리고 나쁜 일은 남에게 돌리는 것을 일컫는다. 나보다 약한 사람은 누르고 약한 생명을 잡아 먹는 약육강식(弱肉强食)의 생활이 다 중생상이다. 수자상(壽者相)은 이 몸뚱이로 좀더 오래 살려는 생각, 일정한 기간의 생명이 있다고 생각하는 마음곧 생사를 초월하지 못한 생사관(生死觀)을 일컫는다.

이상의 네 가지 생각이 있을수록 중생으로서의 업보(業報)를 더하는 근본이 된다. 그러므로 이 네가지 생각(四相)이 무너지면 상대세계를 초월하여 절대의 경계, 곧 함이 없는 무위도(無爲道)를 성취하게 된다고 한 것이다. 이 四상이 크면 클수록 교만이 더하게 되고 그렇게 되면 나니 남이니 하는 생각이 앞을 가리어 마음의 참 모습이 드러나지 못하게 되며 반대로 四상이 없어지면 자기를 낮추고 오직 다른 이만을 존경하고 위하게 되므로 자기만 편한 것이 아니라 남까지 마음을 편하게 하고 참된 봉사를 할 수 있고 상대방도 나와 남이 없는 진리의 세계로 이끌어 큰 복밭이 된다는 뜻이었다.

八、재색을 두려워하라

[本 文]

其七은 見財色이어든 必須正念對之어다 害身之機는 無過女色이요 喪道之本은 莫及貨財니라 是故로 佛垂戒律하사 嚴禁財色하사대 眼覩女色이어든 如見虎蛇하고 身

기칠은 견재색 필수정념대지 해신지기 무과여색 상도지본 막급화재 시고 불수계율 엄금재색 안도여색 여견호사 신

臨金玉이어든 等視木石하라하니
임금옥   등시목석
雖居暗室이나 如對大賓하고
수거암실   여대대빈
隱現同時하며 內外莫異
은현동시   내외막이

心淨則善神이 必護하고 戀色則諸天이 不容하나니
심정즉선신   필호   연색즉제천   불용
神必護則雖難處而無難이요 天
신필호즉수난처이무난 천
不容則乃安方而不安이니라
불용즉내안방이불안
頌曰 利慾閻王引獄鎖요 淨行陀佛接蓮臺니라 鎖拘入獄
송왈 이욕염왕인옥쇄 정행타불접련대   쇄구입옥
苦千種이요 船上生蓮樂萬般이니라
고천종   선상생련낙만반

일곱째, 재물과 여색을 바른 생각으로 대하라.

몸을 해치는 기틀은 여색보다 더한 것이 없고, 도를 상하는 근본은 재물에 미칠 것이 없다. 그러므로 부처님께서 계율을 세우시어 재물과 색을 엄하게 금하시기를「여색을 보거던 호랑이나 배암 본 것 처럼 하고 금이나 옥이 몸에 닿으면 나무나 돌처럼 여기라」하셨느니라. 비록 어두운 방에 혼자 있더 라도 큰 손님을 대한 것처럼 안보거나 한가지로 하여 안팎을 다르게 하지 말라. 마음이 깨끗하면 선신이 반드시 보호하고 여색을 그리면 모든 하늘이 용납하지 않으리니, 선신이 보호하면 어려운 곳에서도 어려움이 없어지고 하늘이 용납하지 않으면 비록 편한 곳에서도 편안하지 못하느니라.
계송으로 말하리라.

이끝만 욕심내면 염라대왕이 인도하고 마음 깨끗하면 아미타불이 맞아 주리.

【字解】 嚴 엄할엄・삼갈엄, 엄정함・의연함. 覩 볼도 주역(周易)에서 불견(見)자와 같은 뜻으로 쓰임. 暗 어두울암, 빛이 밝지 않음. 隱 숨을은・점철은・기댈은, 자취를 감춤. 難 어려울난・괴로와할난, 쉽지 아니함. 재난 또는 난처한 처지. 獄 옥옥・송사옥, 감옥・소송. 慾 탐낼욕・욕심욕・탐함. 閻 이문염・마을염・아리따울염, 마을의문・촌락・예쁨. 臺 대대・능대, 흙을 높이 쌓음.

【講義】 재물과 여색을 보거든(見財色) 반드시 모름지기(須) 바른 생각으로(正念) 대할지어다(對之). 몸을 해치는 기틀은(害身之機) 여색보다 더한 것이 없고(莫過) 도를 상하는(喪道之) 근본은(本) 돈과 재물에(貨財) 미치는 것이 없다(莫及). 그러므로(是故) 부처님께서(佛) 계율을(戒律) 세우시어(垂) 재물과 여색을(財色) 엄하게 금하시면서(嚴禁) 눈에(眼) 여색을 보거든(見女色) 호랑이와 뱀을(虎蛇) 본 것처럼 하고(如見) 몸에(身) 금과 옥을(金玉) 대하는 것처럼 하고(如對) 나무나 돌과(木石) 같이 보라(等視). 비록(雖) 어두운 방에(暗室) 있더라도(居) 큰 손님을(大賓) 대하게 되면(臨) 여색을 그리워하지 말라. 숨은 것이나 드러난 것이나(隱現) 한가지 경우로 같은 때로 하며(同時) 안과 밖을(內外) 다르게 하지 말라. (莫異). 마음이 깨끗하면(心淨則) 착한 신들이(善神) 반드시 돌봐 주고(必護) 신이 반드시 돌보면(神必護則) 비록 어려운데 처했어도(雖難處而) 편안치 못하니라(不安). 계송으로 말하리라(頌曰). 이로운 욕심에는(利慾) 염라대왕이(閻王) 지 (色則) 하늘들이(諸天) 용납하지 않나니(不容), 신이 반드시 돌보면(神必護則) 비록 어려운데 처했어도 (雖難處而) 편안치 못하니라(不安). 계송으로 말하리라(頌曰). 이로운 욕심에는(利慾) 염라대왕이(閻王) 지

고랑 얽혀 지옥 가면 천가지 고통이요, 배 타고 연꽃 위에 나면 만가지 낙이로다.

옥으로 끌어가고(引獄鎖) 깨끗하게 행하면(淨行) 아미타불(陀佛) 연화대로 맞아주리(接蓮臺), 고랑으로 얽어 지옥에 들어가면(入獄) 괴로움이 천 가지고(苦千種) 배에 올라(船上) 연꽃에 나면(生蓮) 낙이 만가지네(樂萬般).

【講義】 수도인에게 재물과 여색은 삼가지 않으면 안될 요건으로 계율에서나 경론에서나 여러가지로 강조된다. 특히 보살행에 있어서는 오로지 남을 위해서 무엇이고 베풀어야 하는 것이므로 탐욕심으로 재물을 집착한다는 것은 거꾸로 가는 것과 같다는 것이다.

아득한 과거세(過去世) 연등부처님(蓮燈佛) 때의 일이다. 그때 석가모니 부처님은 깊은 산에서 선혜(善惠)라는 이름을 가진 신선으로 선도(仙道)를 닦고 있었다. 마침 연등불이 그 나라에 오신다는 소문이 있어서 산에서 내려가 예불청법(禮佛聽法) 하기로 결심했다. 그리고 연꽃공양을 올리려고 마음 먹었으나 연꽃을 사람마다 구하려 했고 국법으로 연꽃을 다 거둬갔다. 그것은 국왕 이하 고관대작들이 부처님께 먼저 공양하려 했기 때문이다. 그러나 선혜선인은 앞 산에서 공부하고 있는 구리선녀에게 연꽃이 있다는 말을 듣고 찾아 갔다. 그리고 몇 송이 사기를 청했다. 선녀는 자기도 부처님께 공양하려 한다고 거절했다. 그런데 구리선녀는 선혜선인을 한번 보고 인격과 품위에 눌려 그를 사모하는 마음이 생겼다. 그래서 자기와 부부가 되기로 한다면 연꽃을 거저 주겠다고 했다. 선혜선인은 「우리는 생사를 초월하고자 공부하고 있는 것인데 어떻게 생사법을 다시 택할 것이냐?」고 거절했다. 구리선녀는 생사를 초월한다는 것은 생사를 도피하여 달아나고 쫓기는 것을 뜻합니까?」하고 힐책했다. 그때 선혜선인은 말했다. 「내가 만행(萬行)을 닦을 때 머리·눈·몸둥이(頭目身體)와 나라·가정을 즐거이 보시할 터인데 당신은 불만이 없겠는가?」라고. 이에 구리 선녀는 그것을 좋다고 승낙했다. 그래서 세세생생으로 부부가 됐는데 구리 선녀는 다름 아닌 부처님의 아내였던 야소다라부인의 전생녀(前生女)이고 선혜선인은 석존의 전신(前身)이라고 한다. 이와같이 보살만행(菩薩萬行)을 하는 데는 머리와 눈과 목숨까지라도 남을 위해 즐거운 마음으로 다 바치라는 것인데 어떻게 탐욕심을 많이 낼 수 있겠느냐는 것이다.

또 목적유경(木積喩經)에 여색이 얼마나 무서운 것인가에 대해 다음과 같은 부처님의 말씀이 있음을 본다.

『세존께서 구살라국(拘薩羅國)에 계실 때였다. 부처님은 가끔 들판에 나가셔서 재가제자들에게 설법을 하시곤 했는데, 하루는 작은 산에 불이 난 것을 보시고 제자들에게 불타는 곳을 가리키시면서 이렇게 말씀하셨다. 「너희들은 저 불속에 타고 있는 큰 나무를 끌어안고 있는 것과 아름다운 여자를 끌어안고 있는 것과 어느 편이 낫다고 생각하느냐」 「어여쁜 여자를 끌어안고 있는 것이 낫다고 생각하옵니다」 부처님께서는 이 말을 들으시고는 실망을 하시듯 다시 말씀하셨다. 「너희들의 생각은 크게 잘못된 것이다. 너희들이 잇어버려서는 안될 일은 번뇌에 사로잡혀서 계율을 파하고 죄악을 범하는 것은 불타는 나무를 등에 지고 머리에 불덩어리를 이는 것보다 더 나쁘다는 사실이다. 불꽃을 머리에 이는 것은 그 고통이 금생에만 그치지만 파계를 하는 죄는 영겁(永劫)을 두고 고통을 받지 않으면 안되기 때문이다. 너희는 모름지기 아름다운 여자를 끌어안는 것보다는 불타고 있는 나무를 끌어안는 것이 낫다고 생각할 것이니 참고 정진할 각오를 가져야 하느니라」고 하셨다. 부처님께서 이 법문을 하실 때

六○명의 제자는 부끄러워서 뜨거운 피를 토하고 또 六○명의 제자는 수도하기를 겁내어 퇴속(退俗)하여 귀가했고 또 六○명의 제자는 집착하는 번뇌를 여의어 해탈을 얻었다」고 했다. 이상의 부처님 말씀을 보더라도 재색(財色)의 죄가 얼마나 큰가를 짐작하고 남음이 있다 하겠다.

九、세속을 친하지 말라

〔本 文〕

其八은 莫交世俗하야 令他憎嫉이어다
기팔 막교세속 영타증질

既能割愛揮人世어니 復何白衣로 結黨遊리요 愛戀世俗은 爲饕餮이니 饕餮은 由來로
기능할애휘인세 복하백의 결당유 애연세속 위도철 도철 유래

非道心이니라 人情이 濃厚하면 道心疎니 冷却人情永不顧니라 若欲不負出家志ㄴ댄
비도심 인정 농후 도심소 냉각인정영불고 약욕불부출가지

須向名山窮妙旨하되 一衣一鉢로 絶人情하면 飢飽에 無心道自高니라 頌曰 爲他爲
수향명산궁묘지 일의일발 절인정 기포 무심도자고 송왈 위타위

己雖微善이나 皆是輪廻生死因이니라 願入松風蘿月下하야 長觀無漏祖師禪이어다
기수미선 개시윤회생사인 원입송풍나월하 장관무루조사선

여덟째, 세속 사람 사귀어 남의 미움 받지 말라.

마음 속에 사랑 여읜 것을 사문이라 하고 세속 일 그리워하지 않는 것을 출가라 한다. 이미 애정을 끊고 세상을 떨쳐 버렸거늘 어찌 다시 세상 사람들과 무리 지어 놀겠는가! 세속을 사랑하고 그리워함은 도철이니 도철은 본래 도심이 아니니라. 만일 출가한 뜻을 둥지지 않으려면 도심이 성기나니 인정을 냉정히 물리치어 길이 돌아보지 말라. 한 벌 옷 한 바리때로 인정을 끊고 주리고 배부른데 마음 없으면 모름지기 명산을 향하여 묘한 뜻을 찾으랴. 한 벌 옷 한 바리때로 인정을 끊고 주리고 배부른데 마음 없으면 도가 스스로 높아지리라. 계송으로 말하리라.

남 위하는 일 작은 선이라 하나 생사에 윤회하는 원인이어니 소나무 칡덩쿨 달빛 그늘에 샘이 없는 조사선 닦으라.

【字解】 旣 이미기·다할기, 벌써·원래. 饕 탐할도, 재화 또는 음식을 탐냄. 饕 탐할철, 탐식함. 顧 돌아볼고, 뒤를 돌아다 봄·반성함. 飽 배부를포, 충분히 먹음·마음에 흡족함. 薇 고비미·백일홍나무미, 고비과에 속하는 양치류의 다년초.

【講義】 세속과 사귀어서 (交世俗) 다른 이로 하여금 (令他) 미워하고 질투하게 하지 (憎嫉) 말라 (莫). 마음 가운데 (心中) 사랑이 (愛) 떠난 것을 (離) 사문이라 하고 (曰沙門) 세속을 (世俗) 그리워하지 않는 것을 (不戀) 출가라 한다 (曰出家). 이미 능히 (旣能) 사랑을 끊고 (割愛) 인간 세상을 뿌리쳤거늘 (揮人世) 어찌 또 (復何) 흰옷 입은 사람 곧 세속 사람과 (白衣) 무리를 지어 놀겠는가? (結黨遊) 세속을 생각하

고 그리워함은 (愛戀世俗) 도철이 되는 것이니 (爲饕餮) 도철은 (饕餮) 본래부터 (由來) 도하는 마음이 아니니라 (非道心). 인정이 짙고 두터우면 (人情濃厚) 도하는 마음이 성기리니 (道心疏) 인정을 (人情) 냉정히 물리치고 (冷却) 길이 돌아보지 말라 (永不顧). 만일 (若) 출가한 뜻을 (出家志) 등지지 않으려 하거던 (欲) 모름지기 (須) 명산을 향하여 찾아가서 (向名山) 묘한 뜻을 궁구할지어다 (窮妙旨). 한벌 옷 한 발로 (一衣一鉢) 사람의 인정을 끊으면 (絶人情) 주리고 배부른데 (飢飽) 마음 없으면 마음 안쓰는 (無心) 도가 스스로 높아지리라 (道自家). 게송으로 말하리라 (頌曰). 남을 위하고 자기를 위하는 것 (爲他爲己) 비록 작은 선이지만 (雖微善) 다 이것이 (皆是) 생사에 (生死) 윤회하는 (輪廻) 원인이니라 (因). 원컨대 (願) 소나무 바람 (松風) 칡덩쿨 달빛 아래에 (蘿月下) 샘이 없는 (無漏) 조사선을 (祖師禪) 길이 관할지어다 (長觀).

수도하는 이의 마음 자세는 사랑이니 미움이니 남자니 여자니 아내니 자식이니 하는 등의 일체의 애욕과 분별심을 여의는 데 있다. 이런 생각이 남아 있어서는 번뇌가 끊일 날이 없고 마음의 고향을 찾아 생사해탈을 성취할 날은 영원히 없을 것이며 출가의 본의는 찾아 볼 수 없게 되기 때문이다. 설사 세속에 있으면서 남을 위해 재산과 생명을 다 바쳐서 온갖 봉사 활동・자선 사업을 했다 하더라도 그 것은 단지 복을 심은 것에 불과하므로 닦은 복을 어느땐가 다 받고 나면 다시 업을 따라 고통의 세계에 떨어져야 하는 것이니, 이것도 한낱 생사윤회의 씨앗에 불과하며 생사번뇌를 뛰어넘는 조사관 (祖師關)을 뚫는 데 전심전념하는 것이 수행자 (修行者)의 오직 한길 절대지상의 사명 (使命)이라 하겠다.

출가 수도란 세속의 일체 미련을 다 끊고 오직 마음공부에만 전념함으로써 부모형제와 스승·친구·처자 권속과 국가사회와 일체중생의 무거운 은혜를 참으로 갚는 길을 찾자는 것이다.

당나라 말기에 동산 양개(洞山良介) 화상은 선종 五대종(禪宗五大宗)의 하나인 조동종(曹洞宗)의 개조(開祖)이다. 그는 일찍 발심출가해서 처음으로 어머니에게 편지를 썼다. 『부처님도 세상에 나실 적에 부모를 의탁하여 나시고 만물은 하늘과 땅의 공덕으로 생장(生長)합니다. 그러나 일체의 생령(生靈)과 만물은 다 무상한 것입니다. 이 세상에 나온 사람은 죽지 않는 사람이 없고 일체만유는 괴멸(壞滅)하지 않는 것이 없읍니다. 젖 먹여 키워 주신 애정(愛情)이 산보다 무겁고 길러주신 은혜가 하늘보다 높사오나 돈을 많이 벌어 공양을 올리고 살을 저미고 피를 받아 봉양한다 하더라도 부모님의 생명을 오래도록 붙들어 모실 수 없읍니다. 세상 법에는 날로 소와 양을 잡아 고기를 올릴지라도 오히려 불효가 된다 했으니 세속의 얕은 애정으로 은혜를 갚기 위해 생사의 업보에 끝없이 이끌리기만 해서는 부모님의 망극(罔極)한 은혜를 갚을 수가 없읍니다. 오직 출가하여 번뇌의 고해를 뛰어넘어 불도(佛道)를 닦으면 천생(千生)의 은혜도 갚고 三계의 四중은(生恩)을 갚습니다.

「한 아들이 출가하면 九족(族)이 다 천상락(天上樂)을 받는다」하셨읍니다. 소자 양개(良介)는 이 몸이 마치도록 집에 돌아가지 아니하고 반야의 지혜를 밝힐까 맹세하였나이다. 죄송하오나 부모님께서는 부처님의 부친이신 정반왕(淨飯王)의 교훈과 마야부인(摩耶婦人)을 본받으소서. 이 몸을 금생에 제도하지 않으면 다시 어느 세상에 제도하겠나이까?」 했다. 그리고 또 시로써 「마음의 근원 못깨치고 몇 해

글을 보내어 뜬 세상 부질 없음을 한탄합니다. 많은 사람이 불문에 도를 얻었는데 저만 홀로 늦었나이다. 삼가 글월로써 은애를 사직하고 큰 도를 깨쳐서 부모 은혜 갚고자 합니다.」(未了心源度數春 慙愧浮世謾逡巡 幾人得道空門裡 獨我淹留在世處 謹且書辭眷愛 欲明大法報慈親)

다음에 순치황제(順治皇帝) 출가시(出家詩) 몇 구절을 소개하여 출가의 본의를 이해하는 데 도움이 되게 하고자 한다. 순치황제는 청나라 세종(世宗)이니 십팔년 동안 만주와 중원을 통일한 영웅이었다. 그러나 그는 출가하여 승려가 되었는데 그 출가시는 너무나 유명하다.

「짐이 이 나라 이 천지의 주인이었을 땐 나라 걱정 백성 근심 번거로 왔네. 인간 백년 삼만 육천날이 승려의 집 반날만 못하여라.」(朕乃山河大地主 憂國憂民事煩惱 百年三萬六千日 不乃僧家半日閑)

「나기 전엔 누가 나며 난 뒤엔 내가 누구인가? 자라서 어른 되면 겨우 나인가 했더니 눈 감고 한 번 흐리니 이 누구인가?(未生之前誰是我 我生之後我爲誰 長大成人纔是我 合眼朦朧又是誰)

「십팔년을 자유라곤 없었다. 산하를 싸우느라 쉬어본 적 있었던가? 내 이제 손을 털고 산으로 돌아가니 천만의 근심 걱정 내 알 것 없네」(十八年來不自由 山河大戰幾時休 我今撤手歸山去 那管千愁與萬愁)

이상의 동산양개화상의 시나 순치황제의 이 시는 과연 출가의 거룩한 본의를 십분 밝힌 글이라 할 것이니, 이런 정신자세로 하는 수행이라면 세속에 대한 미련이 있을 수 없고 더구나 이상과 부질없는 교제 같은 것은 꿈에도 상상할 수 없을 것은 불을 보는 것보다도 더 밝은 일이라 하겠다. 옛 어른들의 출가의 결의가 얼마나 무섭고 얼마나 냉정하게 세속을 끊었는가를 잘 보여주는 실례 하나를 더 들어 보기로 한다. 六조대사의 五대법손(法孫)이며 임제종(臨濟宗)의 개조인 임제(臨濟)에게 법을 이어 준 황벽선사(黃檗)의 경우가 그것이다.

그는 일찌기 출가하여 十여년이 되었으나 아직 깨달음을 얻지 못해 천하선지식(天下善知識)을 찾아 행각수도(行脚修道)할 때였다. 그동안 부친은 돌아가고 모친은 홀로 병석에 누어 아들 한번 보기가 원이었다. 그는 아들을 기다리다 지쳐 장님이 되기까지 했고 오고 가는 사람의 발을 씻어 주며 아들을 기다렸다. 그것은 첫째 공덕을 짓자는 것이고, 둘째 자기 아들 왼쪽 발에 커다란 사마귀가 있었기 때문이다. 어느날 황벽은 어머니가 발씻는 곳을 지나다 그 광경을 보고 말할 수 없는 아픔을 느꼈고 발이 떨어지지 않았다. 그러나 그는 출가장부임을 경각(驚覺)하고 오른쪽 발만을 닦고 왼쪽발은 종기가 있다는 평계로 닦지 않았다. 그리고는 밤새서 인과(因果)의 도리와 불법의 깊은 뜻을 설법해서 어머니로 하여금 안심하게 하고는 끝내 신분을 밝히지 않은 채 아침에 그대로 이별하고 말았다. 잠시 뒤에 동리 사람들이 와서 어제 그 사람이 아들 같은데 왜 그렇게 일찍 보냈느냐고 책망했다. 그러자 그는 아들을 부르짖으며 아들이 간 쪽을 향해 달려 갔다. 그러나 아들은 이미 배를 타고 강 저쪽에 거의 다 달았을 무렵이었다. 이 처참한 상황을 다 지켜 본 황벽선사는 하늘을 우러러 소리치리다가 강물로 떨어져 죽고 말았다.

머「한 아들이 출가하면 九족(族)이 하늘에 태어난다 했으니 그렇지 않으면 부처님이 나를 속인 것이리라」고 애소(哀訴)했다. 그는 그 길로 유명한 선장(禪丈)인 백장화상(百丈)에게 나아가 크게 깨닫고 당대(唐代)의 일대 종장(宗匠)이 되어 그 문하에 수많은 선지식(善知識)들을 배출해내기에 이르렀다. 황벽선사의 이런 불출세(不出世)의 거룩한 의지 속에 과연 세속에 대한 한점의 미련이라도 찾아볼 수 있을까? 누구라도 이 같은 발심과 결의라면 반드시 다 대성하고야 말 것이다.

一〇、남의 허물 말하지 말라

[本 文]

其九는 勿説他人過失하라 雖聞善惡이나 心無動念이니 無德而被讚은 實吾慚愧요
기구　물설타인과실　　수문선악　　심무동념　　무덕이피찬　　실오참괴

有咎而蒙毀는 誠我欣然이니라 欣然則知過必改요 慚愧則進道無怠니라 勿説他人過
유구이몽훼　　성아흔연　　흔연즉지과필개　　참괴즉진도무태　　물설타인과

하라 終歸必損身이니라 若聞害人言이어든 如毀父母聲하라 今朝에 雖説他人過나 異日
　　종귀필손신　　약문해인언　　여훼부모성　　금조　수설타인과　이일

에 回頭論我咎니 雖然이나 凡所有相이 皆是虛妄이니 譏毀讚譽에 何憂何喜리요 頌
　회두론아구　　수연　　범소유상　개시허망　　기훼찬예　하우하희　송

曰 終朝亂説人長短타가 竟夜昏沈樂睡眠이로다 如此出家徒受施라 必於三界出頭難
왈　종조란설인장단　　경야혼침락수면　　여차출가도수시　필어삼계출두난

하리라

아홉째, 남의 허물을 말하지 말라.

비록 좋고 나쁜 것을 든더라도 마음에 움직이지 말라. 덕이 없는데 칭찬을 받는 것은 참으로 부끄러운 일이며 허물이 있어서 헐뜯음을 듣는 것은 진실로 기쁜 일이다. 기쁘하면 허물을 알아 반드시 칠 것이요 부끄러워하면 도 닦는 데 게으름이 없을 것이다. 남의 허물을 말하지 말라. 마침내 몸에 허물이 돌아올 것이다. 만일 남을 해롭게 하는 말을 듣거던 부모를 헐뜯는 소리 들은 것처럼 하고 오늘 아침에 남의 잘못을 말하지만 다른 날 그것이 나의 허물을 말하는 것이 되리라. 있는바 모든 것이다 허망한 것이니 헐뜯고 꾸짖고 칭찬하는 데 어찌 근심하고 어찌 기뻐하랴? 계송으로 말하리라

아침부터 남의 잘 잘못 떠들기만 하다가 밤새도록 혼미하여 잠에 빠지면
이런 출가는 한갓 시주만 받는 것, 삼계를 벗어나기 정말 어렵네.

【字解】 蒙 입을몽·받을몽·쓸몽·속일몽, 옷을 입음·주는 것을 가짐·기만함. 毁 헐훼·양재할 훼야월훼, 무너뜨림·기도를 드려 재앙을 물리침. 怠 게으를태·업신여길태·새이름태, 태만히 함·경멸함. 昏 날저물혼·일찍 죽을혼, 해가 지고 어둑어둑해짐·어리석음.

【講義】 다른 사람의(他人) 허물을(過失) 말하지 말라(勿說) 비록(雖) 좋고 나쁜 것을 든더라도(聞善惡) 마음에(心) 움직이는 생각을(動念) 없이하라(無) 덕이 없이(無德) 칭찬을 받음은(被讚) 진실로 나의(實吾) 부끄러움이요(慚愧) 허물이 있고서(有咎) 헐뜯음을 당하는 것은(蒙毁) 진실로(誠) 나의(我) 기쁨이라(欣然). 기뻐한즉(欣然則) 허물을 알고(知過) 반드시 고치고(必改) 부끄러워한즉(慚愧則) 도에 나

아가는데(進道) 게으름이 없으리라(無怠). 남의 허물을 말하지 말라(勿說) 마침내(終) 자기 몸을 더는데, 손해하는데(損身) 반드시(必) 돌아오리라(歸). 만일(若) 사람을 해치는(害人) 말을(言) 듣거던(聞) 부모를 헐뜯는(毀父母) 소리와 같이 여기라(如). 오늘 아침에는(今朝) 비록(雖) 다른 사람의(他人) 허물을(過) 말하지만(說) 다른 날에(異日) 머리를 돌려서(回頭) 나의 허물을(我咎) 말하는 것이 된다(論). 비록 그러나(雖然) 무릇(凡) 있는바 상이(所有相) 다 이것이(皆是) 허망하니(虛妄) 구짖고 헐뜯고(譏毁) 칭찬하고 즐거움에(讚譽) 무엇을 근심하고(何憂) 무엇을 기뻐하랴(何喜). 게송으로 말하리라(頌曰). 아침이 마치도록(終朝) 남의 잘하고 못하는 것을(人長短) 어지럽게 말하다가(亂說) 밤이 새도록(竟夜) 흐릿하게 가라앉아(昏沈) 잠자는 것만 즐기도다(樂睡眠). 이와 같은(如此) 출가하면(出家) 한갓(徒) 보시만 받는 것이니(受施) 반드시(必) 三계에서(於三界) 머리를 드러내기(出頭) 어려우리라(難).

마음의 근본 자리에는 좋고 나쁘고 옳고 그르고가 없으며 칭찬할 것도 나무랄 것도 없다. 그러나 중생들은 햇볕을 구름이 가리우듯 자기의 근본 성품을 등지고 분별을 일으키어 선악의 업을 짓는다. 그러므로 자기의 잘못을 참회하고 뉘우칠지언정 남의 잘못을 헐뜯고 시비로 논란하는 것은 아무 이익이 없다. 착한 일을 하고 남들이 하기 어려운 일을 자기가 잘했다는 생각·장하다는 마음이 없이 해야 하며 남의 잘못을 보더라도 마음이 거기에 이끌려서는 안된다. 더구나 덕이 없이 칭찬을 받는 것은 크게 위태로운 일이니 그래서 세속의 글에도 「나를 착하다고 일컫는 자는 나의 부처님 말씀에 「음성으로 나를 구하거나 몸뚱이를 가지고 나를 찾는다면 곧 사도를 하는 사람이라」(若以色求我 以音聲求我 是人行邪道 不能見如來)라 하셨고, 또 「무릇 있는바 모든 상은 다 허망한 것이니 만일 모든 상이 상 아닌 줄 알면 곧 여래를 보리라(凡所有相 皆是虛妄 若見諸相非相 卽見如來)하셨으며, 「아무 조건 없이 마음을 머무름 없이 마음을 쓰라」(應無所住 而生其心)고 하셨는데, 이것은 현상계에 마음을 이끌리지 말며 사상이나 행동이나 어떤 환경에도 마음을 이끌리지 말고 마음을 내서 불법을 닦고 중생을 위해 봉사하라는 뜻이며 모두 다 금강경(金剛經)에 있는 말씀이다.

현상계의 모든 존재는 착한 것이나 악한 것이나 이쁜 물건이나 추한 물건이나 남자나 여자나 크거나 작거나 원수거나 은인이거나 동양의 것이나 서양의 것이나 그것이 물질적인 것이거나 정신적인 것이거나 틀림 막론하고 다 허망하고 변하고 없어지는 것이다. 그러므로 만일 모든 상을, 모든 존재를 상 아닌 줄로 확실하게 볼 줄만 알면 곧 여래를 보며 성품을 보고 성불을 할 수 있다(見性成佛)는 것이다. 따라서 음성으로 구별하거나 눈으로 보려 하여 설혼 두가지 특별히 잘 생긴 얼굴 모습을 가지고 여래를 봤다고 한다면 이것은 마음을 본 것이 아니며 현상계의 차별만을 보고 이끌려 다니는 사람이므로 사도(邪道)를 하는 사람이라고 한 것이다.

나를 누가 칭찬하고 위해 준다고 기뻐할 것도 없고 욕하고 때린다고 미워할 것도 없다. 더구나 남의 잘 잘못을 가지고 논란 시비를 일삼는다면 수행자의 자세가 크게 잘못된 것임은 말할 것도 없다. 그렇게 되면 마음이 점점 번거로와지고 고달퍼서 저녁이면 흐리멍텅하게 죽어서 잠만 자던지 이 생각 저생각으로 망상(妄想)에 사로잡혀서 번뇌망상에 깊이 얽힌 바 되므로 몸만 출가한 것일 뿐 마음은 속됨을 버리지 못한 것이므로 진정한 의미의 출가라 할 수 없고 시주에게 무거운 빚만 걸머지고 三계六도에 끝없이 헤매게 될 것이란 뜻이다.

석가세존은 아득한 과거세(過去世)에 인욕선인(忍辱仙人)으로 산중에서 무엇이나 참는 것을 수행하는 신선으로 계신 적이 있었다. 그때 그 나라의 가리왕(加利王)이라는 극악무도(極惡無道)한 폭군(暴君)이 있었다. 그는 따뜻한 어느 봄날 궁녀들을 데리고 대신들과 함께 사냥 놀이를 나갔다. 국왕은 한낮이 되자 졸음이 와서 잠이 들었다. 왕이 잠이 들면 상당 시간 걸리는 것이 상례이므로 궁녀들은 울긋불긋하게 핀 꽃 구경을 하느라고 여기저기 돌아다니다가 굴속에 있는 신선을 보고 너무나 거룩하므로 존경심이 생겨서 절을 자꾸만 하고 있었다. 가리왕은 잠을 깨어 보니 궁녀들이 없었다. 노하여 측근에게 물으니 저 위 동굴에 잘 생긴 도인에게 가서 절을 하고 있다 했다. 그러자 폭군은 대노하여 인욕선인에게 달려 갔다. 그리고 물었다. 「그대는 무엇을 하는 사람인가?」「나는 인욕을 닦는 수행인이요」「인욕을 어떻게 닦는가?」「좋은 일이나 나쁜 일이나 다 참는 것이요」「그러면 한 번 참아보라 내가 너의 살을 베이리라」하고는 살을 베어냈다. 그러나 인욕선인은 아프다는 말도 없었고 가리왕을 저주하는 마음도 없었다. 그때 제석천왕(帝釋天王)은 인욕선인의 거룩한 마음씨에 감격하여 비를 내리고 뇌성벽력을 했다. 그러자 굴 안에 있던 가리왕은 겁이 나서 도망하였고 제석천왕은 약을 발라서 인욕선인의 몸을 회복시켜 주었다. 가리왕은 부끄러워서 참회하고 인욕선인의 신도가 되었다고 한다. 그런데 이때 인욕선인은 제석천왕에게도 고맙다는 생각을 삶을 붙여 줄 때나 벨때나 마음이 다 없었다고 하여 도할에 양무심(塗割兩無心)이라고 한다. 그래서 이것을 삶을 붙여 줄 때나 벨때나 마음이 다 없었다고 하여 도할에 양무심(塗割兩無心)이라고 한다. 그래서 이것을 불자라면 누구나 이 도할양무심의 경지를 목표로 하여 마음을 닦지 않으면 안되는데 어떻게 칭찬하고 욕을 좀 한다고 하여 감히 좋아하고 싫어하고 하겠는가? 이것은 세속에서도 교양이 있고 도량이 넓은 사람이면 하지 않는 일이 아닌가―.

一一、평등한 마음 지키라

【本 文】

其十은 居衆中하야 心常平等이어다 割愛辭親은 法界平等이니 若有親疎면 心不平等이라 雖復出家나 何德之有리요 心中에 若無憎愛之取捨하면 身上에 那有苦樂之盛衰리요 平等性中에 無彼此하고 大圓鏡上에 絶親疎니라 三途出沒은 憎愛所纒이요 六道昇降은 親疎業縛이니라 契心平等하면 本無取捨니 若無取捨면 生死何有리요 頌

기십은 거중중하야 심상평등이어다 할애사친은 법계평등이니 약유친소면 심불평등이라 수부출가나 하덕지유리요 심중에 약무증애지취사하면 신상에 나유고락지성쇠리요 평등성중에 무피차하고 대원경상에 절친소니라 삼도출몰은 증애소전이요 육도승강은 친소업박이니라 계심평등하면 본무취사니 약무취사면 생사하유리요 송

曰欲成無上菩提道댄 也要常懷平等心이어다 若有親疎憎愛計하면 道加遠兮業加深이요
왈욕성무상보리도 야요상회평등심 약유친소증애계 도가원혜업가심

하리라.

열째, 대중 가운데 있으면서 마음을 항상 평등하게 지니라.

애정을 끊고 어버이를 하직한 것은 온 세상을 평등하게 보기 때문인데 만일 친하고 섬김이 있으면 마음이 평등하지 못한 것이니, 비록 다시 출가하나 어찌 덕이 있으리요. 마음 가운데 미워하고 사랑하는 취사심이 없으면 몸 위에 어찌 괴로와하고 즐거워하는 성쇠가 있으리요. 평등한 성품 가운데 나와 남이 없고 둥글고 큰 거울 위에 친하고 성기고 가 없느니라. 三악도에 드나드는 것은 미워하고 사랑하는 데 열킨 때문이고 六도에 오르내림은 친하고 성긴 업에 묶인 때문이다. 마음이 평등한데 계합하면 본래 취하고 버릴 것이 없으니 만일 취하고 버릴 것이 없으면 나고 죽음이 어찌 있겠는가? 게송으로 말하리라.

「위 없는 보리 도를 얻고자 하면 언제나 평등한 마음을 지니라.
만일 친소와 증애가 있으면 도는 멀어지고 업은 더 깊어지리.」

【字解】 辭 말씀사・알릴사・청할사、언어 문장으로 고함・겸손하여 양보함・응하지 아니함. 縛 묶을박・포승박・얽을박, 전・얽힐전・감을전. 降 내릴강, 높은 곳이나 자리에서 낮은데로 옮음. 契 서약계・연분계・맞을계, 약속・부부등의 인연・합치함. 동임 포박함.

【講義】 대중 가운데(衆中) 머무르되(居) 마음이 항상(心常) 평등할지어다(平等). 사랑을 끊고(割愛) 부모를 떠난 것은(辭親) 법계 우주가(法界) 평등한 때문이니(平等) 만일(若) 친하고 성김이 있으면(親疎) 마음이(心) 평등하지 못한 것이다(不平等) 비록 다시(雖復) 출가하나(出家) 어찌 덕이 있겠는가? (何德之有) 마음 가운데(心中) 만일(若) 미워하고 사랑하는 마음으로(憎愛) 취하고 버리는 것이 있으면(取捨) 없으면(無) 몸 위에(身上) 어찌(那) 괴로와하고 즐거워하는 마음의(苦樂之) 성하고 쇠함이 있으리요? (有) 평등한 성품 가운데(平等性中) 너와 남이 없고 피차가 어찌 있으리(無彼此) 크고 둥근 거울 위에(大圓鏡上) 친하고 성긴 것이 끊어졌느니라(絶). 三악도에(三惡途) 오르고 나림은(昇降) 미워하고 사랑하는데(憎愛) 얽힌 때문이고(所纏) 六도의 중생계에(六道) 계합하면(契) 본래(本) 취하고 멀고 한 업에(親疎業) 묶인 때문이니라(縛). 마음이 평등한데(心平等) 생사가 어찌 있으리(生死何有) 취하고 버림이 없나니(無取捨) 만일(若) 취하고 버림이 없으면(無取捨) 계송으로 말하리라(頌曰).

위 없는 보리도를(無上菩提道) 이루고자 하면(欲成) 평등한 마음을(平等心) 항상 지닐 것이(常懷) 요긴하다(也要).

만일 친하고 성기고 미워하고 사랑하는(親疎憎愛) 피가(計) 있으면(有) 도는 더 멀어지고(道加遠兮) 업이 더 깊어지리라(業加深).

부처님의 법은 구경(究竟)에 평등한 데 가서 멈춘다. 그래서 부처님의 깨달음을 구체적으로 말할 때는 「아누다라삼먁산보리」 곧 「무상정등정각」(無上正等正覺)이라 하고 또 부처님을 무등등(無等等)이라고도 한다. 「무상정등정각」이라 함은 「위없이 바른 최고 절대의 평등한 깨달음, 두루한 깨달음」이란 뜻이니, 부처님의 깨달음은 최후 구경의 깨달음이지만 동시에 보면 타당성 있는, 어디에나 두루한, 온 중생에게 평등하게 다 갖추어져 있는 마음의 깨달음이란 뜻이다. 같은 뜻으로 부처님을 「무등등」이라고 한 것이니 동등한 이 없는(無等) 동등한 어른(等)이란 뜻이다. 곧 지혜로나 복덕으로나 생긴 모양으로나 말 잘하는 변재(辯才) 곧 웅변으로나 신통으로나 완력으로나 도저히 견주어 볼 수 없는 분이므로 무등(無等)이다. 사람이나 하늘이나 귀신이나 누구나 어깨를 견주어 볼 수 없기 때문이다. 그러나 부처님의 깨달은 경계는 이 세상에 아무도 가지고 있지도 않은 전혀 별천지의 도리를 깨달은 것이고, 중생들과는 전혀 관계없는 도리를 깨달은 것이냐 하면 그렇지도 않다. 창조주(創造主)를 믿는 다른 교에서는 신(神)과 사람은 절대현격(絶對懸隔)의 관계에 있지만 불교에서는 절대평등의 일체적(一體的)인 뜻을 갖는다. 곧 중생이나 부처님이나 마음 그대로일 따름이라는 것이다. 동등한 마음 온 중생에게 평등하게 갖추어 있는 그 마음은 누구에게나 두루하고 부족함 없이 모든 것을 구족하여 있는 것이므로 이 마음만 깨치면 누구나 부처라는 것이다. 그러므로 마음과 부처와 중생 이 셋은 평등한 곳에 이르는 것이다. 불법의 구경 목표는 평등한 곳에 이르는 것이다. 「心佛及衆生 是三無差別」고 한 것이다. 따라서 절대평등의 본성(本性)을 깨닫는 데 목표를 둔 출가학인(出家學人)으로서는 미워하고 사랑하고 친하고 멀고 나와 남이고 취하고 버리고 하는 차별심을 버려야 한다. 이와 같은 평등한 진리를 얻기 위해 육친(肉親)의 애정을 끊고 부모의 무거운 은혜마저 돌보지 않으면서 출가를 한 것이니 대중 가운데 일상생활을 하는 데 있어서도 마음을 항상 평등하게 써야만 보리도(菩提道)를 성취할 수 있다 한 것이다.

부처님께서는 일찌기 전절에서 말한 바 있는 인욕선인 당시에 이미 평등한 성품을 깨달으셨기 때문에 가리왕이 살을 베거나 제석이 살을 발라 주거나 두 군데 다 마음을 두지 않으셨으니, 이야말로 참으로 친소(親疏)를 여읜 경지라 할 것이다. 부처님께서는 마음의 도리로만 평등한 것을 보이실 뿐 아니라 교단의 대중생활을 이끌어 나가심에 있어서도 반드시 평등한 법으로 하셨으니 당시 인도에는 카스트라(catvaho-varnah)라 하는 四性階級(四性階級) 제도가 있어서 그 신분상의 차별은 거의 절대적인 것으로 엄격했는데 부처님은 이것을 근본적으로 타파하셨던 것이다.

부처님께서 왕사성(王舍城) 밖에 있는 기원정사(祈園精舍)에 계실 적이었다. 아침 공양 때가 되어 발우를 드시고 성안으로 동냥을 나가신다. 그러면 부처님의 거룩한 모습을 뵈옵기 위해 앞을 다투어 혹은 절하고 혹은 울며 기원을 한다. 심지어는 장자 국왕까지 나와서 예배를 올린다. 그때 마침 한 천민이 얼굴이나 옷이나 모습을 짐승처럼 더럽게 하고는 어깨에는 똥통을 지고 길을 가다가 부처님 행과 마주치게 됐다. 그는 생각하기를 「부처님께서는 세상에서 제일 존귀하신 어른이고 나는 세상에서 제일 천한 백성이니 어찌 부처님을 마주 대할 수 있겠느냐」하고 마음 먹었다. 그리고는 재빨리 옆길로 피해 갔다. 그러나 잠시 후 다시 부처님과 마주쳤다. 그는 다시 다른 길로 들어섰으나 역시 부처님이 앞에서 마주 오신다. 그는 놀래어 뒷걸음질로 피하다 똥통을 뒤엎고 쓰러졌다. 그리고 그는

「대자대비하옵신 부처님 저의 죄를 용서하시고 길을 잠깐만 비켜 주시옵소서」했다. 「이제(尼提=그의 이름)야 부처는 본래 증애(憎愛)가 없는 절대평등이다. 빈부귀천과 남녀노소의 차별이 없다. 누구든 도만 알면 곧 높은 자이니, 너는 곧 나의 제자가 되라」「저와 같은 너무나 비천한 놈이 어찌 감히 부처님의 제자가 되겠나이까?」「이제야 놀라지 말라. 나의 제자는 거부장자(巨富長者) 수달다(須達多)도 있고 하천빈곤(下賤貧困)의 우바리(優婆離)도 있고 극악무도(極惡無道)의 앙굴마라(央堀魔羅)도 있느니라. 착한 자에게도 약한 자에게도 설법을 한다. 나는 일체 중생을 평등하게 안락의 세계로 인도할 뿐이니라」하시고 그를 제자로 삼으셨다. 이에 대해 당시 바사익왕도 부처님의 제자로 삼는다는 것은 안된다고 내심으로 불평을 하기도 했고 항의하기로 마음 먹고 기원정사로 갔다. 입구에 이르러 바위 위에 단정히 정좌하고 있는 비구를 보고 부처님을 뵈오러 왔노라 통지해 달라고 했다. 그 비구는 바위 속으로 들어갔다가 나와서 왕을 부처님께 안내했다. 왕은 그 비구의 신통을 보고 감탄했다. 그래서 부처님께 그 비구가 누구냐고 여쭈었다. 부처님은 미소를 머금으신 채 그가 바로 대왕이 천히 여기는 똥통쟁이 출신의 이제비구였소」하시니 왕은 두말도 하지 못하고 환궁했다고 한다.

부처님은 이와 같이 교단운영에 있어서도 재가대중을 다루심에 있어서도 오로지 평등한 자비심으로 임하셨던 것이니 불자는 모름지기 평등한 마음 가짐으로 대중생활에 임해야 한다는 것이다.

二二. 끝맺는 당부

[本文]

主人公아 汝值人道함이 當如盲龜遇木이어늘 一生이 幾何관내 不修懈怠오 人生難
주인공 여치인도 당여맹구우목 일생 기하 불수해태 인생난

得이요 佛法難逢이라 此生에 失却하면 萬劫에 難遇니 須持十門之戒法하야 日新動
득 불법난봉 차생 실각 만겁 난우 수지십문지계법 일신근

修而不退하고 速成正覺하야 還度衆生하라 我之本願은 非謂汝獨出生死大海라 亦
수이불퇴 속성정각 환도중생 아지본원 비위여독출생사대해 역

乃普爲衆生也니 何以故오 汝自無始以來로 至于今生히 恒值四生하야 數數往還함이
내보위중생야 하이고 여자무시이래 지우금생 항치사생 삭삭왕환

皆依父母而出沒也ㄹ새 故로 曠劫父母 無量無邊하니 由是觀之컨대 六道衆生이 無
개의부모이출몰야 고 광겁부모 무량무변 유시관지 육도중생 무

非是汝에 多生父母라 如是等類咸沒惡趣하야 日夜에 受大苦惱하나니 若不拯濟면 何
비시여 다생부모 여시등류함몰악취 일야 수대고뇌 약불증제 하

時出離리요 嗚呼哀哉라 痛纏心腑로다
시출리 오호애재 통전심부

주인공아, 네가 사람의 세상에 태어난 것이 눈먼 거북이 나무 만난 것 같은 것이어늘 한 평생이 얼마 나 되기에 닦지 아니하고 게으름만 부리는가? 사람으로 나기 어렵고 불법 만나기 어려우니, 이 생에서 잃어버리면 만겁에 만나기 어려우니 열 가지 문의 계법을 지켜서 날로 부지런히 닦고 물러나지 말며 바른 깨달음을 속히 이루어 모든 중생을 제도하라. 나의 본래 원하는 바는 너 혼자 생사의 바다를 뛰어나는 것이 아니고 또한 중생을 널리 위하자는 것이니라. 왜 그러냐 너 스스로 끝없는 옛부터 금생에 이르기까지 항상 네 가지로 나고 자주 오락가락 윤회할 때에 다 부모를 의지하여 생겨났으므로 아득한 오랜 세월 동안에 부모 되었던 이가 한량 없이 많았거니 이렇게 보면 육도의 중생이 너의 여러 생 동안에 부모 아닌 이가 없도다. 이런 중생들이 다 악취에 빠져서 밤낮으로 큰 괴로움을 받나니 만일 제도하지 않는다면 어느 때에 벗어날 것이냐? 슬프고 애닯도다 그 아픔이 심장과 창자를 도리는도다.

【字解】 龜 거북구·나라이름구, 고차 부근에 있던 서역의 한나라. 獨 홀로독, 독신으로 의지할 곳 없는 사람·남의 힘을 빌리지 아니함. 邊 가변·변방변·곁변·끝변, 가장자리·국경 지대·종말. 類 무리유·나눌류·착할류·대개유, 동아리·서로 비슷한 것, 유별함. 拯 건질증·구원할증·도울증. 腑 장부부, 담·위·대장·소장·방광·삼초의 여섯 기관·마음·충심.

【講義】 주인공아(主人公) 네가(汝) 사람의 세상을 만남이(値人道) 마땅히(當) 눈먼 거북이 나무 만난 것(盲龜遇木) 같은데(如) 일생이(一生) 얼마나 된다고(幾何) 닦지 않고(不修) 게으름 피우나(懈怠)

인생을(人生) 얻기 어렵고(難得) 불법을(佛法) 만나기 어렵도다(難逢). 이 생에(此生) 잃고 놓지만(失却) 만겁을 두고(萬劫) 만나기 어려우니 모름지기(須) 열 가지 문의(十門) 계법을(戒法) 가져서(持) 날로 새롭고 부지런히(日新勤修) 닦고 물러서지 말지어다(不退). 속히(速) 정각을 이루어(成正覺) 돌이켜 중생을 제도할지어다(還度衆生). 나의 근본 원은(我之本願) 너 홀로(汝獨) 생사의 큰 바다를(生死大海) 나오는 것이니(出) 이르는 것, 일컫는 것이 아니고(非謂) 또한 이에(亦乃) 중생을(衆生) 널리 위하자는 것이니(普爲) 왜 그러냐 하면(何以故) 네가 스스로(汝自) 비롯 없는, 끝없이 내려 오면서(無始以來) 금생에 이르도록(至于今生) 항상(恒) 네 가지로 나는 세상을 만나서(四生) 자주 자주 내었음이로다(數數) 가고 돌아옴에, 윤회함에(徃還) 다(皆) 부모를 의지하여(依父母而) 나고 죽었음이로다(出沒也). 그러므로(故) 아득한 겁의(曠劫) 이 너의(是汝) 부모가(父母) 한량 없고 끝없으니(無邊) 이렇게 보건대(由是觀之) 육도의 유가(如是等類) 다(咸) 너의(是汝) 여러 생의 부모(多生父母) 아님이 없도다(無非). 이와 같은 등의 유중생들이(六道衆生) 이 너의(是汝) 여러 생의 부모(多生父母) 악취에 빠져서(沒惡趣) 낮밤으로(日夜) 큰 고뇌를(大苦惱) 받거니(受) 만약(若) 제도하지 않는다면(不拯濟) 어느 때에(何時) 뛰어나와 여의겠는가?(出離) 슬프고 애닯도다(嗚呼哀哉).

주인공(主人公)에 대해서는 본 자경문(自警文)의 처음 페이지에서 자세히 설명한 바 있다. 그러나 여기서 다시 한번 한 물건 곧 일물(一物)이란 이름으로 설명해 보고자 한다. 주인공이란 마음 · 보리 · 성품이라고도 이름하지만 어떤 이름을 붙여 봐도 맞지 않고 어떤 방법으로도 표현하기 힘들다. 그래

아픔이(痛) 심장과 창자에 얽히는구나(纏心肺).

서 주인공이라고도 하고 한 물건이라고도 불러 본다. 六조대사께서 五조 홍인대사(弘忍)에게 나아가 방아 찧는 행자로 있을 때 五조홍인대사는 많은 대중 가운데 누가 마음을 깨쳐 얻었는가를 시험하기 위해 게송을 지어 오라 했다. 그때 七백 대중 가운데 오직 수제자(首弟子)인 신수대사(神秀)만이 다음과 같은 게송을 지어서 벽 위에 붙였다.

「몸은 보리의 나무 마음은 밝은 거울 바다 때때로 부지런히 털고 닦으라. 그래서 먼지 티끌 일지 않게 하라(身是菩提樹 心如明鏡 時時勤拂拭 勿使惹塵埃)」 이에 대해 六조혜능대사(惠能)는 다음의 게송을 지어 五조의 인가(印可)를 받고 선종의 제六조(第六祖)가 되었다.

「보리에 본래 나무 없고 밝은 거울 또한 대가 없네. 본래 한 물건도 없는데 어디에 티끌 일어나리」(菩提本無樹 明鏡亦非臺 本來無一物 何處惹塵埃)가 그것이다. 이 게송의 골수는 본래 한 물건도 없다(本來無一物)는 것이라 하겠다.

그뒤 六조대사는 대중에게 말씀하시기를 「나에게 한 물건이 있으니 이름도 글자도 없다. 모든 사람은 알겠는가?」(吾有一物 無名無字 諸人還識否) 하셨다. 이에 하택신회선사(荷澤神會)가 아뢰었다. 「모든 부처님의 근본 바탕이고 신회의 불성입니다」(諸佛之本源 神會之佛性) 그뒤 남악 회향 선사(南嶽懷讓)가 숭산(崇山)에서 왔다. 육조대사께서 「이 어떤 물건이 왔는가?」(什麽物伊麽來) 하시니 회향선사는 八년 동안 정진한 뒤에 「설사 한 물건이라도 들어맞지 않습니다」(設似一物 即不中)라고 대답했다.

서산대사(西山大師)는 이에 대해 「옛 어른의 게송에 옛부처가 나오기 전에 오롯한 하나의 둥근 모습이

당 석가도 알지 못하거니 가섭이 어찌 전하리」(古佛未生前 凝然一圓相 釋迦猶未會 迦葉豈能傳)하셨으니 이 한 물건은 소위 일찌기 나지도 않고 멸하지도 않으며 이름도 붙일 수 없고 형상도 따를 수 없다」(此一物之所以 不曾生不曾滅 名不得狀不得也)고 하셨던 것이다.

야운법사(野雲)는 十계명을 다 말씀하시고 나서 다시 이 주인공 곧 한 물건을 불러 일으켜 마지막 당부를 하고자 했던 것이다. 사람이 이 세상에 태어나는 것은 눈먼 거북이가 나무를 만난 것 같다고 했다. 이 맹구우목(盲龜遇木)에 대해서는 앞에서 잠깐 말한 바 있지만, 눈먼 거북이가 태평양 깊은 물속에 있다가 천 년에 한번씩 물 밖에 나와서 숨을 쉬고 들어가야 한다. 그러나 그때 마침 구멍 뚫린 썩은 송판이 있어서 눈먼 거북이 머리를 내밀 때 요행히 그 구멍으로 목이 나와서 걸려야만 숨을 쉬 이들이 마실 수 있다. 그러므로 눈먼 거북이가 나무 구멍을 만나는 일이 얼마나 어려운가를 알 수 있다. 사람의 몸을 한번 받기도 이와 같이 힘들고 불법을 만나기 또한 다시없이 다행한 일이다. 따라서 금생과 같은 기회를 허송해서는 안된다. 또한 젊은이나 늙은이나 아는 이나 모르는 이나 남자나 여자 나 사람이나 짐승이나 모두 다를 따지고 보면 다 나의 전생 부모이니 그들을 구제해야 할 의무가 나에게 있기 때문이다.

그래서 부처님께서는 어느 산 기슭의 공동묘지 같은 데서 많은 송장의 뼈를 보시고 무수히 절을 하시었다. 제자들은 삼계의 귀의를 받으시는 부처님으로서 이상한 일이라 생각하고 그 까닭을 여쭈었다. 그때 부처님은 엄숙하게 말씀하시기를 「이들이 다 아득한 과거세의 나의 부모님들이었다」고 말씀하셨던 것이다. 또 옛날 어느 큰 스님이 제자를 데리고 길을 가다가 말타고 장가가는 일행을 보고 한탄하며 「얘 저 꼴을 좀 보아라 저의 아비를 타고 어미에게 장가를 가는 꼴이라니」 하고 개탄했다. 그런데 그 가 타고 가는 말이 바로 전생의 아버지였고 신부될 사람은 전생의 어머니였는데 그들은 윤리도덕을 잘 지키지 못한 업보 때문에 이런 과보로 그렇게 되었다는 것이다. 이것은 극단의 예라 할 수 있겠지만 그 러나 우리가 무한한 세월을 두고 윤회하며 중생살이를 하다 보면 전생에 한번 부모형제 아니었던 사 람이 없었을 것은 틀림없다.

윤회에 대해 근년에는 최면술(催眠術) 같은 심령학계(心靈學界)의 연구 등으로 과학적으로 증명될 일 보 직전에 와 있음을 우리는 듣는다. 곧 三○세 된 여인에게 최면을 시술(施術)하여 三○년 전의 일을 묻고 五○년 전의 일을 묻고 몇백년 전 것까지도 묻는다. 그러면 그가 과거세에 짐승으로 살았던 때를 회상하여 닭소리도 하고 혹은 개소리도 하여 틀림 없는 짐승의 소리 그대로를 낸다는 것이다. 몇백년 전의 자기의 전생을 말할 때는 풍속이 다른 나라의 옛날 지명(地名)・학교・동창생의 이름을 실제에 있었던 그대로 말한다. 현지답사를 하여 동회・구청의 지적도(地籍圖) 등을 조사해 보면 최면 중에서 말한 그대로 그 당시에는 길이 어떻게 나 있고 다리가 있었고 개울이 있었고 병원이 있었던 자리가 하 나도 틀림 없으며 학교에 가서 학적부(學籍簿)를 열람해 보아도 그 당시 몇 학년 몇 반에 어떤 이름을 가진 학생이 있었고 그 아버지 이름이 무엇이고 품행 성격이 어떻고 성적이 어떻다는 등의 사실이 그 대로 맞는다. 따라서 이것은 평소에 소설이나 책속에서 얻은 기억으로 말한 것이 아니라 반드시 전생이 있어서 윤회를 하고 있음이 틀림 없음을 말해 주는 증거가 된다. 이런 측면이 아니더라도 전생을 믿는 것은 매우 중요하니 만큼 윤회에 대한 관심을 특별히 갖어야 한다. 있음을 말해 주는 증거는 찾아 보면 얼마던지 찾아질 수 있다. 불교의 신앙생활에 있어서 전생을

[本文]

千萬望汝하노니 早早發明大智하야 具足神通之力하며 自在方便之權하야 速爲洪
천만망여 조조발명대지 구족신통지력 자재방편지권 속위홍

濤之智楫하야 廣度欲岸之迷倫이어다 君不見가 從上諸佛諸祖ㅣ 盡是昔日에 同我凡
도지지집 광도욕안지미륜 군불견 종상제불제조 진시석일 동아범

夫러니라 彼既大夫요 汝亦爾니 但不爲也언정 非不能也니라 古曰道不遠人이라 人
부 피기장부 여역이 단불위야 비불능야 고왈도불원인 인

自遠矣라하며 又云我欲仁이면 斯仁이 至矣라하시니 誠哉라 是言也여 若能信心不退
자원의 우운아욕인 사인 지의시니 성재 시언야 약능신심불퇴

則誰不見性成佛이리요 我今에 證明三寶하사 一一戒汝하노니 知非故犯則生陷地
즉수불견성성불 아금 증명삼보 일일계여 지비고범즉생함지

獄이라 可不愼與며 可不愼與아 頌曰 玉兎昇沈催老像이요 金烏出沒促年光이로다 求
옥 가불신여 가불신여 송왈 옥토승침최로상 금오출몰촉년광 구

名求利如朝露요 或苦或榮似夕烟이로다 勸汝慇懃修善道하노니 速成佛果濟迷倫이어
명구리여조로 혹고혹영사석연 권여은근수선도 속성불과제미륜

今生若不從斯語하면 後世當然恨萬端하리라
금생약불종사어 후세당연한만단

천만번 너에게 바라노니 어서 빨리 큰 지혜를 발명해서 신통변화하는 힘을 갖추고 방편의 권도를 자재하게 하여 속히 거치른 파도에 지혜 배의 돛대가 되어서 탐욕 언덕의 미한 무리들을 널리 제도할 지어다. 너는 보지 못했는가? 저 모든 부처님과 조사님들이 옛날에는 모두 다 우리와 같은 범부였도다. 저가 이미 장부이면 너도 또한 그렇거니 다만 하지 않는 것일뿐 불가능한 것은 아니니라. 옛 말씀에 「도가 사람을 멀리 하는 것이 아니고 사람이 스스로 멀리 하는 것이다」 했으며, 또 말하기를 「내가 어질고자 하면 어진 것이 이른다」 하셨으니 진실하도다 이 말이여, 만일 믿는 마음이 물러서지 않는다면 누군들 성품을 보고 부처를 이루지 못하겠는가? 내 이제 三보께 증명하옵고 하나하나 네게 경계하노니 그른줄 알고도 일부러 범한다면 살아서 지옥에 떨어지리라. 가히 삼가지 아니하겠느냐? 게송으로 말하리라.

옥토끼 오르내려 늙음만 몰아 오고 금까마귀 들락날락 세월만 재촉하네。
명리를 구하는 것 아침의 이슬이요 괴롭다 영화롭다 저녁의 연기로다。
은근히 권하노니 선도를 어서 닦아 불과를 이루고서 미한중생 제도하라。

금생에 이 한 말을 듣지 않으면 후세에 반드시 한탄이 크리라.

【字解】 濤 물결도·물결일도·큰물결·큰파도가 일어남. 慇 근심할은·은근할은, 대단히 근심하는 모양. 端 바를단·잡을단·실마리단, 비뚜러지거나 굽지 아니함, 바르게 함.

【講義】 천번만번(千萬) 너에게 바라노니(望汝) 어서어서(早早) 큰 지혜를(大智) 발명해서(發明) 신통의 힘을(神通之力) 구족하고(具足) 방편의 수단을(方便之權) 임의로 자재하여(自在) 빨리(速) 큰 파도에(洪濤之) 지혜배의 돛대가(智楫) 되어서(爲) 욕망의 언덕에, 곧 속세의 저 세상에(欲岸之) 미한 무리들, 중생들을(迷倫) 널리 제도할지어다(廣度). 너는 못보았느냐(君不見) 위로부터, 옛부터(從上) 모든 부처님과 모든 조사님이(諸佛諸祖) 다 이(盡是) 옛날에는(昔日) 나와 같은(同我) 범부었거니(凡夫) 모 저가 이미(彼旣) 장부인데(丈夫) 너 또한 그러하여(汝亦爾) 다만(但) 하지 않을 지언정(不爲也) 하지 못하는 것은(不能) 아니로다(非也). 옛 말씀에(古曰) 「도가(道) 사람을 멀리하는 것이(遠人) 아니라(不) 사람이(人) 스스로 멀리하는도다(遠矣)」 했고 또 말하기를(又云) 「내가(我) 어질고자 하면(欲仁) 이어 진 것이(斯仁) 이르러 온다(至矣)」 하셨으니, 진실하도다(誠哉) 이(是) 말이여(言也) 만약(若) 능히(能) 믿는 마음이(信信) 물러서지 않으면(不退則) 누가(誰) 성품을 보고(見性) 부처를 이루지(成佛) 못 하겠는가? (不) 내 이제(我今) 삼보님께(三寶) 증명하옵고(證明) 하나하나(一一) 너에게 경계 하노 니(戒汝) 그른줄 알면서(知非) 짐짓 범하면(故犯則) 살아서(生) 지옥에 빠지리라(陷地獄) 가히(可) 삼가지 아니하며(不愼與) 가히(可) 삼가지(愼) 아니하겠느냐(不與)? 계송으로 말하리라(頌曰)

옥토끼(玉兎) 오르고 잠기어(昇沈) 늙은 모습(老像) 재촉하고(催) 금 까마귀(金烏) 나오고 빠져서 (出沒) 세월을, 햇빛을(年光) 재촉하도다. (促) 이름을 구하고(求名) 이를 구하는 것은(求利) 아침 이슬 과 같고(如朝露) 혹(或) 괴롭고(苦) 혹 영화롭지만(或榮) 저녁 연기와 같도다(似夕烟) 너에게(汝) 선 도 닦기를(修善道) 은근히(慇懃) 권하노니(勸) 재빨리(速) 부처의 과를(佛果) 이루어서(成) 미혹된 중 생들을(迷倫) 건질지어다。(濟) 금생에(今生) 만일(若) 이 말을(斯語) 따르지 아니하면(不從) 이 다음 세상에(後世) 마땅히(當然) 한탄함이 만가지나 될 것이다(恨萬端)。

대소장단(大小長短)・선악미추(善惡美醜)・피아친소(彼我親疏)・생사성쇠(生死盛衰)의 차별계(差別 界)를 여의고 본래 한 물건도 아닌 마음을 깨닫고 보면 이 모든 것은 다 하나의 물거품이고 거짓이고 환술과 같은 꿈이었음을 알게 된다. 따라서 본래 생사가 없는 부처임을 깨닫게 되고 밝은 마음의 지혜 가 열린다. 그러나 여섯가지 신통력(神通力)을 갖추고 자재한 방편을 성취하는 것은 이러한 마음을 깨닫는 찰 라에 반드시 다 이루어지는 것은 아니다. 물론 견성(見性)을 하면 근원적으로는 이러한 신통과 방편 을 갖춘 것으로 볼 수 있지만 현실적으로 그 힘을 갖추자면 더욱 수행을 쌓아야 되고 보림(保任)을 하 여야 되는 것이니, 그래서 보살만행(菩薩萬行)이 있고 일생보처보살(一生補處菩薩)이 있게 된다. 일생 보처 보살이라 함은 다음 생에 부처가 될 후보 부처를 일컬으니, 예컨대 미륵보살님(彌勒菩薩)은 현재 도솔천(兜率天)에 계시면서 그 한 생이 끝나면 석가모니 부처님을 이어 바로 뒤에 성불하실 분이 란 뜻이다. 그러나 이치면(理致面)에서 볼때 다시 말하면 생사가 없는 성품을 깨달은 마음의 경계에서 보면 견성(見性)을 하면 다 성불(成佛)을 한 것이고 생사해탈(生死解脫)을 성취한 것에 틀림 없지만 그러면서도 현실적으로 충생세계에 법을 시현(示現) 함에 있어 차이가 있게 된다. 곧 차별이 없으면서 있고 차이가 있는 것 같으면서도 실상은 없는 것이니 이것은 다 무위법(無爲法)이다. 그래서 금강경(金剛經)에 일체 성현은 다 무위법으로 차별이 있을 따름이다(一切聖賢 皆以無爲法 而有差別)라고 한 것이 이것을 말씀한 것이다.

따라서 마음을 깨쳤다고 하여 반드시 온갖 신통(神通)을 일시에 다 성취하는 것은 아니고 방편을 한번에 자재하게 다 갖추는 것이 아니다. 그래서 신통력을 구족하게 갖추고 자재한 방편도 갖추어야 한다고 한 것이다.

神通에는 여섯가지의 큰 신통이 있다. 이것을 六신통이라 한다. 첫째, 천안통(天眼通)이니 육안으로 보는 것이 아니고 거리나 물질적 장애에 관계 없이 마음의 눈으로 보는 신통이고, 둘째 천이통(天耳通)이니 귀로 듣는 것이 아니고 사람이나 귀신이나 하늘이나 어떤 소리라도 거리의 장애 없이 마음의 귀로 듣는 신통이며 세쩨, 타심통(他心通)은 남의 마음을 자재하게 아는 신통이고 네째 숙명통(宿命通)은 지나간 세상, 내생의 숙업(宿業)을 환히 아는 것이며, 다섯째 신족통(神足通)이니 여의통(如意通)이라고 하는데 경계를 마음대로 나타내는 것, 마음대로 마음만 먹으면 곧 가는 신통이며, 여섯째는 누진통(漏盡通)이니 일체의 미세한 번뇌를 자재하게 끊는 신통을 가르킨다.

비록 현재는 부처가 되고 조사의 지위에 나갔다고 하지만 아득한 과거로 돌아 가서 보면 그분 들도 마음을 깨치기 전에는 우리와 같은 범부였음에 틀림 없으니 우리도 하면 된다는 용맹심(勇猛心)·분발심(奮發心)을 내어 열가지 계문을 철저히 붙들어 지키고 화두를 생명으로 여겨서 조사의 관문을 사무쳐 뚫으라는 것이었다. 결국 도라는 것은 마음속에 있는 것이지 마음 밖에 있는 것이 아니니 그래서 화엄경(華嚴經) 제일게(第一偈)에 「삼세의 부처님을 알려 하면 온 법계의 성품이 모두가 마음뿐임을 보라(若人欲了知 三世一切佛 應觀法界性 一切唯心造)고 하셨던 것이다. 그러므로 아무리 불가사의(不可思議)하고 신묘(神妙)한 신통이라 하더라도 마음을 떠나서 성취되는 것이 아니며 억만가지로 차별이 많고 무한수로 근기(根機)가 각각 다른 중생들을 낱낱이 제도하자면 그에 알맞는 억만가지 무한수의 방편 수단을 나투어야 될 것은 사실이지만 그러나 그 방편 역시 마음 밖에서 구해지는 것도 아니다. 따라서 마음을 깨치고 보면 신통도 신통이 아니라 본래 갖추어 있는 그대로의 묘용(妙用)이고 방편 역시 없는 것을 거짓으로 달콤하게 유혹하는 꾀임 수가 아니라 밝고 환한 곳으로 나아가는 마음속의 광명정대한 가르침일 뿐이라는 것이다.

古曰 道不遠人 人自遠矣라 함은 유교 경전(儒教經典) 가운데 있는 말로서, 공자님(孔子)은 「하늘이 명한 것을 성품이라」(天命之謂性)했고 「성품을 거느리는 것이 도며(率性之謂道) 도를 닦는 것이 교다(修道之謂教)라고 했으니 불교에서 말하는 도와는 그 개념의 차이가 없는 것은 아니다. 그러나 여기서는 도를 인간과 동떨어져 있는 객관적인 대상으로 보지 않고 사람에게 갖추어져 있다고 본점을 취한 것이라 하겠다.

又云 我欲仁 斯仁至矣라 함은 역시 유교경전인 논어(論語) 술이장(述而章)에서 「어질음이 먼데 있으랴 내가 어질고자 하면 이 인이 따라 오리라」(子曰 仁遠乎哉 我欲仁 斯仁 至矣)고 한 말을 인용한 말이다. 물론 공자님이 생각하는 인(仁)과 불교에서 말하는 성품을 깨치는 것과는 그 뜻에 있어서 상당한 차이가 있다. 유교의 인은 착하고 어질은 덕(德)을 뜻 하지만 불교에서 말하는 도는 선악을 초월해서 생사선악이 본래 없는 자리에 계합(契合)하는 것을 뜻하기 때문이다. 그러나 논어의 이 말이 불교에서 도를 깨닫고자 하면 깨달음을 이루는 것인데 자기가 도를 하겠다는 결의가 부족하기 때문에 보리를 성취하지 못한다고 하는 뜻과 일치하는 유교의 유명한 글이므로 인용한 것이었다.

玉兎金烏는 달과 해를 가르킨다. 목생경(木生經)에 그 연기가 실려 있다. 「부처님께서 보살인행(因行)을 닦으실때 토끼로 태어나신 일이 있다. 제석천왕은 노인으로 변신(變身)하여 나타나서 짐승들에게 먹을 것을 좀 구해달라고 청했다. 그러자 여우는 새우를 잡아 오고 원숭이는 과일을 따 오고 모두들 할 수 있는대로 했다. 그러나 그 토끼는 나무를 한짐 가지고 와서 쌓아 놓고 자기가 그 나무 위에 올라 앉아 불을 질렀다. 그리고는 이 몸을 태워 공양하오니 받아 주십시요」했다. 그러자 제석천왕은 본신(本身)을 나투고 「내가 너희들의 마음을 시험하였을 뿐이다. 내가 너의 거룩한 뜻을 기념하고자 너의 모습을 저 달에 새기리라」했다고 하며 이 일에 기연하여 달을 옥토끼라 부른다고 한다.

또 부처님은 보살인행시에 금까마귀로 태어나셨다. 그런데 까마귀왕의 왕비가 궁중의 음식이 먹고 싶어서 말라 죽게 되었다. 금까마귀는 궁중에 날아가서 왕의 수라상을 들고 가는 나인의 코를 물어 상을 떨어뜨리게 한 뒤 잔뜩 물고 와서 왕후에게 받쳤다. 이 일이 여러번 되풀이 되자 왕은 사냥군을 시켜서 금까마귀를 잡았다. 그리고 까닭을 물었는바 사실대로 다 말했다. 왕은 「사람도 할수 없는 갸륵한 일을 했도다. 내 오늘부터 너를 위해 상을 하나씩 더 차리리라」하고는 하늘을 향해 「하늘이여 저 까마귀의 모습을 해 속에 넣어 모든 인간들의 빛이 되게 하소서」하고 기원을 했다고 한다. 그 뒤 금까마귀의 모습이 해속에 그려졌다고 하는 전설에 의해 해를 금까마귀로 부르게 되었다는 것이다. 이런 연유에 의해 해를 금까마귀 달을 옥토끼라 한다고 한다.

종사(宗師) 121
주인공(主人公) 223 301
중생(衆生) 142
중생상(衆生相) 276
증발심(證發心) 147
지계(持戒) 253
지계제일우바리(持戒第一優婆離) 80
지관(止觀) 149
지범개차(持犯開遮) 67
지성선사(志誠禪師) 263
지현(智賢) 92
지혜(智慧) 253
진(塵) 225
집방(執放) 98

〔ㅊ〕

참회(懺悔) 105
총림(叢林) 262

출가(出家) 76
취모리(吹毛利) 272
치소(緇素) 77

〔ㅌ〕

탐구문자(貪求文字) 117

〔ㅎ〕

해동사문(海東沙門) 43
해행발심(解行發心) 147
행단(行檀) 254
행익(行益) 89
향엄지한(香嚴智閑) 265
현애상(懸崖想) 122
혜가대사(慧可大師) 131
화택(火宅) 162
황벽선사(黃檗禪師)의 출가(出家) 283

불투도(不偸盜) 53
불후말세(佛後末世) 227
비시(非時) 114

〔ㅅ〕

사문(沙門) 43 182
사사오욕(四蛇五欲) 164
사문유관(四門遊觀) 181
사상산(四相山) 275
사자좌(獅子座) 200
사중죄(四重罪) 54
삼독번뇌(三毒煩惱) 164
삼륜청정(三輪淸淨) 101
삼학(三學) 118 141 142
석존인욕선인수행(釋尊忍辱仙人修行)…292
선정(禪定) 253
선종(禪宗) 137
선혜선인(善恩仙人) 280
성인정의(聖人定義) 71
수면(睡眠) 118
수면과 선정 삼매(睡眠禪定三昧) 271
수선사(修禪社) 33 42
수자상(壽者相) 277
수행(修行) 148
순치황제출가시(順治皇帝出家詩) 286
술의 三六종 허물 59
시간공간(時間空間) 134
신성취발심(信成就發心) 146
신수대사(神秀大師) 263
신심명(信心銘) 84
심종(心宗) 137
십계(十戒) 51

〔ㅇ〕

아상(我相) 275

아인(我人) 239
앙산조사(仰山祖師) 265
애욕우치(愛欲愚痴) 135
양설(兩舌) 81
업(業) 226 250
오계십계(五戒十戒) 51
오달국사(悟達國師) 93
오역죄(五逆罪) 54
오욕(五欲) 167
어후불식(午後不食) 192
옥토금오(玉兎金烏) 311
용상덕(龍象德) 200
원앙착조(袁鴦錯措) 93
원효대사(元曉大師) 151
육도(六度) 253
육신통(六神道) 309
육적(六賊) 226
육조혜능대사(六祖慧能大師) 263
이륙시(二六時) 268
이제비구(尼提比丘) 298
인상(人相) 276
인욕(忍辱) 253
일물(一物) 302
일승(一乘) 226

〔ㅈ〕

재식(齋食) 97
적멸궁(寂滅宮) 161
정진(精進) 253
정혜(定慧) 141
정혜결사(定慧結死) 33
정혜쌍수(定慧雙修) 42
제천(諸天) 201
조사공안(祖師公案) 235
조사관(祖師關) 265

찾 아 보 기

[ㄱ]

가행방편(加行方便) 136
겁(劫) 161
견자심성(見自心性) 142
경박상(輕薄想) 128
경행(經行) 90
계율(戒律) 34
고륜(苦輪) 225
고취(苦趣) 225
관력(觀力) 139
관문상(慣聞想) 122
구리선녀 280
구자무불성(狗子無佛性) 269
금구성언(金口聖言) 70

[ㄴ]

나망(羅網) 183
남산도선율사(南山道詵律師) 202
능례소례(能禮所禮) 106

[ㄷ]

단월(檀越) 193
달마(達磨) 259
담선법회(談禪法會) 40
대복사중창기(大福寺重刱記) 202
대복전(大福田) 143
동산양개화상(洞山良介和尙) 285

[ㅁ]

맹구우목(盲龜遇木) 140
맹모삼천지교(孟母三遷之敎) 47
무루묘법(無漏妙法) 227
무명(無明) 230
무시(無始) 225
무시습숙(無始習熟) 135

[ㅂ]

반야(般若) 100
반야심경(般若心經) 99
발심(發心) 35 145
법왕자(法王子) 172
보리생사(菩提生死) 123
보시(布施) 171
보시바라밀(檀那波羅蜜) 253
보조국사 39
복전(福田) 193
부자가무작창고왕관청 (不自歌舞作唱故往觀聽) 61
부좌와고광대상(不坐臥高廣大牀) 62
불(佛) 159
불망어(不妄語) 57
불비시식(不非時食) 64
불사(佛事) 110
불살생(不殺生) 51
불심종(佛心宗) 137
불음주(不飮酒) 58
불음행(不婬行) 54
불이법문(不二法門) 117
불착금은전보(不捉金銀錢寶) 65
불착향화만불향도신 (不着香華鬘不香塗身) 60

或 혹 120
惑 미혹 109
혼
昏 저물 289
홀
忽 홀연 175
화
火 불 159
禍 재화 84
話 이야기 108
환
患 근심 231
幻 꼭두각시 138
還 돌아올 132

歡 기쁠 174
활
活 살
황
況 하물며
회
廻 돌 91
晦 그믐 209
懷 품을 120, 231
毁 헐 289
悔 뉘우칠
回 돌아올
효
曉 새벽

후
後 뒤 256
朽 썩을 273
훤
喧 떠들석할 190
흔
欣 기쁠 91
휘
揮 휘두를
흥
興 일 231
희
喜 기쁠 181
戱 희롱 89

파
把 잡을 256
판
辦 힘쓸 91
팔
八 여덟
패
敗 패할 237
唄 인도노래 102
편
便 편할
평
平 편할
포
布 벼 169
飽 배부를 283
피
彼 저 206
被 저 206

〔ㅎ〕

하
何 어찌 175
下 아래
遐 멀 231
학
鶴 두루미 243
學 배울
瘧 학질
한
限 한정 231
恨 한할
寒 찰 243
閒 틈 108
할
割 가를 221
함
咸 다
陷 빠질
합
合 모들 79
항
恒 항상 138
해
解 풀 190
海 바다
懈 게으를 102
害 해할
奚 어찌 243
행
行 다닐 89
幸 다행
향
向 향할 79
響 울릴 105
허
虛 빌 105
許 허락 105
현
賢 어질 45
縣 매달 111
懸 달
玄 감을
現 나타날
혈
穴 구멍 74
형
兄 말 79
形 형상 96
혜
慧 지혜 112
兮 어조사
鞋 신 109
호
好 좋을 116
虎 범 222
互 서로 108
護 보호할 91
혹

涕 눈물 87
초
初 처음 44, 249
鷦 뱁새 261
草 풀
촉
促 재촉
촌
寸 마디
최
催 재촉
추
醜 추할 109
追 따를
麁 추할
축
祝 빌 102
蓄 쌓을 249
출
出 날 75
충
蟲 벌레 190
취
聚 모일 108
取 취할
吹 불

趣 주장할 190
측
側 곁 127
치
致 이를 127
値 만날 231
侈 사치할 237
恥 부끄러움 197
癡 어리석을
칙
側 곁 127
則 법
친
親 어버이 45
칠
七 일곱
침
沈 잠길 221

〔ㅌ〕

타
他 다를 86
唾 침 87
墮 떨어질
惰 게으를
陀 언덕

탈
脫 벗을 197
탐
貪 탐할 116
蕩 쓸 112
태
怠 게으를 102
             209
택
宅 집
擇 가릴 261
토
兎 토끼
통
通 통할 111
痛 아플
퇴
退 물러날 120
투
透 뚤 261
특
特 특별 231

〔ㅍ〕

파
破 깨질 190
頗 자못

增 부를 237
蒸 찔 186
拯 건질증
證 증거할

지
持 가질 49, 112
至 이를 159
之 갈 45
只 다만
止 그칠
旨 뜻
地 땅
智 지혜
志 뜻
知 알 49

직
織 짤 243
則 곧
直 곧을

진
眞 참 104
進 나갈 126, 168
盡 다할 206, 237
塵 띠끌 127

질
嫉 시세움할 112

집
執 잡을 96
楫 돛대

징
蒸 찔 186

〔ㅊ〕

차
此 이 83
次 차례 89
遮 막을 49, 132

착
着 입을 109
錯 어긋날

찬
讚 기를 102
餐 삼킬
撰 지을

찰
刹 절
察 살필

참
參 섞일 75
塹 팔 127
懺 뉘이칠
慚 부끄러워할 190

창
唱 부를 190

채
菜 나물 243

책
策 꾀 237
責 꾸짖을 102

처
處 곳 86

척
尺 자 261

천
天 하늘 197
遷 옮길 138
千 일천

철
啜 먹을 96
饕 탐할 283

첨
瞻 볼첨 102

청
淸 맑을 96
聽 들을 127
靑 푸를

체
切 일체

積 쌓을 243
寂 고요할 158
賊 도적 221
滴 물방울 243
전
田 밭 207
前 앞 221
全 온전 83
展 펼
轉 둥글
箭 화살
纏 얽을 168, 295
顚 미칠 231
절
絕 끊을 206
切 단절
折 꺾을
節 마디
접
拈 잡을 267
接 사귈 91
정
正 바를 112
定 정할 138
程 기둥 267

淨 깨끗할 96
精 묘할 96
제
第 차례 206
諸 모들 158
除 덜
梯 사다리 190
弟 아우 79
提 둑 121
濟 건널
조
朝 아침 127
助 도울 174
鳥 새 175
調 고를 102
造 지을 206
早 이를 102
遭 만날 38
祖 할아비
족
足 발 92
존
尊 높을
종
宗 마루 120
終 마침

蹤 자취
從 좇을 104
種 심을
踵 발뒤굼치
縱 세로
좌
坐 앉을 109
座 자리 120
죄
罪 허물 197
주
住 머무를 112, 181
主 임금
舟 배 273
酒 술 112
州 고을 111
죽
粥 죽 190
중
中 가운데
衆 무리 102
重 무거울 168
즉
則 곧 86
증
憎 미워할 111
    미울

응
應 응할 104
의
衣 옷 87
宜 마땅 231
依 의지할 69
醫 의원
儀 거동
意 뜻 190
義 옳을 102
矣 어조사 127, 197
疑 의심의 109
이
耳 귀 127
而 어조사 127
以 써 79
爾 어조사
二 두
利 이할 83
異 다를 102
易 쉬울 120
離 떠날 45
移 옮길 209
邇 가까울 231
익
益 더할 83
翼 날개 187

인
因 말미암을 126
人 사람 45
惜 아까울 249
仁 어질
忍 참을
임
臨 임할 87
입
入 들 86
일
日 날
逸 편안 175

〔ㅈ〕
자
子 아들 169
自 스스로 102
者 놈 79
慈 사랑 79
字 글
작
作 지을 96
잔
殘 해칠 243
잠

岑 메뿌리
暫 잠깐
잡
雜 섞일 96
장
長 긴 158
莊 엄할 158
章 글
丈 길
藏 감출
障 막을 126
壯 씩씩할
將 장수 249
腸 창자 174
재
才 재주 181
財 재물 80
災 재앙 256
哉 어조사 132
있을
載 실을 249
齋 재계 96
쟁
爭 다툴 108
諍 간할
적

玉 구슬
와
臥 누울 109
완
浣 씻을 87
왕
王 임금 169
往 갈
요
要 중요할 91
遙 멀 237
寥 고요할 256
僚 벼슬아치 108
療 고칠 96
욕
慾 욕심 159
용
容 얼굴 120
用 쓸 96
龍 용 197
庸 떳떳 70
聳 솟을 261
우
于 어조사 22
友 벗 45
又 또 112

牛 소
愚 어리석을 121
遇 만날 120
憂 근심 181
盂 사발 249
운
運 운전
韻 울림 102
云 이를
雲 구름
원
元 으뜸
院 집 86
圓 둥글 138
冤 원수
猿 잔나비
遠 멀 96, 45
願 바랄 102
월
越 넘을 109
月 달
위
爲 하 273
威 위엄 267
慰 위로할 174
謂 이를

違 어길
蝟 고슴도치 181
유
有 있을
流 흐를 70
類 무리 300
惟 오직 237
由 말미암을
幽 그윽할 127
遊 놀 111
柔 부드러울 138
乳 젖 120
臾 잠깐 267
誘 꾈 159
은
隱 숨을 279
恩 은혜
慇 은근할 307
음
音 소리 102
飮 마실 96
陰 그늘 241
吟 읊을
읍
邑 고을 181
응

岸 언덕
顔 얼굴 96
암
庵 집 256
暗 어둘 279
巖 바위 174
압
鴨 오리 175
앙
殃 재앙 256
애
哀 슬플 174
愛 사랑 132
碍 거리낄 112
崖 낭떠러지 120
야
也 어조사 79
若 반야 79
夜 밤 126
野 들
약
若 만약 79
約 맺을 91
弱 약할 237
藥 약
양

兩 두 79
養 기를 174
揚 날릴
讓 겸손할 108, 273
어
於 어조사 79, 85
語 말씀 79
禦 막을 249
언
言 말씀 70
엄
嚴 엄할 158
巖 바위 279
업
業 업 96
여
汝 너 221
如 같을 83
與 더불 111
연
軟 부드러울 243
然 그럴 91
緣 인연 86
戀 그리워할 175
煙 연기
鍊 달굴 138

열
烈 세찰 231
염
念 생각 75
厭 싫어할 96
拈 집을 267
嫌 싫어할 112
閻 마을 279
엽
獵 사냥 111
영
令 하여금 111
永 길 197
迎 마지할 91
榮 영화
影 그림자 105
예
禮 예의 104
穢 거칠 190
詣 이를 109
오
五 다섯 49
烏 까마귀 261
誤 그릇할 109
옥
獄 옥 279

殖 밥 174
송
松 소나무 174
誦 읽을 102
쇠
衰 쇠할 231
쇄
鎖 잡을
수
守 지킬 91
受 받을 49
須 문틈지기 45
　　　　　91
獸 짐승
雖 비록
睡 잠잘
水 물
受 받을 49
首 머리
殊 다를 222
垂 드리울 197
數 수
修 닦을 102
隨 따를 102
羞 부끄러울
藪 수풀
漱 양치할 87

숙
熟 익을 132
肅 엄숙할 97
순
順 순할 69
詢 물을 127
슬
膝 무릎 175
습
習 익힐 132
승
勝 이길 108
昇 오를
陞 오를 120
乘 탈
시
是 이 83
始 비로소 132
施 베풀 169
視 볼
식
食 밥
息 쉼
신
信 믿을
神 귀신 197

愼 삼갈 108
辛 쓸
실
失 잃을 112
室 집 181
實 열매 231
심
心 마음 44
甚 심할 84
深 깊을 104
尋 찾을 261
십
十 열

〔ㅇ〕

아
我 나 75
餓 주릴 175
峨 높을 174
악
惡 악할 45
嶽 큰산 174
안
安 편안 96
眼 눈
案 책상

備 갖출 187
匪 아닐 138
빈
頻 급할 261
賓 손 91
빙
氷 얼음 127

〔人〕

사
四 넉 159
死 죽을 121
師 스승 120
捨 버릴 197, 159, 231
事 일 86
斯 이 237
沙 모래 116
邪 간사할 112
似 같을 222
獅 사자 197
蛇 배암 85
辭 말씀 295
산
散 허틀 197
살

殺 죽일 243
상
相 서로 39
傷 상할 79
常 항상 45
尙 오히려 243
喪 상할 132
祥 자세할 96
翔 날개 191
색
色 빛 84
생
生 날 109
서
序 차례 89
鼠 쥐 181
棲 깃들일 174
석
夕 저녁 127
惜 아낄 197, 249
昔 옛석 197, 249
선
善 착할 45
先 먼저 127
選 뽑을 261
설

設 베풀 181
雪 눈
說 말씀 70
성
成 이룰 96
性 성품 104
省 살필 85
聖 성인
聲 소리 87
盛 성할
세
世 인간 159
洗 씻을 87
歲 햇 256
소
少 적을 159
笑 웃을 197
所 바 104
消 녹일 243
蔬 푸성 243
속
速 빠를 209
俗 풍속 111
屬 이을 168
贖 바꿀 197
손

맹
昧 어둘
盲 눈멀
몰
沒 빠질
밀
密 빽빽할

〔ㅂ〕

박
薄 얇을 126
縛 묶을 295
반
反 돌이킬 221
伴 짝 83
般 돌 96
飯 밥 186
攀 오를 102
발
發 필 120
髮 터럭 127
방
方 모 186
放 놓을 96
房 방 86
防 막을 96

배
拜 절 175
背 등 197
陪 모실 75
百 일백 175
번
煩 번민할 159
범
凡 범상할 237
犯 범할 49
벽
碧 올돌 174
변
邊 갓 300
병
屛 병풍 86
病 병 91
보
步 걸음 256
保 도을 197, 267
寶 보배 249
菩 보리 120
복
伏 엎릴 132
福 복 138
服 옷 221

봉
奉 받들 31
逢 만날 91
부
夫 지아비 44
扶 도을 108
負 질 108
腑 장부 300
赴 다다를 102
父 아비
復 다시
富 부자
분
焚 탈 102
불
不 아니 75
佛 부처
붕
朋 벗 261
崩 무너질 273
鵬 붕새 261
비
非 아닐 83
臂 팔 89
飛 날 256
卑 낮을 273

勞 수고할 243
론
論 의론
롱
籠 대그릇
루
漏 샐 221
류
流 흐를 70
륜
輪 바퀴 96
률
律 법
릉
凌 업신여길 83
린
恪 아낄
림
臨 임할 87
林 수풀

〔ㅁ〕

마
磨 갈 138
魔 마귀 168
막

莫 말 60
만
慢 게으름 237
謾 속일 132
말
末 끝 197
망
妄 망령 70
望 바랄 197
網 그물 181
면
眠 잘 116
勉 힘쓸 207
綿 솜 132
멸
滅 멸할 158
명
名 이름 181
命 목숨 174
鳴 울 175
모
謀 꾀할 206
茅 띠 256
暮 저물 102
목
木 나무 174

몽
蒙 입을 289
묘
妙 묘할 222
무
無 없을 83
묵
默 잠잠할 96, 127
문
文 글월 102
問 물를
聞 들을문 109
물
勿 말물 112
物 만물 168
미
米 쌀 186
美 아름다울 243
尾 꼬리 190
彌 찰 116
薇 고비 283
微 작을
迷 미할
未 아닐
매
每 매일

談 말씀 89
당
堂 집 116
黨 무리
當 마땅 86
撞 당돌할 89
儻 만일 79
대
大 큰 79
臺 대
對 대답 279
덕
德 큰 197
도
度 법 116
道 길 91
途 길 249
導 이끌 186
倒 넘어질 231
覩 볼 279
禱 빌 237
濤 물결 309
掉 흔들 89
饕 탐할 283
독
獨 홀로 300

毒 독 85, 120
돌
撞 부딪칠 89
동
東 동녘 186
同 한가지
動 움직일 102
두
頭 머리 108
득
得 얻을 75
등
等 등급 49

〔ㄹ〕

라
羅 그물 75
蘿 칡
락
樂 즐길
落 떨어질
란
亂 어지러울
람
濫 넘칠

納 드릴
래
來 올
랭
冷 찰
량
量 헤아릴
良 어질 159
려
侶 짝
力 힘
련
鍊 단련할 138
連 이을
蓮 연꽃
렬
烈 세찰 231
렴
念 생각 75
령
令 하여금 111
례
禮 예도 45
로
路 길
老 늙을 209

懃 은근
금
今 이제 197
禁 금할
金 쇠
襟 옷깃 99
급
急 급할 209
給 줄
反 미칠 112
긍
肯 즐길
기
旣 이미 75, 283
欺 속일 83
起 일어날 104
飢 주릴 174
幾 빌미 175
器 그릇 221
其 그 174
期 기약 197
己 몸 75
機 틀 120
豈 어찌 112
棄 버릴 190
譏 나무랄

冀 바랄 132
긱
喫 먹을 174

〔ㄴ〕

나
羅 그믈 175
那 어찌
낙
樂 즐거울 168
落 떨어질 127
난
難 어려울 138
            279
亂 어지러울 102
납
衲 기울 243
내
內 안 87
來 올
냉
冷 찰
년
年 햇 175
념
念 생각 75
노

老 늙을 209
勞 수고할 243
논
論 말할 83
농
農 농사 243
濃 무르녹을
뇌
惱 괴로울 159
            237
능
能 능할 104
凌 업신여길 83
            103

〔ㄷ〕

다
多 많을 158
단
但 다만 69
端 바를 307
斷 끊을 206
檀 박달나무 190
短 짧을
달
達 통할 190
담

誠 경계
고
古 예 112
高 높을 75
故 연고 190
告 고할 112
苦 쓸
顧 돌아볼 96
枯 마를 96
庫 곳집 109
靠 기댈 222
곡
谷 골 174
曲 굽을 102
공
共 한가지 187
供 이바지할
功 공
空 빌
公 공변될 220
恭 공손할 91
恐 두려워할 237
貢 바칠 75
과
果 실과 174
過 지날 116

寡 적을 237
관
官 벼슬 158
管 관 112
關 문빗장
觀 볼 158
盥 대야 87
慣 익숙할 120
광
廣 넓을
光 빛
曠 빌 267
괴
乖 어그러질 112
愧 부끄러워할 190
壞 무너질 174
교
敎 가르칠
交 사귈
憍 교만할 237
구
口 입 70
久 오랠 118
具 갖출 91
究 연구할 231
咎 허물 207

狗 개 181
丘 언덕
求 구할 116
九 아홉
군
君 임금
굴
屈 굽을 120
궁
宮 집 181
躬 몸 138, 243
窮 다할 243
권
勸 권할
權 권세
眷 돌아볼 168
귀
貴 귀할
歸 돌아갈 168
                    256
龜 거북 190
극
極 극진 22
근
根 뿌리 132
近 가까울 45
勤 부지런할

字音索引

〔ㄱ〕

가
　家 집 75
　可 옳을
　加 더할
각
　覺 깨달을 127
　却 문득
간
　間 사이 112
　慳 아낄 168
　看 볼
갈
　渴 목마를 174
　葛 칡 261
감
　甘 달 174
　感 느낄 104
강
　强 셀 86
　降 내릴 295
개
　皆 다 104

　開 열 49, 89
　改 고칠 138
　箇 낱 267
객
　客 손 91
갱
　坑 구덩이 127
　更 다시
거
　居 살 108, 181
　車 수레 187
　擧 들 96
　去 갈
　炬 횃불 127
　乞 빌 249
검
　儉 검소할 91
겁
　刼 겁 158
격
　隔 막을 132
견
　見 볼 91
　堅 굳을 112

결
　決 결단 231
　結 맺을
겸
　謙 겸손할
경
　驚 놀랠 267
　鏡 거울
　警 경계할 237, 267
　耕 밭갈
　更 고칠
　徑 지름길
　逕 길
　輕 가벼울
　竟 마칠
　慶 경사
　經 날 89
　敬 공경 102
　境 지경 102
계
　戒 지킬 49
　契 서약 295
　界 지경
　計 계교

解說
初發心自警文

2019年 8月 20日 再版印刷
2019年 8月 25日 再版發行

編著者　沈　載　烈
發行處　普成文化社

版權所有

서울 용산구 후암로 10 (2층)
TEL : 733-7244, 734-4365
FAX : 722-9927
등록번호 : 2011-000081

〈 값 12,000원 〉